精品课程新形态教材
新时代创新型人才培养精品教材
21世纪高职高专系列教材

新能源汽车故障诊断与维修

主编 / 张仁峰　黎志东

西北工业大学出版社
西　安

【内容简介】 本书联合行业培训专家共同编写，采用“项目为导向，任务为驱动”方式编写，结合最新行业标准和技术发展，详细介绍了新能源汽车电气系统常见故障的诊断与维修方法。通过丰富的案例分析和实际操作指导，体现了“基于工作过程”“教、学、做”一体化的教学理念和实践特点，突出工学结合，精讲多动，帮助读者在真实的工作环境中锻炼技能以及创新能力的培养。

本书可作为新能源汽车、汽车维修等相关专业的教材，也可以作为汽车维修人员、检测人员的培训资料，还可作为对新能源汽车感兴趣的读者的读物。

图书在版编目（CIP）数据

新能源汽车故障诊断与维修 / 张仁峰，黎志东主编．西安 ：西北工业大学出版社，2025．1．--ISBN 978-7-5612-9719-3

Ⅰ．U469．707

中国国家版本馆 CIP 数据核字第 2025T52Z18 号

XINNENGYUAN QICHE GUZHANG ZHENDUAN YU WEIXIU

新 能 源 汽 车 故 障 诊 断 与 维 修

张仁峰　黎志东　主编

责任编辑：王　静　　**装帧设计**：尤　岛
责任校对：孙　倩
出版发行：西北工业大学出版社
通信地址：西安市友谊西路 127 号　　**邮　　编**：710072
电　　话：（029）88493844，88491757
网　　址：www. nwpup. com
印 刷 者：河北鹏远艺兴科技有限公司
开　　本：787 mm×1 092 mm　　1/16
印　　张：14. 5
字　　数：317 千字
版　　次：2025 年 1 月第 1 版　　2025 年 1 月第 1 次印刷
书　　号：ISBN 978-7-5612-9719-3
定　　价：45. 00 元

本书编写委员会

主　编： 张仁峰　黎志东

副主编： 许　珊　李红升　韩　伟　王　帅
王丽媛　周常君　曹秀娟　王晓航

编　者： 张仁峰　黎志东　许　珊　李红升
韩　伟　王　帅　王丽媛　周常君
曹秀娟　王晓航

社会主义的现代化，离不开汽车产业的现代化。过去的十年，中国汽车产业依托“换道超车”的战略决策发展新能源汽车，在政府大力引导下，我国新能源汽车产业从无到有、从小到大、从弱到强，取得了震惊世界的巨变。如今，新能源汽车的产销量更是达到了之前未达到的高度，这一增长不仅反映了新能源汽车市场的强大活力，还反映了消费者对新能源汽车的日益认可和接受。

本书以校企深度合作为基础，项目任务驱动为主线，劳模精神传承为内核，构建符合职业教育规律的新能源汽车技术人才培养体系，助力实现“教育链、产业链、人才链、创新链”四链融合。教材将企业真实故障案例、维修标准和生产流程转化为教学项目任务，确保教学内容与行业需求“零距离”对接本书立足产业前沿，始终贯以学生为中心的理念，注重培养学生的创新精神、实践能力和综合素养。

本书共五个项目。项目一主要以 MCU 模块低压供电故障、电机温度信号故障、旋转变压器位置传感器电路故障、MCU 电机控制器 IGBT 驱动故障等造成驱动电机无法正常运行为例介绍了新能源汽车驱动电机的分类、结构和控制原理。

项目二主要以预充接触器控制信号故障、BMC 系统供电故障、电池状态信息显示异常故障、动力网 CAN 通信故障等造成动力电池系统无法正常工作为例介绍了动力电池的作用、种类、结构和动力电池管理系统的相关知识。

项目三主要以整车控制器 CAN 总线故障、真空压力传感器信号故障、加速踏板位置传感器故障等引起整车故障为例介绍了整车控制系统的组成、功能和控制原理。

项目四主要以充电确认信号故障、交流高压互锁输出故障、充电连接信号故障、CAN 通信故障等引起车辆无法正常充电为例介绍了新能源汽车充电系统的概念、充电逻辑和充电过程。

项目五主要以空调制冷系统故障、制动系统故障、高压不上电故障为案例，对新能源汽车空调、制动等系统原理进行了介绍。

全书体现了“基于工作过程”“教、学、做”一体化的教学理念和实践特点，突出工学结合，精讲多动，注重提高学生的动手实践能力和创新能力，以达到培养高技术、高技能的应用型人才的目标。同时为落实习近平总书记新时代中国特色社会主义思想进课堂，积极培育和践行社会主义核心价值观，发扬中华优秀传统文化，将党的二十大精神和劳模工匠精神融入到教学案例中，图文并茂，层次清晰，通俗易懂，维修操作规范，可操作性强，使学生更容易理解和掌握。

通过学习本书，学生可以全面掌握新能源汽车故障检测与诊断的基本理论和方法，提高解决实际问题的能力，为新能源汽车的维修和保养工作提供有力的技术支持。

本书由张仁峰、黎志东担任主编，由许珊、李红升、韩伟、王帅、王丽媛、周常君、曹秀娟、王晓航担任副主编。本书具体编写分工如下：项目一、项目五由张仁峰、王晓航编写，项目二由黎志东、周常君编写，项目三由许珊、李红升、韩伟编写，项目四由王丽媛、曹秀娟、王帅编写。

本书是在校企深度合作模式下精心打造而成，特别感谢天津圣纳科技有限公司在此过程中的大力支持与贡献。

由于笔者水平有限，不足之处在所难免，敬请读者批评指正。

此外，笔者还为广大一线教师提供了服务于本书的教学资源库，有需要者可致电13810923652 或发邮件至 1173355836@ qq. com 获取。

编　者

2024 年 9 月

目录
CONTENTS

项目一

驱动电机控制系统故障检测与诊断

项目描述

驱动电机是新能源汽车“大三电”核心部件之一，是实现电能与机械能相互转换的装置，一般要求具有电动机、发电机两项功能。新能源汽车驱动电机特性决定了车辆的主要性能指标，直接影响着车辆的动力性、经济性和舒适性。本项目对驱动电机结构及工作原理进行详细介绍，通过工单式任务实操训练，学生可掌握驱动电机控制系统常见故障特征及诊断排障思路和方法。本项目主要以 MCU 模块低压供电故障、电机温度信号故障、旋变位置传感器电路故障、MCU 电机控制器 IGBT 驱动故障等造成驱动电机无法正常运行为例进行介绍，这些故障既是驱动电机系统中最为常见的故障，也属于1+X 汽车运用与维修汽车运用与维修(含智能新能源汽车)领域“新能源汽车动力驱动电机电池技术”模块中的驱动电机系统检测维修任务。该模块需要学生具备熟练的专业技能和职业素养。

项目要求

本项目共四个任务，分别是：

任务一　MCU 模块低压供电故障诊断与检测；

任务二　电机温度信号故障诊断与检测；

任务三　旋变位置传感器电路故障诊断与检测；

任务四　MCU 电机控制器 IGBT 驱动故障诊断与检测。

通过四个任务的学习，学生可掌握新能源汽车电机分类、结构、工作原理，能正确处理驱动电机控制系统常见故障，学会分析故障特征，掌握故障处理的正确方法。任务严格按照工单执行，以培养严谨的工作作风和精益求精的工匠精神。

学习目标

1. 知识目标

(1)掌握新能源汽车驱动电机的分类、结构、控制原理;

(2)掌握异步电机、永磁同步电机的常见故障特征;

(3)掌握新能源汽车驱动电机控制系统的工作原理;

(4)了解新能源汽车电机常见故障的规范检修步骤，能够对故障进行检测及维修。

2. 能力目标

(1)能通过与客户交流、查阅相关维修技术资料等方式获取车辆信息;

(2)能识别新能源汽车异步电机、永磁同步电机等驱动电机的主要结构及其特点;

(3)能正确使用安全防护套装及工具;

(4)能正确对高压部件进行安全防护拆装;

(5)能根据环保要求，正确处理对环境和人体有害的辅料、废气、液体和损坏零部件。

3. 素质目标

(1)能按5S要求和安全生产规范操作;

(2)具有严谨工作作风、精益求精的工匠精神;

(3)具有爱岗敬业，乐于奉献精神;

(4)能认真学习党的二十大精神，树立良好的职业素养。

相关知识

一、新能源汽车驱动电机控制系统概述

新能源汽车的核心部件分为大三电和小三电，大三电包括电池、电机和电机控制器。小三电包括车载充电机、DC/DC变换器和高压配电盒。三大核心部件组成了新能源汽车的驱动系统，是汽车的动力来源。

在国家汽车工业主管部门公布的新能源汽车推荐报告中，乘用车和专用车中的永磁同步电机(Permanent Magnet Synchronous Motor，PMSM)占比达到80%以上。以特斯拉为代表的欧美品牌部分汽车中使用交流异步电机，但是缺点是功率密度较低。对于新能源汽车来说，不同的车型所使用的电机也不尽相同，由于其构型的多样性，电机的用途也是多种多样。纯新能源汽车上使用的电机具有驱动和能量回收的作用，混合动力汽车上电机具有驱

动、加减速、发电等功能。车用电机的性能要求较高和功能的多样性，将会对电机控制器提出更高要求。

(一)新能源汽车驱动电机控制理论概述

新能源汽车的电机驱动系统把电能转换为机械能，并通过传动装置(或直接)将能量传递到车轮，进而驱动车辆按照驾驶人意志行驶，是新能源汽车的关键系统之一。它在新能源汽车上的具体任务是：在驾驶人操纵控制下，将内燃机-发电机系统、动力电池组的电能转换为车轮的动能驱动车辆，并在车辆制动时把车辆的动能再生为电能反馈到动力电池中以实现车辆的再生制动。

1. 新能源汽车的电机驱动系统特点

新能源汽车利用电机驱动作为辅助动力，来降低燃料的消耗和实现“低污染”或在纯电动驱动模式时实现“零污染”。新能源汽车上电机系统的工作条件以及其工作模式与传统电机相比有着很大的区别，这些区别使得工业电机不适合在汽车上使用。相对于传统工业电机而言，新能源汽车上所使用的电机系统一般有以下特点。

(1)新能源汽车上所使用的电机往往要求频繁地启停，频繁地加、减速以及工作模式的频繁切换(作为电机使用驱动汽车以及作为发电机使用实现能量回收及发电的功能)，这对电机的响应性能提出了更高的要求。

(2)由于汽车内部空间紧张，往往要求电机系统具有体积小、质量轻以及较高的功率密度和工作效率等性能要求。

(3)相对于传统电机而言，新能源汽车上所使用的电机系统的工作环境更为恶劣、干扰更大，从而要求它具有更高的可靠性、抗振性和抗干扰性。

(4)传统电机一般工作在额定工作点附近，而新能源汽车电机的工作范围相对较宽。由于新能源汽车电机工作模式的特殊性(电机的工况经常处于动态变化中)，额定功率这个参数对新能源汽车所使用的电机没有特别大的意义，所以对其额定功率的要求并不严格。而在高效工作区间，这个参数则更为实际和重要。

(5)在供电方式上，传统电机由常规标准电源供电，而新能源汽车电机所使用的电能来源于蓄电池，且由功率转换器直接供给。另外，电机的使用电压及形式并不确定，从减少功率损耗及降级电机逆变器成本的角度考虑，一般倾向于使用较高的电压。

由此可知，新能源汽车对其使用的电机系统有特殊要求：频繁切换性能好、比功率大、体积较小、抗振性和抗干扰性好、高效工作范围宽、容错能力强、噪声小、对电压波动的适应能力强和可以接受的成本等。

2. 新能源汽车驱动电机种类

电机的种类很多，用途广泛，功率的覆盖面非常大。而新能源汽车所采用的电机种类较少，功率覆盖面也较窄，只采用了一些符合新能源汽车要求的电机来作为驱动电机。新能源汽车在不同的历史时期采用了不同的电机，最早是采用控制性能好、成本较低的直流电机。随着电子技术、机械制造技术和自动控制技术的发展，交流电机、永磁电机和开关磁阻电机显示出比直流电机更加优越的性能，这些电机正在逐步取代直流电机。图 1-1 所示为现代新能源汽车采用的各种电机。各种电机的基本性能比较见表 1-1。

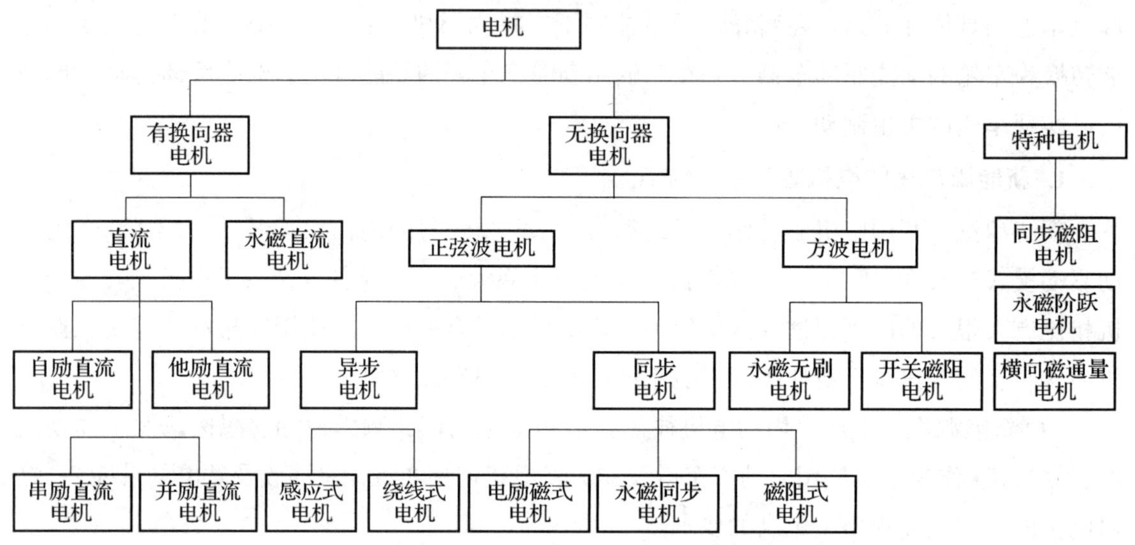

图 1-1　现代新能源汽车采用的各种电机

表 1-1　各种电机的基本性能比较

项目	直流电机	感应式电机	永磁式电机	开关磁阻式电机
功率密度	低	中	高	较高
过载能力/(%)	200	300~500	300	300~500
峰值效率/(%)	85~89	94~95	95~97	90
负荷效率/(%)	80~87	90~92	97~85	78~86
功率因数/(%)	—	82~85	90~93	60~65
恒功率区	—	1∶5	1∶2.25	1∶3
转速范围/($r \cdot min^{-1}$)	4 000~6 000	12 000~20 000	4 000~100 000	可以>15 000
可靠性	一般	好	优良	好
结构的坚固性	差	好	一般	优良
电机外形尺寸	大	中	小	小
电机质量	重	中	轻	轻
控制操作性能	最好	好	好	好
控制器成本	低	高	高	一般

3. 新能源汽车对电机性能的基本要求

新能源汽车驱动电机的主要参数为：电机类型、额定电压、机械特性、效率、尺寸参数、质量参数、可靠性和成本等。另外，为电机配置的电子控制系统和驱动系统也会影响驱动电机的性能。

高电压：在允许的范围内尽可能采用高电压，可以减小电机的尺寸和导线等装备的尺寸，特别是可以降低逆变器的成本。

高转速：新能源汽车采用的感应电机的转速可以达到 8 000~12 000 r/min，高转速电机的体积较小、质量较轻，有利于降低新能源汽车的整车整备质量。

质量轻：电机采用铝合金外壳，以减轻电机的质量，各种控制装置的质量和冷却系统的质量等也要求尽可能轻。

电机应具有较大的启动转矩和较大范围的调速性能，使新能源汽车有良好的启动性能和加速性能，以获得所需要的启动、加速、行驶、减速、制动等所需的功率和转矩。电机具有自动调速功能，因此，可以减轻驾驶人的操纵强度，提高驾驶的舒适性，并且能够达到内燃机汽车加速踏板同样的控制响应。

新能源汽车应有最优化的能量利用，电机具有高效率、低损耗，并在车辆减速时实现再生制动将制动能量回收，再生制动回收的能量一般可达到总能量的 10%~50%，这在内燃机汽车上是不能实现的。

各种动力电池组和电机的工作电压可以达到 300 V 以上。电气系统控制系统的安全性都必须符合国家(或国际)有关车辆电气控制的安全性的标准和规定，装备有高压保护设备。

另外，电机还要求可靠性好、耐温和耐潮性强、运行时噪声低、能够在较恶劣的环境下长时间工作、结构简单、适合大批量生产、使用维修方便及价格便宜等。

(二)新能源汽车常用电机介绍

1. 直流电机

直流电机是将直流电能转换成机械能的电机，是电机的主要类型之一，具有结构简单、技术成熟、控制容易等特点，在早期的新能源汽车中得到了广泛应用，特别是在场地用电动车和专用电动车上应用更为普遍。

直流电机分为绕组励磁式直流电机和永磁式直流电机。在新能源汽车所采用的直流电机中，小功率电机采用的是永磁式直流电机，大功率电机则采用绕组励磁式直流电机。根据励磁方式的不同，绕组励磁式直流电机可分为它励式、并励式、串励式和复励式四种类型。

(1)它励式直流电机。它励式直流电机的励磁绕组与电枢绕组无连接关系，而由其他直流电源给励磁绕组供电，因此励磁电流不受电枢端电压或电枢电流的影响。

它励式直流电机在运行过程中励磁磁场稳定且容易控制，易实现新能源汽车的再生制动要求。当采用永磁激励时，虽然电机效率高、质量轻和体积小，但由于励磁磁场固定，电机的机械特性不理想，难以满足新能源汽车启动和加速时的大转矩要求。

(2)并励式直流电机。并励式直流电机的励磁绕组与电枢绕组并联，共用同一个电源，性能与它励式直流电机基本相同。并励绕组两端电压就是电枢两端电压，但是励磁绕组用细导线绕成，其匝数很多，因此具有较大的电阻，使得通过它的励磁电流较小。

(3)串励式直流电机。串励式直流电机的励磁绕组与电枢绕组串联后再接于直流电源，这种直流电机的励磁电流就是电枢电流。电机内磁场随着电枢电流的改变有显著的变化。为了使励磁绕组中不引起大的损耗和电压降，励磁绕组的电阻越小越好，所以串励式直流电机通常用较粗的导线绕成，匝数较少。

串励式直流电机在低速运行时，能给新能源汽车提供足够大的转矩。在高速运行时，电机电枢中的反电动势增大，与电枢串联的励磁绕组中的励磁电流减小，电机高速时的弱磁调速功能易于实现，因此串励式直流电机驱动系统能较好地符合新能源汽车的特性要求。但串励式直流电机由低速到高速运行时弱磁调速特性不理想，随着新能源汽车行驶速度的提高，驱动电机输出转矩迅速减小，不能满足新能源汽车高速行驶时风阻大而需要较大输出转矩的要求。

串励式直流电机运行效率低。在实现新能源汽车的再生制动时，由于没有稳定的励磁磁场，再生制动的稳定性差。另外，再生制动需要加接触器切换，使得驱动电机控制系统的故障率较高，可靠性较差，并且此类电机的体积和质量也较大。

(4)复励式直流电机。复励式直流电机有并励和串励两个励磁绕组，电机的磁通由两个绕组内的励磁电流产生。若串励绕组产生的磁通量与并励绕组产生的磁通量方向相同，称为积复励；若两个磁通量方向相反，则称为差复励。

复励式直流电机的永磁励磁部分采用高磁性钕铁硼材料，运行效率高。由于电机永磁励磁部分有稳定的磁场，因此用该类电机构成驱动系统时易实现再生制动功能。同时，由于电机增加了励磁绕组，通过控制励磁绕组的励磁电流或励磁磁场的大小，能克服永磁它励式直流电机不能产生足够的输出转矩的缺点，以满足新能源汽车低速或爬坡时的大转矩要求，而电机的质量和体积比串励式直流电机小。

2. 新能源汽车用直流电机

(1) 直流电机的驱动特性。新能源汽车用直流电机的驱动特性如图 1-2 所示。基本转速 n_b 以下为恒转矩区，基本转速 n_b 以上为恒功率区。在恒转矩区，励磁电流保持不变，改变电枢电压来控制转矩。在高速恒功率区，电枢电压不变，改变励磁电流或弱磁来控制转矩。直流电机的这种特性很适合汽车对动力源低速高转矩和高速低转矩的使用需求，而且直流电机结构简单，易于平滑调速，加之控制技术成熟，所以几乎所有早期的新能源汽车都是采用直流电机。

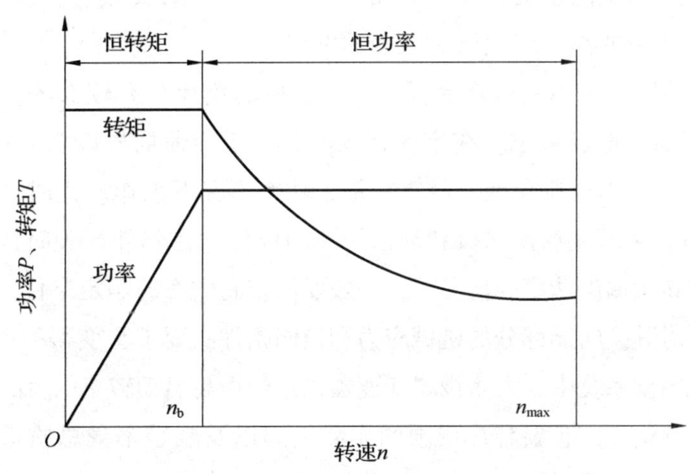

图 1-2　新能源汽车用直流电机的驱动特性

(2) 直流电机的特点。直流电机具有以下特点：

1) 调速性能好。直流电机可以在重负载条件下实现均匀、平滑的无级调速，而且调速范围较宽。

2) 启动转矩大。在重负载下启动或要求均匀调节转速的机械，如大型可逆轧钢机、卷扬机等，都可用直流电机拖动。

3) 控制简单。直流电机一般用斩波器控制，它具有高效率、控制灵活、质量轻、体积小、响应快等优点。

4) 有易损件。由于存在电刷、换向器等易损零件，所以直流电机必须进行定期维护或更换。

3. 新能源汽车用直流电机的要求

新能源汽车用直流电机和其他通用的电机相比，有以下几个方面的技术要求。

(1) 抗振动性。由于直流电机具有较重的电枢，所以在路况凹凸不平时的车辆振动会

影响到轴承所承受的机械应力，对这个应力进行监控和采取相应的对策是很有必要的。同时，由于振动很容易影响到换向器和电刷的滑动接触，因此必须采取提高电刷弹簧的预紧力等措施。

(2)对环境的适应性。直流电机在新能源汽车上使用时与在室外使用时的环境大体相同，所以要求在设计中充分考虑密封问题，防止灰尘和水汽侵入电机，另外要充分考虑电机的散热。

(3)低损耗性。为了延长一次充电续驶里程以及抑制电机温度的上升，尽量保持低损耗和高效率成为直流电机的重要特性。近几年，由于稀土系列(钴、钕、硼等)永久磁体的研究开发，直流电机中的高效率化已有显著的发展。

(4)抗负荷波动性。在不同道路上行驶时，电机的负荷会有较大的变动，因此有必要对额定条件的设定加以重点考虑。在市区行驶时，由于交通信号以及其他状况等的影响，启动、加速工况较多，不可避免地要经常在最大功率情况下工作。此时，电刷的电火花和磨损非常剧烈，因此必须注意换向极和补偿线圈的设计。在郊外行驶时，电机的输出转矩比较低，在高速旋转大输出功率的情况下，一般要以较高效率的额定条件运行。而直流电机在高速的情况下，对其换向器部分的机械应力和换向条件的要求会变得很严格。为此，在大型新能源汽车电机驱动系统中，大多设置变速器以达到提高启动转矩的目的。

(5)小型、轻量化。由于要释放受限的车载空间以及减轻车身总质量，因而小型和轻量化成为了设计中的重要问题。直流电机旋转部分中含有较大比例的金属铜，如电枢绕组和铜制的换向器片，所以与其他类型的电机相比，直流电机的小型、轻量化设计更难实现。目前可以通过采用高磁导率、低损耗的电磁钢板减少磁性负荷，虽然增加了成本，但可以实现轻量化。

(6)免维护性。根据负荷情况和运动速度等使用条件的不同，电刷的更换时间和维修作业的次数是变化的，解决办法是采用不损伤换向器片材质的电刷，以及将检查端口制造得较大，以便维修、更换等。

4. 异步交流电机概述

交流电机可分为同步交流电机和异步交流电机两大类。异步交流电机又称感应电机，是由气隙旋转磁场与转子绕组感应电流相互作用产生电磁转矩，从而实现电能转换为机械能的一种交流电机。异步交流电机是各类电机中应用最广、需求量最大的一种。

异步交流电机的种类很多，常按转子结构和定子绕组相数进行分类。按转子结构的不同来分，异步交流电机可分为鼠笼型异步交流电机和绕线型异步交流电机，如图 1-3 所示。按定子绕组相数的不同来分，异步交流电机分为单相异步交流电机、两相异步交流电机和三相异步交流电机。

（a）笼型异步交流电机

（b）绕线型异步交流电机

图 1-3　异步交流电机

5. 异步交流电机的结构

如图 1-4 所示，异步交流电机主要由定子和转子两大部分组成，定子和转子之间存在气隙，此外，还有端盖、轴承、机座和风扇等部件。

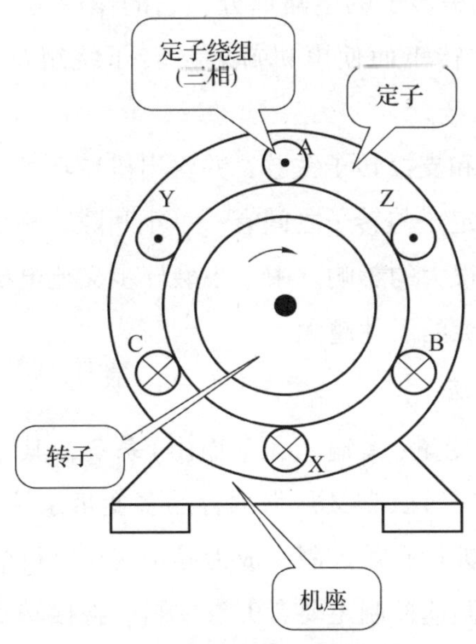

图 1-4　异步交流电机的结构示意图

(1)定子。异步交流电机的定子由定子铁芯、定子绕组和机座构成。

1)定子铁芯。定子铁芯是电机磁路的一部分，并在其上放置定子绕组。定子铁芯一般由 0. 35～0. 5 mm 厚的表面具有绝缘层的硅钢片冲制、叠压而成，在铁芯的内圆冲有均匀分布的槽，用以嵌放定子绕组。定子铁芯槽有半闭口型槽、半开口型槽和开口型槽三种。

2)定子绕组。定子绕组是电机的电路部分，通入三相交流电，产生旋转磁场。定子绕组由三个在空间互隔120°、对称排列的结构完全相同的绕组连接而成，这些绕组的各个线圈按一定规律分别嵌放在定子各槽内。

3)机座。机座主要用于固定定子铁芯与前、后端盖，用以支撑转子并起防护、散热等作用。机座常为铸铁件，大型异步交流电机则用钢板焊接而成，微型异步交流电机多采用铸铝件。封闭式电机的机座外面有散热筋以增加散热面积，防护式电机的机座两端盖开有通风孔，使电机内、外的空气可直接对流，以利于散热。

(2)转子。异步交流电机的转子由转子铁芯、转子绕组和转轴组成。

1)转子铁芯。转子铁芯也是电机磁路的一部分，并在铁芯槽内放置转子绕组。转子铁芯所用材料与定子一样，由0.5 mm厚的硅钢片冲制、叠压而成，硅钢片外圆冲有均匀分布的孔，用来安置转子绕组。通常用定子铁芯冲落后的硅钢片内圆来冲制转子铁芯。一般小型异步交流电机的转子铁芯直接压装在转轴上，大、中型异步电机(转子直径为300~400 mm)的转子铁芯则借助于转子支架压在转轴上。

2)转子绕组。转子绕组是转子的电路部分，它的作用是切割定子旋转磁场产生感应电动势及电流，并形成电磁转矩而使电机旋转。转子绕组分为笼式转子和绕线式转子两类。

3)转轴。转轴用于固定和支撑转子铁芯，并输出机械功率，一般使用中碳钢制成。

4)气隙。异步交流电机定子与转子之间有一个小间隙，称为电机气隙。气隙的大小对异步交流电机的运行性能有很大的影响。中、小型异步交流电机的气隙一般为0.2~2 mm；功率越大、转速越高，则气隙的尺寸越大。

6. 异步交流电机控制方法

异步交流电机是一个多变量(多输入、多输出)系统，其中变量电压(电流)、频率、磁通、转速之间又相互影响，所以它又是强耦合的多变量系统。如何对这样一个非线性、多变量、强耦合的复杂系统进行有效控制，成为异步交流电机的研究重点。

目前对异步交流电机的调速控制主要有矢量控制、直接转矩控制、转速控制、变频恒压控制、自适应控制和效率优化控制等。本节详细介绍处于主流地位的前两种控制方式。

(1)矢量控制。矢量控制也称为磁场定向控制，该控制方式实现了交流电机磁通和转矩的解耦控制，使交流传动系统的动态特性有了显著的改善，在提高新能源汽车驱动器的动态性能方面，相对于变频调速控制，磁场定向控制得到了较多关注。因为系统具有非线性、多变量、强耦合的变参数特性，所以很难直接通过外加信号准确控制电磁转矩。矢量控制的基本原理是通过测量和控制异步交流电机定子电流矢量，根据磁场定向原理分别对异步交流电机的励磁电流和转矩电流进行控制，从而达到控制异步交流电机转矩的目的。

矢量控制的具体原理是将异步交流电机的定子电流矢量分解为产生磁场的电流分量

(励磁电流)和产生转矩的电流分量(转矩电流)分别加以控制，并同时控制两分量间的幅值和相位，即控制定子的电流矢量，所以这种控制方式称为矢量控制方式。矢量控制分为基于转差率控制的矢量控制方式、无速度传感器的矢量控制方式和有速度传感器的矢量控制方式等。它是一种控制异步交流电机的有效方法，与直流电机类似，也可得到高速转矩响应。

随着矢量控制技术的发展，出现了许多矢量控制方法，这些方法基本上可分为两类，即直接磁场定向控制和间接磁场定向控制。直接磁场定向控制需要直接测量转子磁场，增加了执行的复杂性和低速时测量的不可靠性。因此，直接磁场定向控制很少用于新能源汽车的驱动。与直接磁场定向控制不同，间接磁场定向控制通过计算确定转子磁场，而不是直接测量，这种方法相对于直接磁场定向控制更易于实现。因此，间接磁场定向控制在高性能的新能源汽车电机驱动系统中具有很好的应用前景。

(2)直接转矩控制。直接转矩控制以转矩为中心来进行磁链、转矩的综合控制。与矢量控制不同，直接转矩控制不采用解耦的方式，从而在算法上不存在旋转坐标变换，简单地通过检测电机定子电压和电流，借助瞬时空间矢量理论计算电机的磁链和转矩，并根据与给定值比较所得的差值来实现磁链和转矩的直接控制。图 1-5 所示为直接转矩控制异步交流电机系统框图。

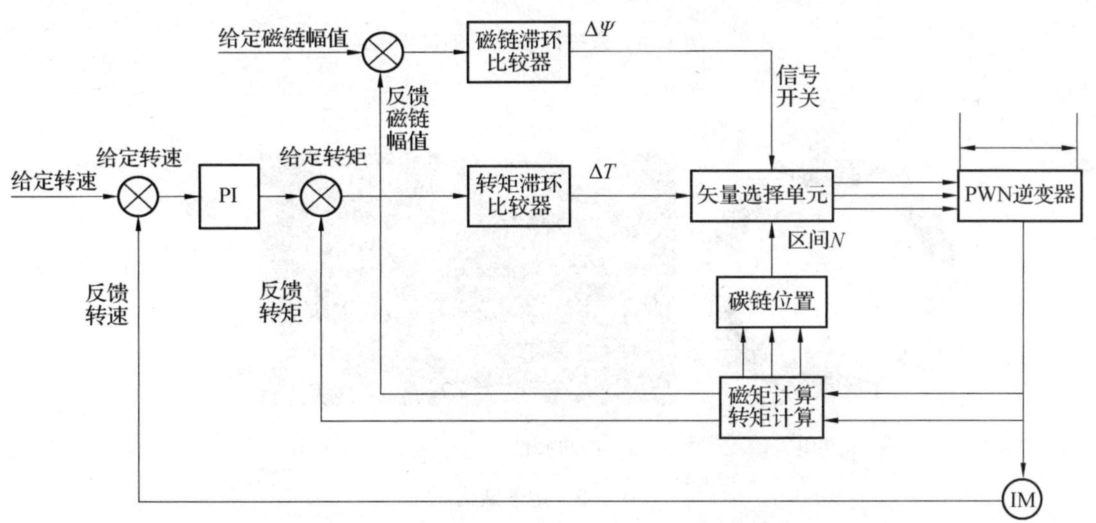

图 1-5 直接转矩控制异步交流电机系统框图

由于直接转矩控制省掉了矢量变换方式的坐标变换与计算、为解耦而简化异步交流电机数学模型且没有通常的脉宽调制(PWM)信号发生器，所以它的控制结构简单，控制信号处理的物理概念明确，系统的转矩响应迅速且无超调，是一种具有高动、静态性能的交

流调速控制方式。直接转矩控制磁通估算所用的是定子磁链，只要已知定子电阻就可以把它观测出来，因此直接转矩控制大大解决了矢量控制技术中控制性能易受参数变化影响的问题。

7. 永磁同步电机概述

永磁同步电机主要由定子、转子及机体三部分构成，如图 1-6 所示。定子包括定子铁芯和定子绕组，定子绕组镶嵌在定子铁芯中，绕组的作用是在通电时可产生磁场，铁芯的作用是提高磁导率。定子绕组一般制成三相绕组，三相绕组沿定子铁芯对称分布，在空间上互差 120°，通入三相交流电时，产生旋转磁场。定子结构如图 1-7 所示。

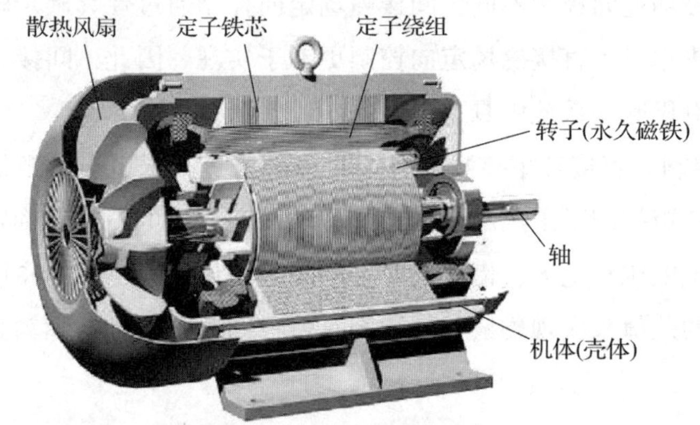

图 1-6　永磁同步电机的结构

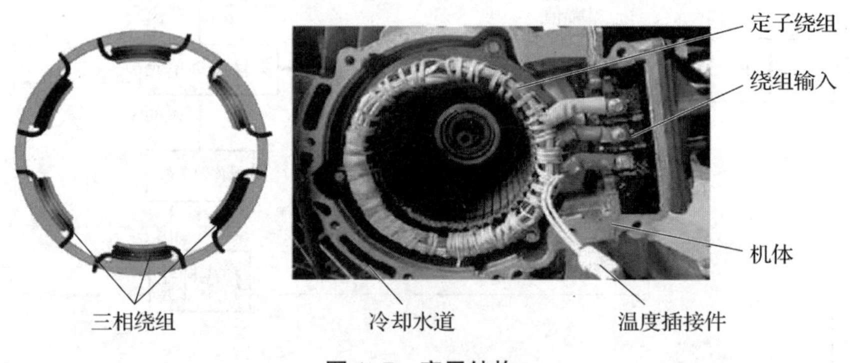

图 1-7　定子结构

转子采用永磁体，目前主要以钕铁硼作为永磁材料。采用永磁体可简化电机的结构、提高可靠性，又没有转子铜耗，从而提高了电机的效率。按永磁体在转子上位置的不同，永磁同步电机的转子磁极结构主要分为两种：表面凸出式和内置嵌入式，如图 1-8 所示。

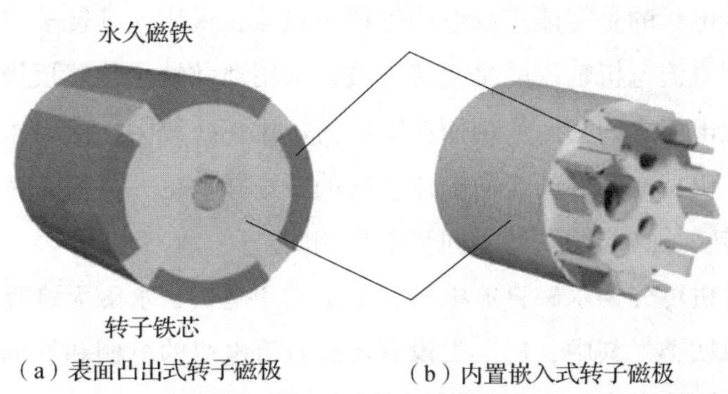

（a）表面凸出式转子磁极　　（b）内置嵌入式转子磁极

图 1-8　转子磁极结构

永磁同步电机在车上的安装位置如图 1-9 所示。

图 1-9　永磁同步电机安装位置

研制开发新能源汽车的关键有两个方面：一是生产高能量密度的电池；二是开发性能优良的驱动系统。在各类驱动电机中，永磁同步电机具有高效、高控制精度、高转矩密度、良好的转矩平稳性及低振动噪声等特点，通过合理设计永磁磁路结构能获得较高的弱磁性能，在新能源汽车驱动方面具有很好的应用价值。该电机得到了国内外新能源汽车界的新能源汽车高度重视，是最具竞争力的新能源汽车驱动电机系统之一。

8. 永磁电机的分类

永磁电机的分类方法很多，根据输入电机接线端波形的不同，可分为永磁直流电机和永磁交流电机。

由于永磁交流电机没有电刷、换向器或集电环，因此也称为永磁无刷电机。根据新能源汽车输入电机接线端的交流波形，永磁无刷电机可分为永磁同步电机和永磁无刷直流电机。输入永磁同步电机的是交流正弦波或近似正弦波，采用连续转子位置反馈信号来控制换向；而永磁无刷直流电机输入的是交流方波，采用离散转子位置反馈信号控制换向。由于方波磁场与方波电流之间相互作用而产生的转矩比正弦波大，所以永磁无刷直流电机的功率密度大，但是由功率器件的换向电流引起的转矩脉动也大，而正弦波产生的转矩基本是恒转矩或平稳转矩，这与绕线转子同步电机相同。

现有的永磁电机可分为永磁直流电机、永磁同步电机、永磁无刷直流电机和新能源汽车永磁混合式电机四类。其中，后三类没有传统直流电机的电刷和换向器，故统称为永磁无刷电机。在新能源汽车中，永磁同步电机应用广泛。

9. 永磁同步电机的结构

三相永磁同步电机具有定子三相分布的绕组和永磁转子，在磁路结构和绕组分布上新能源汽车保证反电动势波形为正弦波，为了进行磁场定向控制，输入到定子的电压和电流也为正弦波。根据永磁体在转子上位置的不同，永磁同步电机可分为内置式永磁同步电机和外置式永磁同步电机。

(1)内置式永磁同步电机。内置式永磁同步电机按永磁体磁化方向的不同可分为径向式、切向式和混合式三种，新能源汽车在有阻尼绕组的情况下的内置式永磁同步电机转子结构示意图如图 1-10 所示。由于内置式永磁同步电机转子内部嵌入永磁体，从而导致了转子机械结构上的凸极特性。

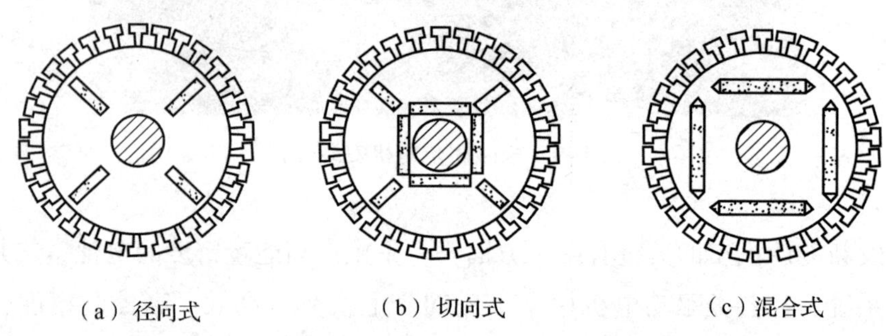

（a）径向式　（b）切向式　（c）混合式

图 1-10　新能源汽车内置式永磁同步电机转子结构示意图

(2)外置式永磁同步电机。外置式永磁同步电机根据永磁体是否嵌入转子铁芯中可分为面贴式和插入式两种，如图 1-11 所示。

面贴式永磁同步电机的转子永磁体一般为瓦片形，通过合成黏胶粘贴于转子铁芯表面。在功率稍大的面贴式永磁同步电机中，永磁体与气隙之间可以通过无纬玻璃丝带加以捆绑保护，防止永磁体因转子高速转动而脱落。插入式永磁同步电机的永磁体嵌入转子铁芯中，两永磁体之间的铁芯成为铁磁介质凸出的部分。在面贴式永磁同步电机中，由于新

能源汽车永磁体的相对磁导率接近真空磁导率($\rho=1.0$)，等效气隙基本均匀，所以交、直轴电感基本相符，是一种隐极式同步电机。插入式永磁同步电机的交轴方向上的气隙比直轴的新能源汽车小，交轴的电感也比直轴大，是一种凸极式永磁同步电机。相对而言，永磁体的存在使得面贴式永磁同步电机定子和转子之间的有效气隙较大，因而定子的电感较小。

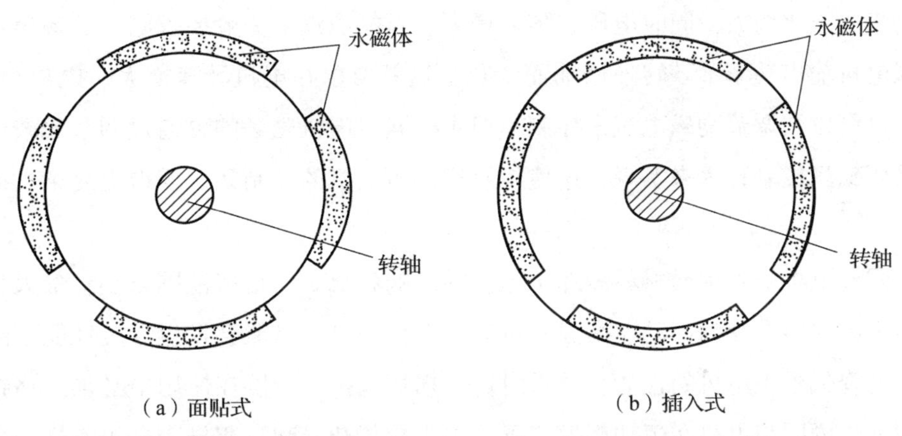

图 1-11　新能源汽车外置式永磁同步电机转子结构示意图

外置式永磁同步电机的结构比内置式简单，且具有制造容易、成本低廉的优点，因而在工业上应用较多。面贴式永磁同步电机转子结构最为简单，与插入式相比，它提高了转子表面的平均磁通密度，可以得到更大的电子转矩。

10. 永磁同步电机的性能特点

永磁同步电机的功率因数大、效率高、功率密度大，是一种比较理想的驱动电机，但由于电磁结构中转子励磁不能随意改变，导致电机弱磁困难，调速特性不如直流电机。目前，永磁同步电机理论不如直流电机和异步电机完善，还有许多问题需要进一步研究，主要有以下两方面。

(1)电机效率。永磁同步电机的低速效率较低，如何通过设计降低低速损耗、减小低速额定电流是目前研究的主要方向之一。

(2)电机的弱磁能力。由于转子是永磁体励磁，随着转速的提高，电机电压会逐渐达到逆变器所能输出的电压极限，这时要想继续提高转速只能靠调节定子电流的大小和相位，增大直轴去磁电流来等效弱磁以提高转速。电机弱磁能力的大小主要与直轴电抗和反电动势大小有关，但永磁体串联在直轴磁路中，所以直轴磁路一般磁阻较大，弱磁能力较小。当电机反电动势较大时，也会降低电机的最高转速。

由于永磁同步电机的转子上无绕组、无铜耗、磁通量小，在低负荷时铁损很小，因

此，新能源汽车永磁同步电机具有较高的功率/质量比，比其他类型的电机有更高的频率、更大的输出转矩。转子电磁时间常数较小，电机的动态特性好，电机的极限转速和制动性能等都优于其他类型的电机。永磁同步电机的定子绕组是主要的发热源，其冷却系统相对比较简单。

由于永磁同步电机的磁场产生恒定的磁通量，随着电流量的增大，电机的转矩与新能源汽车电流成正比增大，同时电压也随之增大。新能源汽车一般要求电机的输出功率保持恒定，即电机输出功率不随转速增加而变化，这就要求在电机转速增大时电压保持恒定。对一般电机可以用调节励磁电流来控制，但永磁同步电机磁场的磁通量调节比较困难，因此需要采用磁场控制技术来实现。这使得永磁同步电机的控制系统变得更复杂，而且增加了成本。

永磁同步电机受到永磁材料和加工工艺的影响和限制，功率范围较小，最大功率仅几十千瓦。永磁材料在受到振动、高温和过载电流作用时，可能会发生导磁性能下降或退磁现象，这会降低永磁电机的性能，严重时还会损坏电机，所以在使用中必须严格控制其不发生过载。永磁同步电机在恒功率模式下，操纵较复杂，和三相异步电机一样，需要一套复杂的控制系统，制造成本很高。最新研制和开发的混合励磁永磁同步电机的控制性能得到了大的改进。

永磁同步电机的驱动特性如图 1-12 所示。从图中可以看出，永磁无刷同步电机的恒转矩区比较长，一直延伸到电机最高转速的 50% 左右，这对提高汽车的低速动力性能有很大帮助。永磁无刷同步电机功率密度高、调速性能好、在宽转速范围内运行效率高（90%~95%），是理想的新能源汽车驱动电机之一。它的主要缺点是电机制造成本高、永磁材料会有退磁效应、抗腐蚀性差，而且永磁材料磁场不可变，要想增大电机的功率，其体积会很大。随着稀土永磁材料的开发和应用，永磁无刷同步电机的性能有了很大的提高，是未来最有发展前景的驱动电机之一。

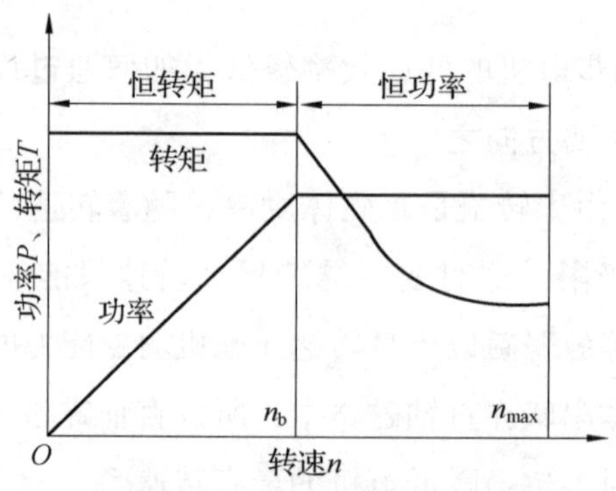

图 1-12　永磁同步电机的驱动特性

11. 永磁同步电机的控制

(1)恒压频比开环控制(VVVF)。这种控制方式使用电压和频率作为控制变量，通过逆变器产生正弦电压施加在电机的定子绕组上，以维持指定电压和频率下的运行。尽管这种控制策略简单易实现，但由于无法实时捕捉电机状态，动态响应较慢，通常只用于一般调速性能要求的通用变频器上。

(2)矢量控制。矢量控制基于转子磁链旋转空间矢量，将定子电流分解成与磁链同方向的励磁分量和与磁链正交的转矩分量，并分别控制它们，以获得类似直流电机的动态特性。矢量控制结构简单，易于实现，已广泛应用于调速系统中。FOC 算法流程包括电流采样、坐标变换、PI 控制器调节、反 Park 变换和 PWM 信号生成等步骤。

(3)直接转矩控制(DTC)。直接转矩控制采用空间电压矢量分析，在定子坐标系上直接计算和控制电机的转矩。这种控制方式利用定子磁场定向和逆变器的开关状态，选择适当的电压空间矢量使磁链的运动轨迹近似圆形，以最大程度改变转矩。DTC 具有高动态性能，适用于需要快速响应的场合。

(4)智能控制。为了提高控制性能和精度，永磁同步电机还采用了模糊控制、神经网络控制等智能控制方法。智能控制器作为多环控制结构的最外环，负责速度控制，而内环则使用传统的 PI 控制、直接转矩控制等方法进行电流和转矩控制。智能控制方法与传统方法结合，以充分利用各自的优势，使系统性能最优化。

12. 旋转变压器

为使电机控制器能够精确检测电机运转时转子的位置、方向和转速，以便对电机或发电机(回收能量)进行方向和转速的控制，在电机中安装有旋转变压器。旋转变压器由转子和定子构成，其中旋变转子形状不是正圆，一般具有 2 个以上凸圆头，如图 1-13 所示，旋转变压器转子安装在电机转子轴上，随其同步转动，如图 1-14 所示；旋转变压器定子安装在电机端盖上或电机定子上，其上绕有励磁绕组、正弦绕组和余弦绕组，通过6 根低压线束引出到电机外部，并由插接件与电机控制器相连，其中 2 根导线传送电机控制器的励磁信号，另外 4 根导线分别传送旋转变压器输出的正弦信号和余弦信号，6 根导线中任何一根出现故障都会导致驱动电机无法正常工作，旋转变压器定子结

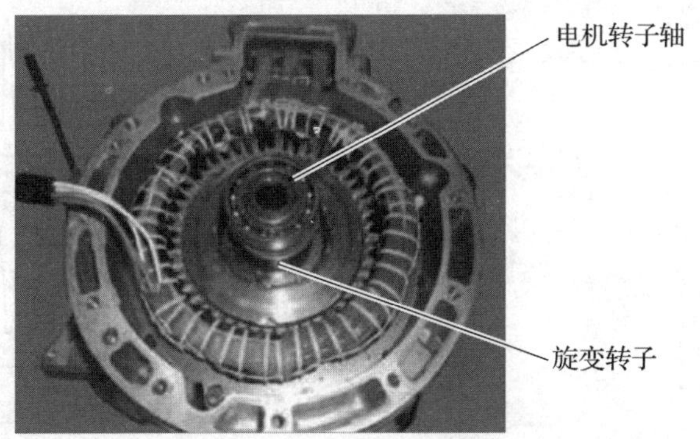

图 1-13 旋转变压器的组成

构如图 1-15 所示。旋转变压器工作时，产生的波形如图 1-16 所示。

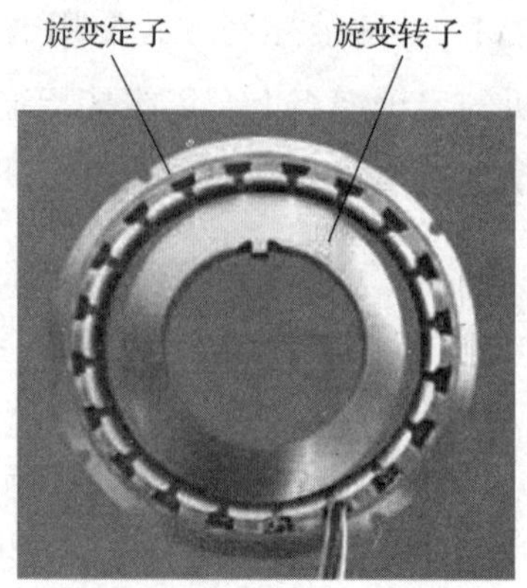

图 1-14　旋转变压器转子

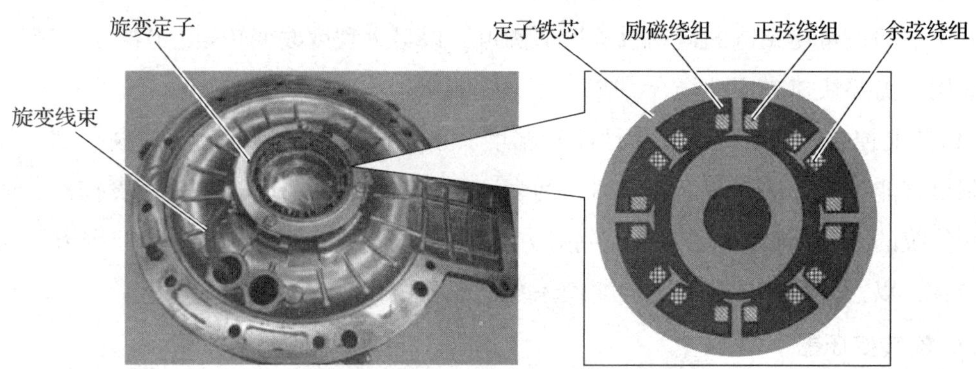

图 1-15　旋转变压器定子

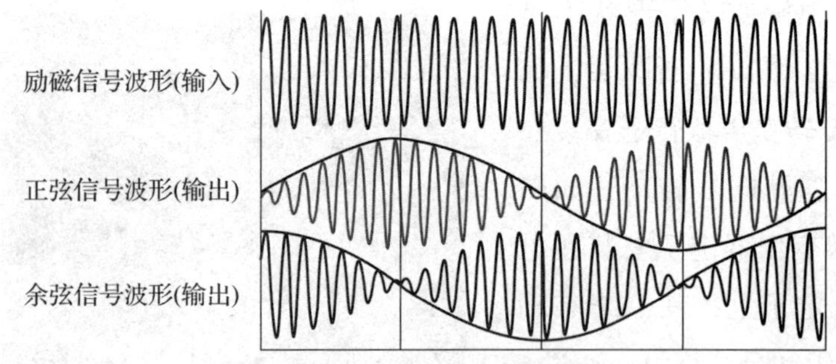

图 1-16　旋转变压器波形图

二、北汽 EV160 驱动电机控制系统

北汽 EV160 车是北汽公司的一款纯电动汽车，其驱动电机系统包括驱动电机和驱动电机控制器，驱动电机主要由定子、转子和壳体等组成，如图 1-17 所示。

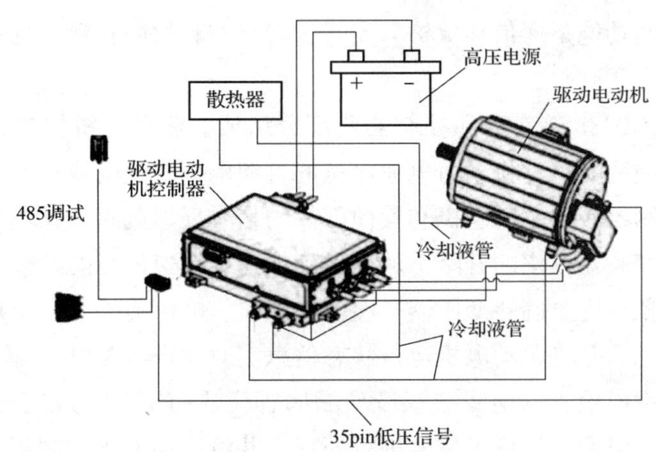

图 1-17　北汽 EV160 驱动电机系统的组成

(一)北汽 EV160 驱动电机系统的组成和工作原理

1. 北汽 EV160 驱动电机系统工作原理

驱动电机是永磁同步电机，采用强制循环冷却液冷却，额定转矩和峰值转矩分别为 64 N·m 和 144 N·m，额定功率和最大功率分别为 20 kW 和 45 kW。

驱动电机使用旋转变压器和温度传感器来提供驱动电机的工作信息。旋转变压器用来检测驱动电机的转子位置，温度传感器用来检测电机的绕组温度。

旋转变压器是一种输出电压随转子转角变化的信号元件。当励磁绕组以一定频率的交流电压励磁时，输出绕组的电压与转子转角成正弦、余弦函数关系，或在一定转角范围内与转角成线性关系。

在驱动电机系统中，驱动电机的输出动作主要是执行控制单元给出的命令，即控制器输出命令。如图 1-18 所示，控制器主要是将输入的直流电逆变成电压、频率可调的三相交流电，供给配套的三相交流永磁同步电机使用。

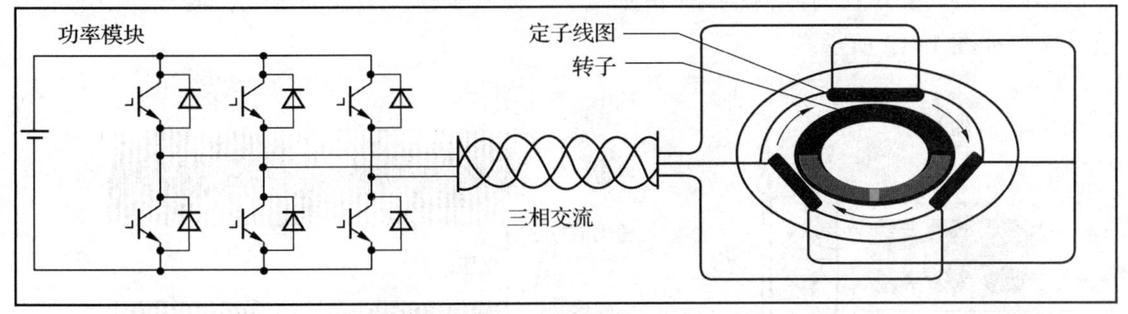

图 1-18　驱动电机系统工作原理

整车控制器(VCU)根据驾驶员意图发出各种指令，电机控制器响应并反馈，实时调整驱动电机输出，以实现整车的怠速、前行、倒车、停车、能量回收以及驻坡等功能。电机控制器的另一个重要功能是通信和保护，实时进行状态和故障检测，保护驱动电机系统和整车安全可靠运行。

电机控制器(MCU)由逆变器和控制器两部分组成。驱动电机控制器采用三相两电平电压源型逆变器。逆变器负责将动力电池输送的直流电电能逆变成三相交流电给汽车驱动电机提供电源；控制器接收驱动电机和其他部件的信号反馈到仪表，当发生制动或者加速行为时，它能控制变频器频率的升降，从而达到加速或减速的目的。

电机控制器是依靠内置旋转变压器、温度传感器、电流传感器、电压传感器等来提供电机的工作状态信息，并将驱动电机运行状态信息实时发送给 VCU。驱动电机系统的控制中心，又称智能功率模块，以绝缘栅双极型晶体管模块(IGBT)为核心，辅以驱动集成电路、主控集成电路，对所有的输入信号进行处理，并将驱动电机控制系统运行状态的信息通过控制器局域网(CAN)2.0 网络发送给整车控制器，同时也会储存故障码和数据。

2. 北汽 EV160 驱动电机的关键部件结构及其工作原理

驱动电机采用永磁同步电机(PMSM)，是动力系统的重要执行机构，是电能与机械能转化的部件，且自身的运行状态等信息可以被采集到驱动电机控制器。驱动电机主要零件由油封、前端盖及吊环、定子组件、转子组件、后端盖、接线盒组件、接线盒盖、旋变盖板及悬置支架等部件组成。

驱动电机内部安装了一些传感器，这些传感器包括：用以检测电机转子位置的旋转变压器；解码后可以获知电机转速的控制器；用以检测驱动电机绕组的温度，并将信息提供给电机控制器，再由电机控制器通过 CAN 总线传给整车控制器(VCU)，进而控制水泵工作、水路循环、冷却电子扇工作，调节驱动电机的工作温度的温度传感器。

3. 北汽 EV160 旋转变压器

北汽 EV160 旋转变压器安装在驱动电机上，用来测量旋转物体的转轴角位移和角速度，能够检测电机的位置、转速和方向，通过脉冲磁场计数可以获知电机转子转速，从而控制车速。旋转变压器的传感器线圈由励磁、正弦和余弦 3 组线圈组成，输入、输出信号及其波形如图 1-19 所示。

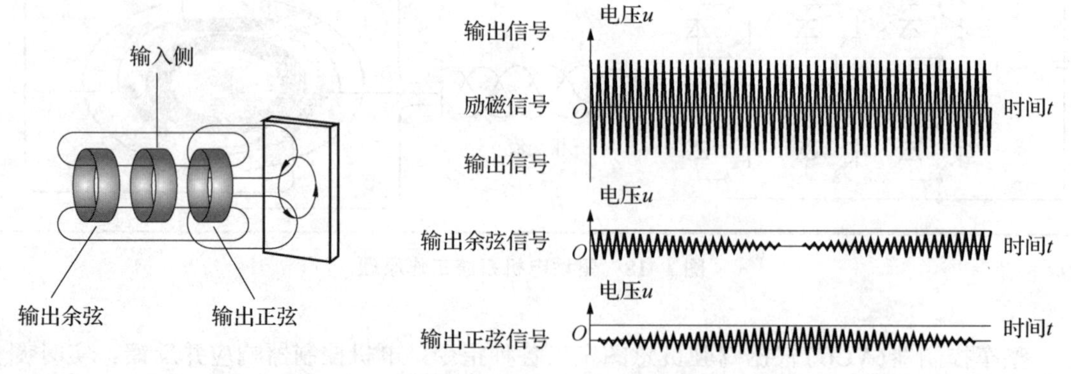

图 1-19　旋转变压器输入、输出信号及其波形

任务一　MCU 模块低压供电故障诊断与检测

任务单	任务一　MCU 模块低压供电故障诊断与检测
任务名称	MCU 模块低压供电故障诊断与检测
任务描述	一辆北汽 EV160 纯电动汽车，正常启动，打开点火开关，READY 指示灯不亮，系统故障灯点亮，挂挡后车辆无法行驶。
任务分析	查阅维修车辆维修手册和电路图，MCU 的 12 V 工作电源由电机继电器提供。电机继电器的 30、86 端子的电压由 FB10 保险丝提供，电机继电器线圈 85 端子由 VCU 的 T121/88 端子控制。将点火开关置于 ON 位置时，VCU 控制电机继电器工作，触点闭合，87 端子输出+B至 MCU 的 1 端子，为 MCU 提供主电源，MCU 通过 24、30 端子搭铁构成回路。 根据电路图分析，造成 MCU 供电故障的原因主要有： (1) VCU 不能正常工作； (2) 电机继电器故障； (3) FB10 保险丝故障； (4) MCU 故障； (5) MCU 线路故障。
学习任务	检查电机工作状况是否正常有无异响异味，检查电机及电机控制器相关连接线束是否正常，检查水泵、风扇等是否正常工作。 为了进一步确认及缩小故障部位，借用诊断仪器读取故障代码和数据流，对故障部位做进一步解析。 第一步：读取故障代码(DTC)。 在连接诊断仪器后，可能无法读到相关故障代码，也可能读取到一个或多个相关故障代码，此时应结合当前现象，分析故障代码为当前还是历史信息，并进一步验证故障代码的真实性。 第二步：通过诊断仪与各控制器模块通信连接，对读取故障码和数据流进行分析。 第三步：查阅电路图维修手册找到电机及控制器部分。 第四步：检测 FB10 保险丝。 第五步：检测电机继电器。 第六步：检测 MCU 电路。 第五步：结合故障现象和诊断结果判定故障位置，对相应部件或线路检修或更换，排除故障。
劳动组合	小组成员以及分工情况。

续表

<table>
<tr><td>成果展示</td><td colspan="5">(1)过程的视频、图片；
(2)思维导图总结；
(3)记录作业的表格、工作单等。</td></tr>
<tr><td>学习小结</td><td colspan="5"></td></tr>
<tr><td rowspan="6">评价标准</td><td>项目</td><td>自评</td><td>小组互评</td><td>教师评价</td><td>总评</td></tr>
<tr><td>知识目标</td><td></td><td></td><td></td><td rowspan="5"></td></tr>
<tr><td>技能目标</td><td></td><td></td><td></td></tr>
<tr><td>素质目标</td><td></td><td></td><td></td></tr>
<tr><td>素质</td><td></td><td></td><td></td></tr>
<tr><td>创新点</td><td></td><td></td><td></td></tr>
</table>

工 单

工单	任务一 MCU 模块低压供电故障诊断与检测
任务实施	本任务以北汽 EV160 整车故障检测实训台进行任务实施

实训目的：

- 掌握 MCU 模块低压供电故障原因及诊断步骤与方法。
- 能够独立诊断 MCU 模块低压供电故障。

一、安全准备工作

(1)整车或实训台架进入工位前，将工位清理干净。

(2)做好个人防护。要求使用符合要求的绝缘手套、护目镜、绝缘鞋、工作服等。

(3)做好车辆防护。车内三件套(方向盘套、座椅套、脚垫)。

(4)维修手册、绝缘工具。

二、设备设施(见图 1)

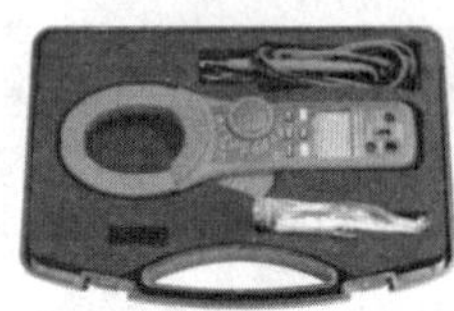

万用表

耐磨手套、绝缘手套

解码仪

北汽 EV160 整车故障检测实训台

图 1 设备设施

三、故障诊断

汽车故障诊断方法一般按照由外到内、先易后难的诊断原则。注意首先判断车辆是否有绝缘故障，没有绝缘故障再进行后续检查；然后对驱动系统进行初步检查，先对容易检测的部件进行检查诊断，再通过故障现象及诊断工具结合电路图分析，确定故障范围，并进行相关线路检测逐一排除；最后确定故障点并修复故障，试车验证。

1. 故障现象

启动车辆，发现 READY 指示灯不亮，高压无法上电，仪表显示系统故障指示灯点亮，动力电池断开故障指示灯点亮，中控仪表报 ，挂挡后车辆无法行驶(见图 2)。

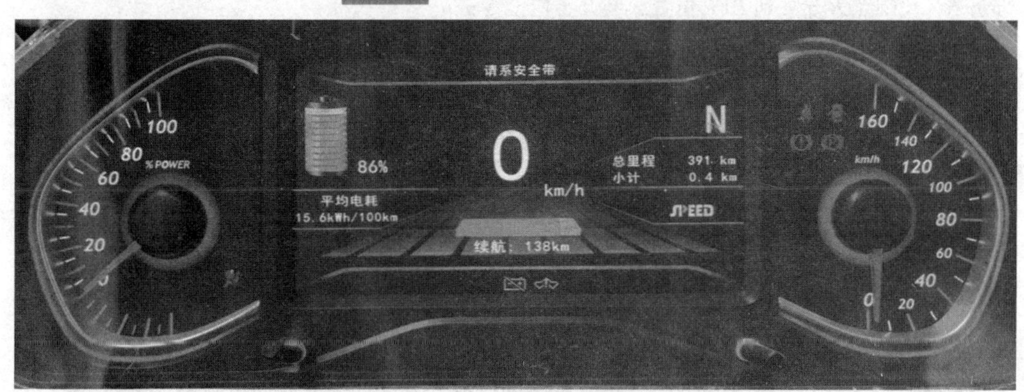

图 2　仪表显示 1

2. 车辆基本功能检查

启动车辆检查车辆蓄电池、仪表、空调、制动、充电机、挡位、娱乐系统等功能是否异常。

3. 车辆初步检查

关闭启动开关，断开蓄电池负极并做好绝缘处理，穿戴防护用具，检查冷却液液位是否正常，检查散热风扇是否正常，检查电动水泵及相关管路线路是否正常，检查驱动系统高压、低压等插接件有无松动、破损等现象。

4. 连接故障诊断仪检查

将故障诊断仪连接至车辆，看能否正常进入，读取故障码和数据流，进行初步判断。

5. 故障原因分析

根据 MCU 控制原理图推断，可能出现的原因有：

(1) VCU 不能正常工作；

(2) 电机继电器故障；

(3) FB10 保险丝故障；

(4) MCU 故障；

(5) MCU 线路故障。

6. 排故步骤

启动车辆，使用解码仪扫描故障，读取故障码和系统的数据流。根据读取结果判断系统可能出现的故障原因。读取后发现 MCU 无法通信，初步判断是 MCU 电路出现故障。接下来使用检测工具对 MCU 电路进行测试来验证。

测试前工作：检查并将万用表校表。

步骤 1：打开点火开关，测量 FB10 保险与低压蓄电池负极电压，测试值为 12 V(正常值为+B)，正常。

步骤 2：反复打开、关闭点火开关，听电机继电器是否有闭合的声音(正常有闭合的声音)，正常。

步骤 3：用万用表验证电机继电器是否存在故障：①用万用表电阻挡测试 85、86 端子之间阻值，测试值 87 Ω(正常值 80~100 Ω)。②继电器 85、86 端子通蓄电池电压，万用表电阻挡测试 30、87 端子阻值，测试值为 0.5 Ω(正常值小于 2 Ω)，电机继电器无故障。

步骤 4：用万用表直流电压挡测试 MCU/1 端子与低压蓄电池负极之间电压，测试值为 0 V(标准值为+B)，异常。

步骤 5：关闭点火开关到 OFF 位置，断开蓄电池 5 min。

步骤 6：用万用表电阻挡测试 MCU/1 端子与电机继电器插座 87 端子之间电阻，测试值无穷大(标准值小于 2 Ω)，异常。

步骤 7：综合以上检验结果可推断，MCU 模块低压供电故障无法通信是 MCU/1 端子与电机继电器插座 87 端子之间线束断路故障导致。

步骤 8：将故障修复，重新启动车辆，仪表显示正常，车辆仪表故障指示灯消失，READY 灯点亮，挂挡可以正常行驶，故障排除(见图 3)。

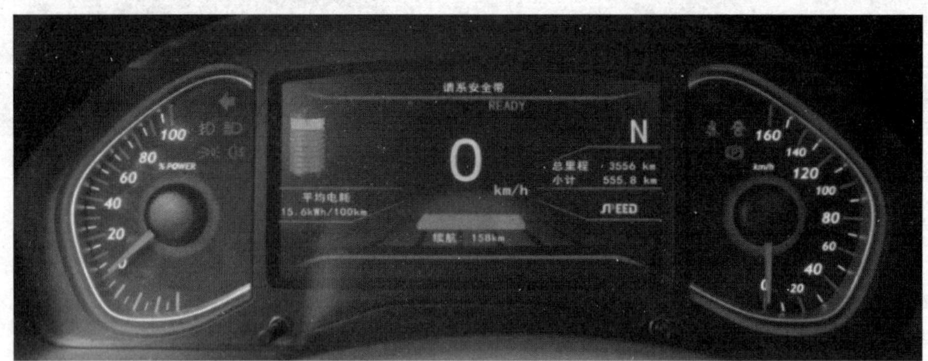

图 3　仪表显示 2

7. 故障机理分析

如果 MCU 电源线路存在故障，造成 MCU 无法运行，VCU 接收不到 MCU 的信号，VCU 启动整车保护功能，导致整车高压系统不上电，车辆无法运行。

8. 任务测评

考核模块	MCU 模块低压供电故障诊断与检测			
班级		学号		
团队名称		考核日期		
考核评分项	内容	评分标准	配分	得分
安全准备	安全隔离带是否拉起	未完成 1 项扣 1~3 分，扣分不得超 15 分	15	
	安全警示牌是否摆放			
	工装是否穿戴			
	手套是否佩戴			
	车挡块是否放好			
	翼子板布围挡是否铺好			
	车内三件套是否铺好			

续　表

考核评分项	内容	评分标准		配分	得分
车辆仪表及功能检查	车辆启动是否正确	未完成1项扣1~3分，扣分不得超15分		15	
	仪表指示灯描述				
	车辆挡位功能检查				
	空调功能检查				
	制动功能检查				
	充电功能检查				
	其他功能检查				
车辆初步检查	检查低压控制端有无松动、破损	未完成1项扣2~5分，扣分不得超10分		10	
	检查车载充电机指示灯				
工具及仪器的使用	诊断仪使用是否正确	未完成1项扣3~5分，扣分不得超25分		25	
	数据流分析过程				
	故障码读取过程				
	示波器是否正确使用				
	示波器检测波形是否正确				
资料、信息查询能力	维修资料、手册查询	未完成1项扣1~3分，扣分不得超15分		15	
	电路图分析				
数据、判读和分析	原因分析过程	未完成1项扣3~5分，扣分不得超20分		20	
	是否下电操作				
	数据检测是否正确				
	故障点确定				
	故障修复				
互评成绩		成绩		教师签字	

学习成果

通过任务的学习和训练，学生能够正确描述故障现象，正确使用诊断测试工具；能根据MCU模块供电异常分析故障原因；能根据故障现象进行初步分析并制定诊断流程，按步骤进行故障排除，并完成任务工单的填写，学生分析问题、解决问题的能力得到了提高，职业素养和技能水平也得以提升。

拓展与提升

在北汽EV160整车故障检测实训台给学生设置驱动电机系统其他常见故障，让学生独立或分组完成排故，并填写诊断报告及相应工单，以考核学生掌握水平。

任务二 电机温度信号故障诊断与检测

任务单	任务二 电机温度信号故障诊断与检测
任务名称	电机温度信号故障诊断与检测
任务描述	一辆北汽 EV160 纯电动汽车，正常启动，打开点火开关，READY 指示灯点亮，系统故障灯点亮，电机过热指示灯点亮，挂挡后车辆无法行驶。
任务分析	驱动电机系统在工作中会产生热量，电动水泵带动冷却液在电机及控制器中循环，将热量带到散热器从而散发到空气中。驱动电机定子中有 2 个温度传感器监测电机工作温度，电机控制器根据温度信号及其他相关信号综合控制电机工作，如监测到电机工作温度较高，电机控制器会进行降功率运行；当电机工作温度特别高时，电机控制器会停止电机的工作；当电机控制器监测不到电机工作温度信号时，为安全起见，会停止电机的工作，以保护电机驱动系统。 导致电机过热故障可能的原因主要有： (1)电机机械故障； (2)电机温度传感器故障； (3)电机运行负荷大； (4)冷却液不足； (5)电动水泵不工作； (6)其他故障等。
学习任务	检查电机工作状况是否正常、有无异响异味，检查电机及电机控制器相关连接线束是否正常，检查水泵、风扇等是否正常工作。 为了进一步确认及缩小故障部位，借用诊断仪器读取故障代码和数据流，对故障部位做进一步解析。 第一步：读取故障代码（DTC）。在连接诊断仪器后，可能无法读到相关故障代码，也可能读取到一个或多个相关故障代码，此时应结合当前现象，分析故障代码为当前还是历史信息，并进一步验证故障代码的真实性。 第二步：通过诊断仪与各控制器模块通信连接，对读取故障码和数据流进行分析。 第三步：查阅电路图维修手册找到电机及控制器部分。 第四步：结合故障现象和诊断结果判定故障范围，对相应部件或线路检修或更换，排除故障。
劳动组合	小组成员以及分工情况。
成果展示	(1)过程的视频、图片； (2)思维导图总结； (3)记录作业的表格、工作单等。

<table>
<tr><td>学习小结</td><td colspan="5"></td></tr>
<tr><td rowspan="6">评价标准</td><td>项目</td><td>自评</td><td>小组互评</td><td>教师评价</td><td>总评</td></tr>
<tr><td>知识目标</td><td></td><td></td><td></td><td rowspan="5"></td></tr>
<tr><td>技能目标</td><td></td><td></td><td></td></tr>
<tr><td>素质目标</td><td></td><td></td><td></td></tr>
<tr><td>素质</td><td></td><td></td><td></td></tr>
<tr><td>创新点</td><td></td><td></td><td></td></tr>
</table>

工　单

工单	任务二　电机温度信号故障诊断与检测
任务实施	本任务以北汽 EV160 整车故障检测实训台进行任务实施

实训目的：

- 掌握电机过热的故障原因及诊断步骤与方法。
- 能够独立诊断电机过热故障。

一、安全准备工作

(1)整车或实训台架进入工位前，将工位清理干净。

(2)做好个人防护。要求使用符合要求的绝缘手套、护目镜、绝缘鞋、工作服等。

(3)做好车辆防护。车内三件套(方向盘套、座椅套、脚垫)。

(4)维修手册、绝缘工具。

二、设备设施(见图 1)

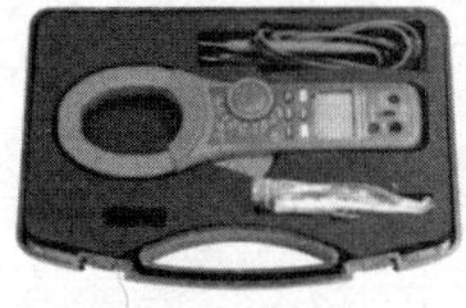
万用表

耐磨手套、绝缘手套

解码仪

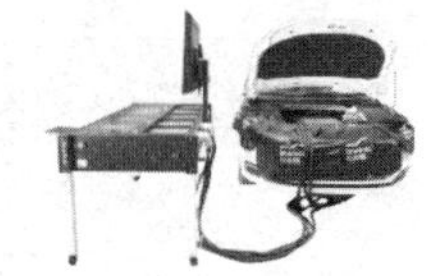
北汽 EV160 整车故障检测实训台

图 1　设备设施

三、故障诊断

汽车故障诊断方法一般按照由外到内、先易后难的诊断原则。注意，首先判断车辆是否有绝缘故障，没有绝缘故障再进行后续检查；然后对驱动系统进行初步检查，先对容易检测的部件进行检查诊断，再通过故障现象及诊断工具结合电路图分析确定故障范围，并进行相关线路检测逐一排除；最后确定故障点并修复故障试车验证。

1. 故障现象

启动车辆，READY 指示灯点亮，仪表有报警音，仪表报电机过热故障、驱动电机系统故障，电机冷却液温度过高故障，能听到冷却风扇高速运转声，挂挡后车辆可以行驶，但只能低速行驶(见图 2)。

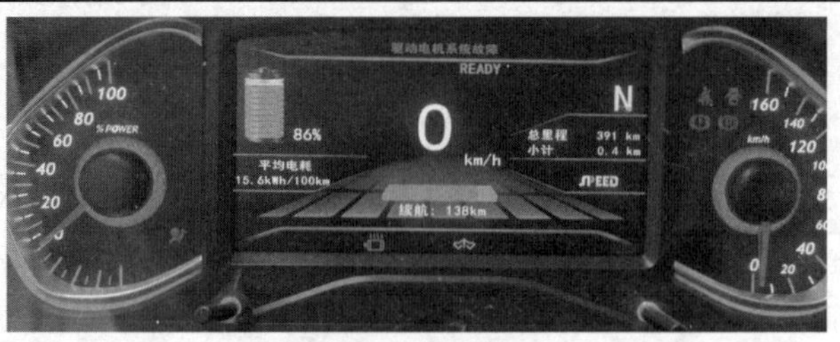

图 2　仪表显示

2. 车辆基本功能检查

启动车辆，检查车辆蓄电池、仪表、空调、制动、充电机、挡位、娱乐系统等功能是否异常。

3. 车辆初步检查

关闭启动开关，断开蓄电池负极并做好绝缘处理，穿戴防护用具，检查冷却液液位是否正常，检查散热风扇是否正常，检查电动水泵及相关管路线路是否正常，检查驱动系统高压、低压等插接件有无松动、破损等现象。

4. 连接故障诊断仪检查

将故障诊断仪连接至车辆，看能否正常进入，读取故障码和数据流进行初步判断。

5. 故障原因分析

根据 MCU 控制原理图推断(见图 3)，可能出现的原因有：

(1)温度传感器信号线路故障；

(2)温度传感器故障；

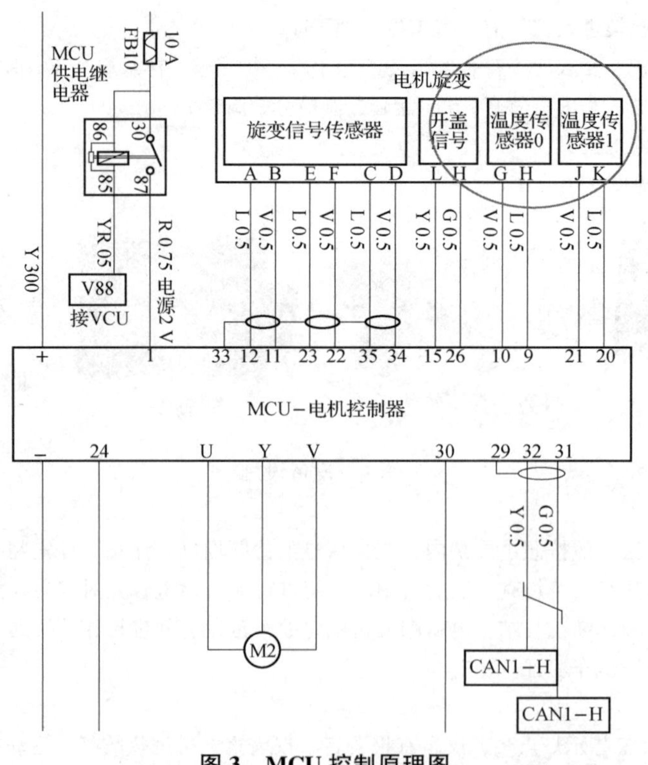

图 3　MCU 控制原理图

(3) MCU 故障。

通过故障现象和 MCU 控制原理图分析，进一步检查，判断可能是温度传感器至 MCU 信号线路的问题，决定对该信号线路进行诊断，查找故障原因，并修复排除故障。

6. 排故步骤

启动车辆，使用解码仪扫描故障，读取故障码和系统的数据流(见图 4)。根据读取结果判断系统可能出现的故障原因。VCU 和 MCU 系统均报故障码，各控制系统显示 OK 状态，说明通信系统正常，可以排除 VCU、MCU、BMS 等故障。经读取故障码内容，提示驱动系统过温故障和电机温度检测回路故障，初步判断是电机温度传感器故障。接下来使用检测工具对温度传感器电路进行测试来验证。

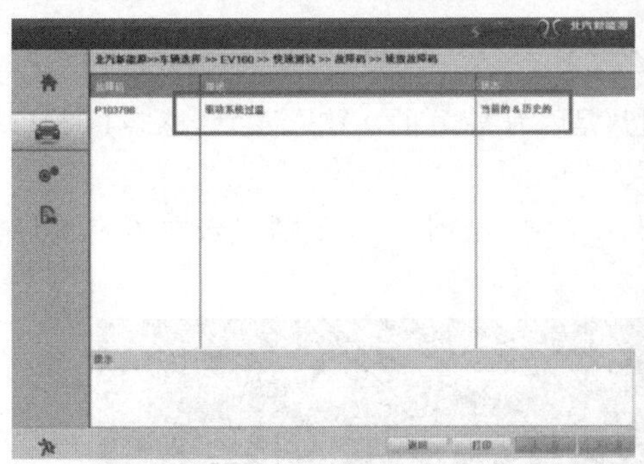

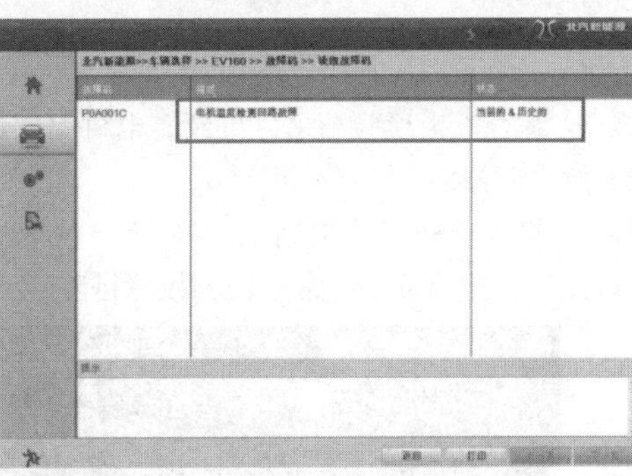

图 4　故障码读取

测试前工作：检查并将万用表校表。

步骤 1：查阅电路图和维修手册，检测电机控制器低压线束中温度传感器信号线路电压，经测量为 0 V(见图 5)。

图 5　电机控制器低压线束

步骤 2：关闭点火开关到 OFF 位置，断开蓄电池负极 5 min。

步骤 3：使用万用表电阻挡测量 MCU 低压接口两个温度传感器信号线路，测量 MCU 的 9 端子与温度传感器 1 的 H 端子之间的阻值，测试值为 0.5 Ω(标准值为小于 2 Ω)，正常。

步骤 4：使用万用表电阻挡测量 MCU 的 10 端子(见图 6)与温度传感器 1 的 G 端子之间的阻值，测试值为无穷大(标准值为小于 2 Ω)，异常。

步骤 5：使用万用表电阻挡测量 MCU 的 20 端子与温度传感器 2 的 K 端子之间的阻值，测试值为 0.5 Ω(标准值为小于 2 Ω)，正常。

步骤 6：使用万用表电阻挡测量 MCU 的 21 端子与温度传感器 2 的 J 端子之间的阻值，测试值为 0.5 Ω(标准值为小于 2 Ω)，正常。

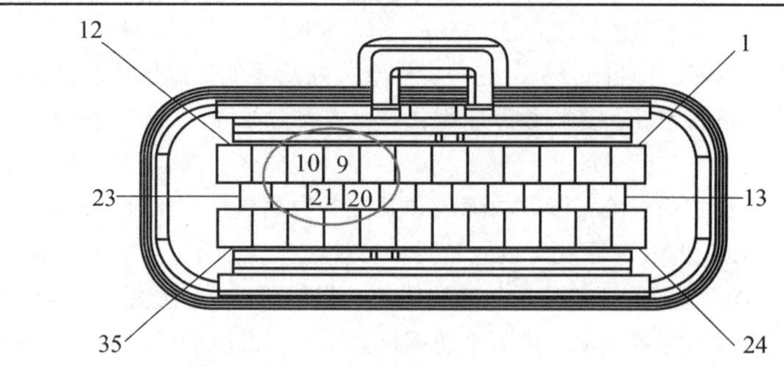

图 6　端子

步骤 7：综合以上检验结果可推断，电机温度过热是因为 MCU 的 9 号与温度传感器 1 的 H 端子之间线束断路故障导致。

步骤 8：将故障修复，重新启动车辆，仪表显示正常(见图 7)。车辆仪表故障指示灯消失，READY 灯点亮，挂挡可以正常行驶，故障排除。

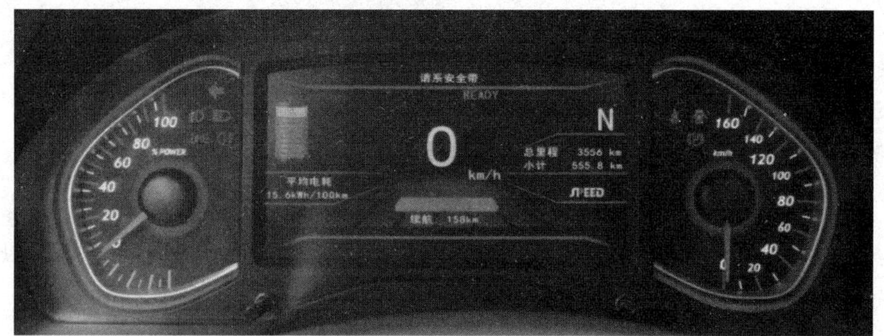

图 7　仪表显示

7. 故障机理分析

驱动电机定子中的 2 个温度传感器监测电机工作温度，该信号通过驱动电机与电机控制器低压线束传递到电机控制器，若其中某个信号线断路，电机控制器接收不到正常温度反馈信号，为行驶安全起见，会报告电机过热故障，并在组合仪表与中控台上均有电机过热相关故障显示。

8. 任务测评

考核模块	电机温度信号故障诊断与检测			
班级		学号		
团队名称		考核日期		
考核评分项	内容	评分标准	配分	得分
安全准备	安全隔离带是否拉起	未完成 1 项扣 1～3 分，扣分不得超 15 分	15	
	安全警示牌是否摆放			
	工装是否穿戴			
	手套是否佩戴			
	车挡块是否放好			
	翼子板布围挡是否铺好			
	车内三件套是否铺好			

续　表

考核评分项	内容	评分标准	配分	得分
车辆仪表及功能检查	车辆启动是否正确	未完成 1 项扣 1 ~ 3 分，扣分不得超 15 分	15	
	仪表指示灯描述			
	车辆档位功能检查			
	空调功能检查			
	制动功能检查			
	充电功能检查			
	其他功能检查			
车辆初步检查	检查低压控制端有无松动、破损	未完成 1 项扣 2 ~ 5 分，扣分不得超 10 分	10	
	检查车载充电机指示灯			
工具及仪器的使用	诊断仪使用是否正确	未完成 1 项扣 3 ~ 5 分，扣分不得超 25 分	25	
	数据流分析过程			
	故障码读取过程			
	示波器是否正确使用			
	示波器检测波形是否正确			
资料、信息查询能力	维修资料、手册查询	未完成 1 项扣 1 ~ 3 分，扣分不得超 15 分	15	
	电路图分析			
数据、判读和分析	原因分析过程	未完成 1 项扣 3 ~ 5 分，扣分不得超 20 分	20	
	是否下电操作			
	数据检测是否正确			
	故障点确定			
	故障修复			
互评成绩		成绩	教师签字	

学习成果

通过任务的学习和训练，学生能够正确描述故障现象，正确使用诊断测试工具；能根据电机温度信号异常分析故障原因；能根据故障现象进行初步分析并制定诊断流程，按步骤进行故障排除，并完成任务工单的填写。学生分析问题、解决问题的能力得到了提高，职业素养和技能水平也得以提升。

拓展与提升

在北汽 EV160 整车故障检测实训台给学生设置驱动电机系统的其他常见故障，让学生独立或分组完成排故，并填写诊断报告及相应工单，以考核学生掌握水平。

任务三　旋变位置传感器电路故障诊断与检测

任务单	任务三　旋变位置传感器电路故障诊断与检测
任务名称	旋变位置传感器电路故障诊断与检测
任务描述	一辆北汽 EV160 纯电动汽车，正常启动，打开点火开关，READY 指示灯点亮，系统故障灯点亮，仪表显示驱动电机系统故障，挂挡后车辆无法行驶。
任务分析	结合北汽电动汽车旋变信号传感器结构原理可以看出，传感器由励磁绕组、正弦绕组、余弦绕组构成，其中 MCU 的 12 端子和旋变位置传感器的 A 端子连接，通过旋变位置传感器内部绕组，再从传感器 B 端子输出至 MCU 的 11 端子，MCU 通过励磁绕组输出振幅、频率恒定的正弦波，其中绕组阻值大概为 23 Ω。MCU 的 23 端子和旋变位置传感器的 E 端子连接，通过旋变位置传感器内部绕组，再从传感器 F 端子输出至 MCU 的 22 端子，MCU 通过正弦绕组产生的波形判断驱动电机转子位置和速度以及方向，其中绕组阻值大概为 52 Ω；MCU 的 35 端子和旋变位置传感器的 C 端子连接，通过旋变位置传感器内部绕组，再从传感器 D 端子输出至 MCU 的 34 端子，MCU 通过余弦绕组产生的波形判断驱动电机转子位置和速度以及方向，其中绕组阻值大概为 60 Ω。 根据电路图分析造成故障的原因主要有： (1) MCU 不能正常工作； (2) 旋变信号传感器故障； (3) 旋变信号传感器线路故障。
学习任务	检查电机工作状况是否正常、有无异响异味，检查电机及电机控制器相关连接线束是否正常，检查水泵、风扇等是否正常工作。 为了进一步确认及缩小故障部位，借用诊断仪器读取故障代码和数据流，对故障部位做进一步解析。 第一步：读取故障代码（ DTC ）。在连接诊断仪器后，可能无法读到相关故障代码，也可能读取到一个或多个相关故障代码，此时应结合当前现象，分析故障代码为当前还是历史信息，并进一步验证故障代码的真实性。 第二步：通过诊断仪与各控制器模块通信连接，对读取故障码和数据流进行分析。 第三步：查阅电路图维修手册找到电机及控制器部分。 第四步：检测旋变信号传感器线路。 第五步：结合故障现象和诊断结果判定故障位置，对相应部件或线路进行检修或更换，排除故障。
劳动组合	小组成员以及分工情况。

<table>
<tr><td>成果展示</td><td colspan="5">(1)过程的视频、图片；
(2)思维导图总结；
(3)记录作业的表格、工作单等。</td></tr>
<tr><td>学习小结</td><td colspan="5"></td></tr>
<tr><td rowspan="6">评价标准</td><td>项目</td><td>自评</td><td>小组互评</td><td>教师评价</td><td>总评</td></tr>
<tr><td>知识目标</td><td></td><td></td><td></td><td rowspan="5"></td></tr>
<tr><td>技能目标</td><td></td><td></td><td></td></tr>
<tr><td>素质目标</td><td></td><td></td><td></td></tr>
<tr><td>素质</td><td></td><td></td><td></td></tr>
<tr><td>创新点</td><td></td><td></td><td></td></tr>
</table>

工　单

工单	任务三　旋变位置传感器电路诊断与检测
任务实施	本任务以北汽 EV160 整车故障检测实训台进行任务实施

实训目的：

- 掌握驱动电机旋变位置传感器电路故障原因及诊断步骤与方法。
- 能够独立诊断驱动电机旋变位置传感器电路故障。

一、安全准备工作

(1)整车或实训台架进入工位前，将工位清理干净。

(2)做好个人防护。要求使用符合要求的绝缘手套、护目镜、绝缘鞋、工作服等。

(3)做好车辆防护。车内三件套(方向盘套、座椅套、脚垫)。

(4)维修手册、绝缘工具。

二、设备设施(见图 1)

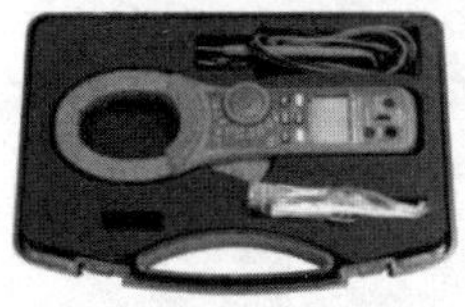
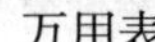

万用表

耐磨手套、绝缘手套

解码仪

北汽 EV160 整车故障检测实训台

图 1　设备设施

三、故障诊断

汽车故障诊断方法一般按照由外到内、先易后难的诊断原则。注意，首先判断车辆是否有绝缘故障，没有绝缘故障再进行后续检查，然后对驱动电机系统进行初步检查，并对容易检测的部件进行检查诊断，再通过故障现象及诊断工具结合电路图分析，确定故障范围，并进行相关线路检测逐一排除；最后确定故障点并修复故障试车验证。

1. 故障现象

启动车辆，READY 指示灯正常点亮，高压上电正常，仪表有报警音，显示驱动电机系统故障，挂挡后车辆无法行驶(见图 2)。

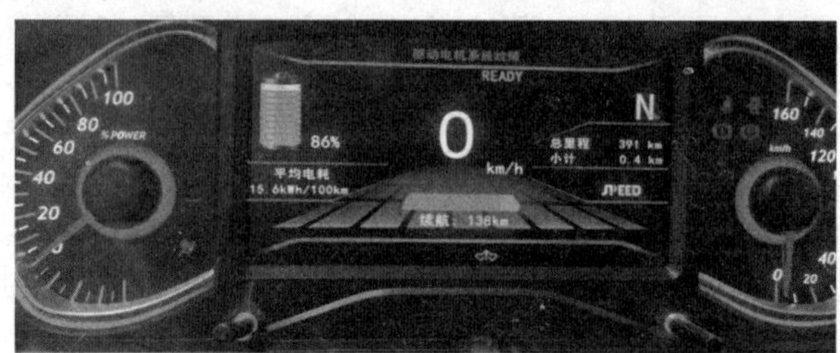

图 2　仪表显示

2. 车辆基本功能检查

启动车辆，检查车辆蓄电池、仪表、空调、制动、充电机、挡位、娱乐系统等功能是否异常。

3. 车辆初步检查

关闭启动开关，断开蓄电池负极并做好绝缘处理，穿戴防护用具，检查冷却液液位是否正常，检查散热风扇是否正常，检查电动水泵及相关管路线路是否正常，检查驱动系统高压、低压等插接件有无松动、破损等现象。

4. 连接故障诊断仪检查

将故障诊断仪连接至车辆，看能否正常进入，读取故障码和数据流进行初步判断。

5. 故障原因分析

根据 MCU 控制原理图推断，可能出现的原因有：

(1)MCU 不能正常工作；

(2)旋变信号传感器故障；

(3)旋变信号传感器线路故障。

6. 排故步骤

启动车辆，使用解码仪扫描故障，读取故障码和系统的数据流。根据读取结果判断系统可能出现的故障原因。MCU 无法通信，初步判断是 MCU 电路出现故障。接下来使用检测工具对 MCU 电路进行测试来验证。

测试前工作：检查并将万用表校表。

步骤 1：关闭点火开关到 OFF 位置，断开蓄电池 5 min。

步骤 2：用万用表电阻挡测试 MCU12 端子与旋变位置传感器 A 端子之间的阻值，测试值为 0.3 Ω(正常值小于 2 Ω)，正常。

步骤 3：用万用表电阻挡测试 MCU11 端子与旋变位置传感器 B 端子之间的阻值，测试值为无穷大(正常值小于 2 Ω)，异常。

步骤 4：用万用表电阻挡测试 MCU35 端子与旋变位置传感器 C 端子之间的阻值，测试值为 0.5 Ω(正常值小于 2 Ω)，正常。

步骤 5：用万用表电阻挡测试 MCU34 端子与旋变位置传感器 D 端子之间的阻值，测试值为 0.5 Ω(正常值小于 2 Ω)，正常。

步骤 6：用万用表电阻挡测试 MCU23 端子与旋变位置传感器 E 端子之间的阻值，测试值为 0.3 Ω(正常值小于 2 Ω)，正常。

步骤 7：用万用表电阻挡测试 MCU22 端子与旋变位置传感器 F 端子之间的阻值，测试值为 0.3 Ω（正常值小于 2 Ω），正常。

步骤 8：用万用表电阻挡测试旋变位置传感器 A 端子与 B 端子之间的阻值，测试值为 23 Ω（正常值 23±10% Ω），正常。

步骤 9：用万用表电阻挡测试旋变位置传感器 C 端子与 D 端子之间的阻值，测试值为 60 Ω（正常值 60±10% Ω），正常。

步骤 10：用万用表电阻挡测试旋变位置传感器 E 端子与 F 端子之间的阻值，测试值为 52 Ω（正常值 52±10% Ω），正常。

步骤 11：综合以上检验结果可推断，旋变位置传感器正常不存在故障，MCU11 端子与旋变位置传感器 B 端子之间线束断路导致故障。

步骤 12：将故障恢复，重新启动车辆，仪表显示正常，车辆仪表故障指示灯消失，READY 灯点亮，挂挡可以正常行驶，故障排除（见图 3）。

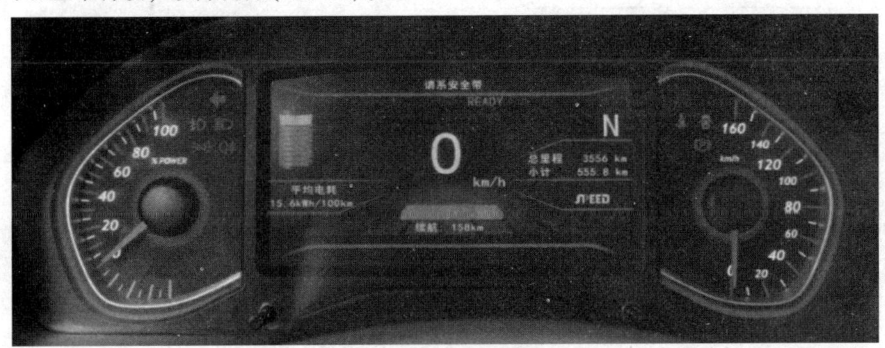

图 3　仪表显示

7. 故障机理分析

MCU 低压上电后被唤醒，对旋变信号进行监测，通过旋变信号来获取电机转子的位置信息，来控制提供给电机的初相角等相关驱动信息。如果 MCU 检测到信号异常，则启动功能保护模式，并生成故障代码存储，发送信息至整车控制器 VCU，VCU 发送并禁止整车高压上电功能执行。同时 VCU 将故障信息发送至仪表，仪表点亮相关故障指示灯。

8. 任务测评

考核模块	驱动电机旋变位置传感器电路诊断与检测			
班级		学号		
团队名称		考核日期		
考核评分项	内容	评分标准	配分	得分
安全准备	安全隔离带是否拉起	未完成 1 项扣 1～3 分，扣分不得超 15 分	15	
	安全警示牌是否摆放			
	工装是否穿戴			
	手套是否佩戴			
	车挡块是否放好			
	翼子板布围挡是否铺好			
	车内三件套是否铺好			

续 表

考核评分项	内容	评分标准		配分	得分
车辆仪表及功能检查	车辆启动是否正确	未完成 1 项扣 1～3 分，扣分不得超 15 分		15	
	仪表指示灯描述				
	车辆挡位功能检查				
	空调功能检查				
	制动功能检查				
	充电功能检查				
	其他功能检查				
车辆初步检查	检查低压控制端有无松动、破损	未完成 1 项扣 2～5 分，扣分不得超 10 分		10	
	检查车载充电机指示灯				
工具及仪器的使用	诊断仪使用是否正确	未完成 1 项扣 3～5 分，扣分不得超 25 分		25	
	数据流分析过程				
	故障码读取过程				
	示波器是否正确使用				
	示波器检测波形是否正确				
资料、信息查询能力	维修资料、手册查询	未完成 1 项扣 1～3 分，扣分不得超 15 分		15	
	电路图分析				
数据、判读和分析	原因分析过程	未完成 1 项扣 3～5 分，扣分不得超 20 分		20	
	是否下电操作				
	数据检测是否正确				
	故障点确定				
	故障修复				
互评成绩		成绩		教师签字	

学习成果

通过任务的学习和训练，学生能够正确描述故障现象，正确使用诊断测试工具；能根据驱动电机旋变位置传感器电路异常分析故障原因；能根据故障现象进行初步分析并制定诊断流程，按步骤进行故障排除，并完成任务工单的填写。学生分析问题、解决问题的能力得到了提高，职业素养和技能水平也得以提升。

拓展与提升

在北汽 EV160 整车故障检测实训台给学生设置驱动电机系统其他常见故障，让学生独立或分组完成排故，并填写诊断报告及相应工单，以考核学生掌握水平。

任务单

任务四　MCU 电机控制器 IGBT 驱动故障诊断与检测

任务单	任务四　MCU 电机控制器 IGBT 驱动故障诊断与检测
任务名称	MCU 电机控制器 IGBT 驱动故障诊断与检测
任务描述	比亚迪秦车辆在行驶过程中突然仪表动力系统故障警告灯点亮，车辆只能慢速行驶
任务分析	功率变换是指能有效地将直流供电电源的能量转换为负载所需要的交流电能能量。功率变换器是连接电源和电机绕组的开关部件，通过它将电源能量送入电机，也可将电机内的磁场能反馈回电源，其功率变换线路所用的开关部件有绝缘栅双极晶体管(IGBT)单元、续流二极管、散热板。IGBT 的主要功能是控制交流电和直流电的转换，同时承担电压的高低转换功能，还能将电机回收的交流电流转换成可供蓄电池充电的电流。IGBT 可被视为“非通即断”的开关，导通时可被看做导线，断开时可以充当开路。 根据仪故障现象分析主要的原因有： (1)电机控制器故障； (2)电机故障； (3)冷却系统故障； (4)整车控制器故障； (5)相关线路故障。
学习任务	检查电机工作状况是否正常、有无异响异味，检查电机及电机控制器相关连接线束是否正常，检查水泵、风扇等是否正常工作。 为了进一步确认及缩小故障部位，借用诊断仪器读取故障代码和数据流，对故障部位做进一步解析。 第一步：读取故障代码(DTC)。在连接诊断仪器后，可能不能读到相关故障代码，也可能能读取到一个或多个相关故障代码，此时应结合当前现象，分析故障代码为当前还是历史信息，并进一步验证故障代码的真实性。 第二步：通过诊断仪与各控制器模块通信连接，对读取故障码和数据流进行分析。 第三步：查阅电路图维修手册找到电机及控制器部分。 第四步：结合故障现象和诊断结果判定故障位置，对相应部件或线路检修或更换，排除故障。
劳动组合	小组成员以及分工情况。
成果展示	(1)过程的视频、图片； (2)思维导图总结； (3)记录作业的表格、工作单等。
学习小结	

	项目	自评	小组互评	教师评价	总评
评价标准	知识目标				
	技能目标				
	素质目标				
	素质				
	创新点				

工单	任务四 MCU 电机控制器 IGBT 驱动故障诊断与检测
任务实施	本任务以比亚迪秦 EV 整车故障检测实训台进行任务实施

实训目的：

- 掌握 IGBT 的结构与工作原理。
- 完成电机控制器 IGBT 模块的检测。

一、安全准备工作

(1)整车或实训台架进入工位前，将工位清理干净。

(2)做好个人防护。要求使用符合要求的绝缘手套、护目镜、绝缘鞋、工作服等。

(3)做好车辆防护。车内三件套(方向盘套、座椅套、脚垫)。

(4)维修手册、绝缘工具。

二、设备设施(见图 1)

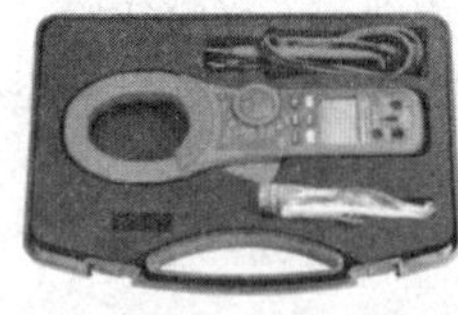
万用表

耐磨手套、绝缘手套

解码仪

北汽 EV160 整车故障检测实训台

图 1 设备设施

三、故障诊断

汽车故障诊断方法一般按照由外到内、先易后难的诊断原则。注意，首先判断车辆是否有绝缘故障，没有绝缘故障再进行后续检查；然后对驱动系统进行初步检查，先对容易检测的部件进行检查诊断，再通过故障现象及诊断工具结合电路图分析确定故障范围并进行相关线路检测逐一排除；最后确定故障点并修复故障试车验证。

1. 故障现象

比亚迪秦车辆在行驶过程中突然仪表动力系统故障警告灯点亮，车辆只能慢速行驶(见图 2)。

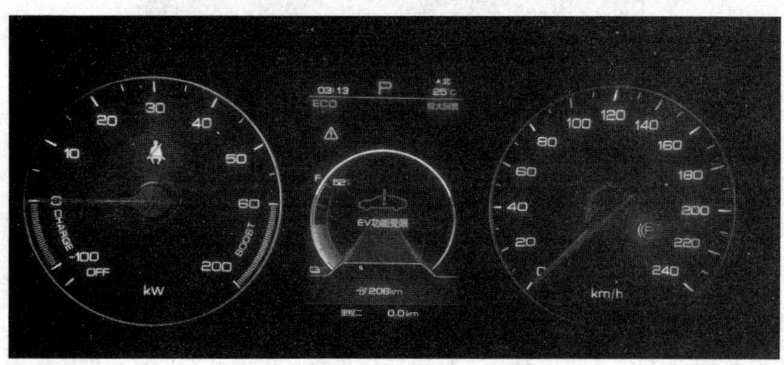

图 2 仪表显示

2. 车辆基本功能检查

启动车辆，检查车辆蓄电池、仪表、空调、制动、充电机、挡位、娱乐系统等功能是否异常。

3. 车辆初步检查

关闭启动开关，断开蓄电池负极并做好绝缘处理，穿戴防护用具，检查冷却液液位是否正常，检查散热风扇是否正常，检查电动水泵及相关管路线路是否正常，检查驱动系统高压、低压等插接件有无松动、破损等现象。

4. 连接故障诊断仪检查

将故障诊断仪连接至车辆，看能否正常进入，读取故障码和数据流进行初步判断。

5. 故障原因分析

根据仪故障现象分析主要的原因有：

(1)电机控制器故障；

(2)电机故障；

(3)冷却系统故障；

(4)整车控制器故障；

(5)相关线路故障。

6. 排故步骤

启动车辆，使用解码仪扫描故障，读取故障码和系统的数据流。根据读取结果判断系统可能出现的故障原因。读取后发现 P1BAC00 前驱动电机控制器 IGBT 核心温度一般过温告警故障。初步判断是电机控制器 IGBT 出现故障。接下来使用检测工具对电机控制器 IGBT 进行测试来验证。

测试前工作：检查并将万用表校表。

步骤 1：正确穿戴个人防护套装，依据车辆维修手册标准流程将电机控制器 IGBT 控制盒从车辆拆解下来平放到工作台上。

步骤 2：依次拆卸 IGB 控制盒上端盖四周固定螺栓，使用一字螺丝刀撬开上端盖，取走 IGBT 控制盒上端盖。

步骤 3：第一组 IGBT 上桥二极管测试使用万用表，调至二极管挡，红笔固定搭在 IGBT 的正极铜排，黑笔分别搭在两个输出端测试结果导通且有 0.3 V 的管压降，正常。交换表笔，黑笔固定搭在 IGBT 的正极铜排，红笔分别搭在两个输出端测试结果不导，正常。

图 3　IGBT 上桥二极管测试

步骤 4：以相同的方式，分别测得其余的 3 组 IGBT 上下桥的二极管示数，记录下来。

步骤 5：通过对比 4 组 IGBT 上下桥二极管测试数值发现 IGBT 驱动板损坏。

步骤 6：更换 IGBT 驱动板将故障修复，重新启动车辆，仪表显示正常，车辆仪表故障指示灯消失，挂挡可以正常行驶，故障排除。

7. 故障机理分析

驱动电机和 MCU、DC-DC 变换器工作电流大，产热量大，同时系统处于封闭的空间，就会导致驱动电机和 MCU、DC-DC 变换器的温度上升，如果温度过高，将导致电机功率下降，电机绕组和 MCU、DC-DC 变换器内部 IGBT 烧毁。IGBT 功率半导体器件是电流的开关，在关断的时候，能够保证漏电流和残余电流很小，且耐受电压很高。在开通的时候，功率半导体器件能够保证电阻小、电流大，并且开关的时间很短。

8. 任务测评

考核模块	绝缘栅双极型晶体管检测			
班级		学号		
团队名称		考核日期		
考核评分项	内容	评分标准	配分	得分
安全准备	安全隔离带是否拉起	未完成 1 项扣 1~3 分，扣分不得超 15 分	15	
	安全警示牌是否摆放			
	工装是否穿戴			
	手套是否佩戴			
	车挡块是否放好			
	翼子板布围挡是否铺好			
	车内三件套是否铺好			
车辆仪表及功能检查	车辆启动是否正确	未完成 1 项扣 1~3 分，扣分不得超 15 分	15	
	仪表指示灯描述			
	车辆档位功能检查			
	空调功能检查			
	制动功能检查			
	充电功能检查			
	其他功能检查			

续　表

考核评分项	内容	评分标准	配分	得分
车辆初步检查	检查低压控制端有无松动、破损	未完成 1 项扣 2～5 分，扣分不得超 10 分	10	
	检查车载充电机指示灯			
工具及仪器的使用	诊断仪使用是否正确	未完成 1 项扣 3～5 分，扣分不得超 25 分	25	
	数据流分析过程			
	故障码读取过程			
	示波器是否正确使用			
	示波器检测波形是否正确			
资料、信息查询能力	维修资料、手册查询	未完成 1 项扣 1～3 分，扣分不得超 15 分	15	
	电路图分析			
数据、判读和分析	原因分析过程	未完成 1 项扣 3～5 分，扣分不得超 20 分	20	
	是否下电操作			
	数据检测是否正确			
	故障点确定			
	故障修复			
互评成绩		成绩		教师签字	

学习成果

通过任务的学习和训练，学生能够正确描述故障现象，正确使用诊断测试工具；能根据 IGBT 检测分析故障原因；能根据故障现象进行初步分析并制定诊断流程，按步骤进行故障排除，并完成任务工单的填写，学生分析问题、解决问题的能力得到了提高，职业素养和技能水平也得以提升。

拓展与提升

在秦 EV 整车故障检测实训台给学生设置驱动电机系统其他常见故障，让学生独立或分组完成排故，并填写诊断报告及相应工单，以考核学生掌握水平。

课后习题

一、填空题

1. 新能源汽车的核心部件分为大三电和小三电，大三电包括________、________和________。

2. 纯新能源汽车上使用的电机具有驱动和能量回收的作用，混合动力汽车上电机具有________、________和________等功能。

3. 根据励磁方式的不同，绕组励磁式直流电机可分为它励式、并励式、________、和________四种类型。

4. 为使电机控制器能够精确检测电机运转时转子的________、________和________，以便对电机或发电机(回收能量)进行方向和转速的控制，在电机中安装有旋转变压器。

5. 新能源汽车用直流电机和其他通用的电机相比，有________、对环境的适应性、________、________、小型轻量化、免维护性的技术要求。

6. 异步交流电机定子绕组由3个在空间互隔________、对称排列的结构完全相同的绕组连接而成，这些绕组的各个线圈按一定规律分别嵌放在定子各槽内。

7. 由于内置式永磁同步电机转子内部嵌入永磁体，新能源汽车导致了转子机械结构上的________。

8. 永磁同步电机的________、________和________，是一种比较理想的驱动电机。

9. 永磁同步电机控制系统可以采用矢量控制(磁场定向控制)、直接转矩控制和________等控制方式。

10. 电机控制器(MCU)由逆变器和________两部分组成。

二、选择题

1. 北汽 EV160 电机控制器的英文缩写是(　　)。

A. ECU　　　B. MCU　　　C. BMS　　　D. OBD

2. 北汽新能源纯电动汽车 EV200 快速充电时高压控制盒内(　　)。

A. 快充正负极继电器由 VCU 控制

B. 快充正负极继电器由 BMS 控制

C. 快充正极继电器由 VCU 控制，负极继电器由 BMS 控制

D. 快充正极继电器由 BMS 控制，负极继电器由 VCU 控制

3. 北汽 EV200 共有5段高压线束，以下不是高压线束的是(　　)。

A. 动力电池高压线缆　　　B. 快充线束

C. VCU 接线　　D. 电机控制器线缆

4. 电机控制器(　　)的测量值为电机控制器输入的电压和电流的测量值的乘积，输入电压应在控制器输入接线端子处量取，输入电流应在控制器输入接线处量取。

A. 视在功率　　B. 无功功率　　C. 输出功率　　D. 输入功率

5. 电动汽车用驱动电机系统要求驱动电机应空转灵活，无定转子相擦现象或异常响声；驱动电机控制器应具有满足整车要求的(　　)、故障诊断的功能。

A. 发电功能　　B. 整流功能　　C. 通信功能　　D. 扭矩输出功能

6. 驱动电机控制器是控制动力电源与驱动电机之间(　　)的装置，由控制信号接口电路、驱动电机控制电路和驱动电路组成。

A. 能量传输　　B. 动力分配　　C. 电力分配　　D. 动力传输

7. 电动汽车用驱动电机系统驱动电机定子绕组对机壳的冷态绝缘电阻值应大于 20 MΩ；定子绕组对机壳的热态绝缘电阻值应不低于(　　)。

A. 0.12 MΩ　　B. 0.24 MΩ　　C. 0.38 MΩ　　D. 20 MΩ

8. 电动汽车用驱动电机系统中的驱动电机控制器动力端子与外壳、信号端子与外壳、动力端子与信号端子之间的冷态及热态绝缘电阻均应不小于(　　)MΩ。

A. 1　　B. 10　　C. 100　　D. 1 000

9. 驱动电机及驱动电机控制器中能触及的可导电部分与外壳接地点处的电阻不应大于(　　) Ω。接地点应有明显的接地标志。若无特定的接地点，应在有代表性的位置设置接地标志。

A. 0.1　　B. 0.2　　C. 0.3　　D. 0.4

10. 电动汽车用驱动电机系统规定当对驱动电机控制器有被动放电要求时，驱动电机控制器支撑电容放电时间应不大于(　　)。

A. 1 min　　B. 5 min　　C. 10 min　　D. 15 min

11. 电动汽车用驱动电机系统规定当对驱动电机控制器有主动放电要求时，驱动电机控制器支撑电容放电时间应不超过(　　)。

A. 1 s　　B. 2 s　　C. 3 s　　D. 4 s

12. 驱动电机型号由(　　)代号、尺寸规格代号、信号反馈元件代号、冷却方式代号、预留代号五部分组成。

A. 驱动电机大小　　B. 驱动电机类型　　C. 驱动电机尺寸　　D. 驱动电机组成

13. 驱动电机系统处于电动工作状态时，输入功率为驱动电机控制器直流母线输入的电功率，输出功率为驱动电机轴端的(　　)。

A. 视在功率　　B. 机械功率　　C. 电功率　　D. 无功功率

14. 电动汽车用驱动电机系统堵塞与渗漏型故障模式不包括(　　)。

A. 破裂　　　　B. 堵塞　　　　C. 漏水　　　　D. 渗水

15. 电动汽车用驱动电机系统动力电气接口的连接方式包括快速连接方式和固定连接方式。快速连接方式采用快速连接器连接，固定连接方式采用(　　)连接。

A. 固定连接器　　　　B. 快速连接器　　　　C. 连接端子　　　　D. 接触器

三、简答题

1. 简述新能源汽车的电机驱动系统特点。

2. 简述北汽 EV160 驱动电机系统工作原理。

3. 简述北汽 EV160 旋转变压器作用。

项目二
动力电池管理系统故障检测与诊断

项目描述

动力电池是指为可充电的高压部件提供电源的大容量蓄电池。动力电池作为新能源汽车的心脏，动力电池技术的发展决定了电动汽车的未来，掌握着新能源汽车的命脉。本项目主要介绍动力电池结构与功能，电池管理系统的功能与工作模式。通过工单式任务实操训练，学生可掌握动力电池系统常见故障特征及诊断排障思路和方法。本项目主要以预充接触器控制信号故障、BMC 系统供电故障、电池状态信息显示异常故障、动力网 CAN 通信故障等原因造成动力电池系统无法正常工作为例进行介绍，这些故障既是整车控制系统最为常见的故障，同时属于 1+X 汽车运用与维修(含智能新能源汽车)领域“新能源汽车动力驱动电机电池技术”模块中的动力电池系统检测维修任务。该模块需要具备熟练的专业技能和职业素养。

项目要求

本项目共四个学习任务，分别是：

任务一　预充接触器控制信号故障；

任务二　BMC 系统供电故障诊断与检测；

任务三　电池状态信息显示异常故障诊断与检测；

任务四　动力网 CAN 通信故障诊断与检测。

通过四个任务的学习，学生可掌握动力电池结构与功能，蓄电池管理系统的功能与工作模式；掌握动力电池相关部件之间的控制逻辑关系和故障排除方法；会查阅维修资料、识读电路原理图；能对动力电池相关常见故障进行检测与排除。

学习目标

1. 知识目标

(1)了解动力电池的功用与分类;

(2)掌握比亚迪秦动力电池系统基本情况;

(3)熟悉诊断仪器、仪表及工具的使用;

(4)掌握动力电池管理系统的功能与工作模式;

(5)掌握动力电池系统常见故障及检修方法。

2. 能力目标(技能)

(1)能够正确使用诊断工具仪器检测;

(2)具备正确使用新能源汽车电气故障诊断常用工具的能力;

(3)能够准确判断电池状态信息显示情况;

(4)掌握新能源汽车 CAN 波形的意义;

(5)能够对动力电池系统进行综合故障诊断;

(6)能够按照 1+X 标准中有关动力电池系统的技能要求进行检测维修。

3. 素质目标

(1)能认真学习和宣传落实党的二十大精神;

(2)在操作过程中树立高压安全意识;

(3)通过制订动力电池故障检修流程,具备分析问题,解决问题的能力;

(4)养成服从管理、规范作业的良好工作习惯。

学习载体

客户王女士经 4S 店销售人员介绍,买了一辆比亚迪秦 EV 纯电动汽车作为上下班交通工具,如图 2-1 所示。但她对纯电动汽车的能量消耗知识不太了解,不知道充满电可以跑多少里程,于是王女士要求 4S 店销售人员详细介绍一下动力电池的相关知识。

图 2-1　比亚迪秦 EV

一、动力电池概述

(一)动力电池的功用

动力电池系统作为电动汽车的动力源，主要为整车提供持续、稳定的能量，是能量的储存装置，为电动汽车日常行驶提供唯一能量来源，是电动混合动力汽车的辅助能量来源，能够将电能输出转换为其他形式的能量，并驱动汽车行驶，其综合性能直接影响整车的续驶里程。动力电池是电动汽车的核心部件之一，其性能好坏直接关系到电动汽车的动力性能、续驶里程，也与纯电动汽车和混合动力电动汽车的安全性直接相关。

动力电池系统主要用于接收和存储由外置充电装置和制动能量回收装置提供的电能，并通过高压配电模块连接动力电池组件，为电机、空调压缩机、空调加热器(PTC)，直流/直流变换器等用电设备提供电能。

(二)动力电池的分类

目前市面上比较常见的动力电池主要有铅酸蓄电池、镍氢蓄电池、锂蓄电池、燃料电池、石墨烯蓄电池和超级电容器等。

1. 铅酸蓄电池

正极板活性物质为二氧化铅，负极板活性物质为铅，以酸溶液为电解质的蓄电池称为铅酸蓄电池，如图 2-2 所示。铅酸蓄电池是最早应用于纯电动汽车的动力电池，也是最为常用的一种车用蓄电池，已有 150 年的历史，是人类历史上的一个伟大发明。铅酸蓄电池的极板是用铅合金制成的格栅，电解液为稀硫酸，两极板均覆盖有硫酸铅。其充电后，正极处极板上硫酸铅转变成二氧化铅，负极处硫酸铅转变金属铅。其放电时，则发生反方向的化学反应。

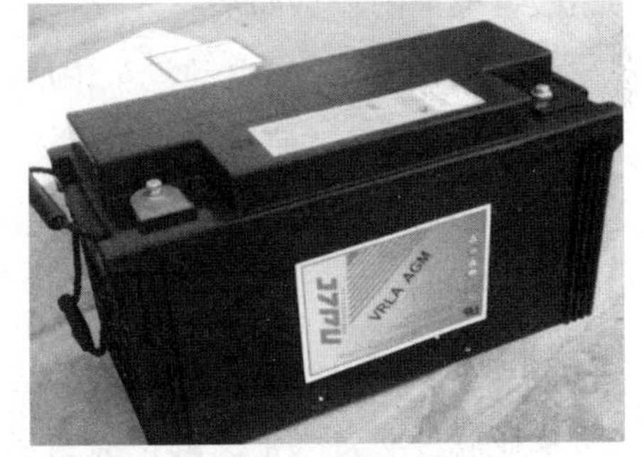

图 2-2 铅酸蓄电池

铅酸蓄电池技术比较成熟，生产成本较低，而且能够高倍率放电，放电时电动势较稳定。但是铅酸蓄电池的比能量、比功率和能量密度都很低，因此以铅酸蓄电池为动力源的电动汽车不能拥有理想的车速及续航里程。而且其对环境腐蚀性强，随着蓄电池的放电，正负极板都受到硫化，同时电解液中的硫酸逐渐减少，水分增多，从而导致电解液的相对密度下降。实际使用中，可以通过测定电解液的相对密度来确定蓄电池的放电程度。在正常使用中，铅酸蓄电池不宜放电过度，否则会导致与活性物质混在一起的细小硫酸铅晶体结成较大的晶体，这不仅增加了极板的电阻，而且在充电时很难使它再还原，直接影响蓄电池的容量和寿命。

常用的12 V铅酸蓄电池主要分为四类，分别为普通蓄电池，干式荷电蓄电池，湿式荷电蓄电池和免维护蓄电池，而目前汽车上主流使用的基本都是免维护蓄电池。根据电池使用环境不同，铅酸蓄电池分为移动式和固定式两种。固定式铅酸蓄电池由于体积和质量较大，一般仅用于不间断电源、位置相对固定的场所；电动汽车上使用的蓄电池均为移动式铅酸蓄电池。

根据电池的作用，铅酸蓄电池可分为启动型、牵引型两种类型。启动型铅酸蓄电池一般作为汽车的辅助低压电源使用；牵引型铅酸蓄电池容量相对较大，可深度充/放电，比能量较高，适合作为汽车的主动力电源。铅酸蓄电池的优点如下：

(1)电压高，单体电压满电状态为2.1 V。在常用蓄电池中，其单体电压仅次于锂电池。

(2)可以制成小至1 A·h大至几千A·h的各种尺寸和结构的蓄电池。

(3)电能效率高，可达60%左右。

(4)价格低廉。

(5)高倍率放电性能良好，可用于发动机启动。

(6)低温性能良好，可在-40~60 ℃条件下工作。

(7)易于重复使用，没有记忆效应。

(8)易于识别荷电状态。

铅酸蓄电池的缺点如下：

(1)能量比较低，在电动汽车中所占的质量和体积较大，单次充电行驶里程短。

(2)使用成本高，使用寿命短。

(3)充电时间长。

(4)存在铅污染。

2. 镍氢蓄电池

搭载在混合动力汽车上的镍氢蓄电池是将84~240个容量为6~6.5 A·h的单体电池以串联方式连接后使用的。迄今为止已开发出了圆形如图2-3所示和方形的混合动力汽车用的镍氢电池。

以镍化合物(通常为氢氧化镍)为正极板活性材料，以储氢合金为负极板材料(活性物质为氢)，电解质是水溶性氢氧化钾和氢氧化锂的混合物的电池称为镍氢蓄电池。镍氢蓄电池是作为电动汽车蓄电池的另一个主要选择，尤其是在混合动力汽车上有着广泛的应用。镍氢蓄电池是早期的镍镉蓄电池的替代品，它是目前最环保的蓄电池之一，其以能吸收氢的金属代替镉(Cd)，不再使用有毒的镉，所以可以消除重金属元素对环境带来的污

染问题。镍氢蓄电池的正极是球状氢氧化镍 $Ni(OH)_2$粉末与添加剂钴(Co)等金属，树脂和黏合剂等制成的涂膏，用自动涂膏机涂在正极板上，然后经过干燥处理成发泡的氢氧化镍正极板。在正极材料 $Ni(OH)_2$添加 Ca、Co、Zn 或稀土元素，对稳定电极的性能有明显的改进。采用高分子材料作为黏合剂或用挤压和轧制成的泡沫镍电极，并采用镍粉、石墨等作为导电剂时，可以提高大电流时的放电性能。镍氢蓄电池负极的关键技术是储氢合金，要求储氢合金能够稳定地经受反复的储气和放气的循环。储氢合金是一种允许氢原子进入或分离的多金属合金的晶格基块，用钛-钒-锆-镍-铬(Ti-V-Zr-Ni-Cr)五种基本元素，并与钴(Co)、锰(Mn)等金属元素烧结的合金，经过加氢、粉碎、成形和烧结形成负极板。储氢合金的种类和性能，对镍氢蓄电池的性能有直接的影响。负极在充电或放电过程中既不溶解，也不再结晶，电极不会有结构性的变化，在保持自身化学功能的同时，还保证本身的机械坚固性。储氢合金一般需要进行热处理和表面处理，以增加储氢合金的防腐性能，这有利于提高镍氢蓄电池的比能量、比功率和使用寿命。

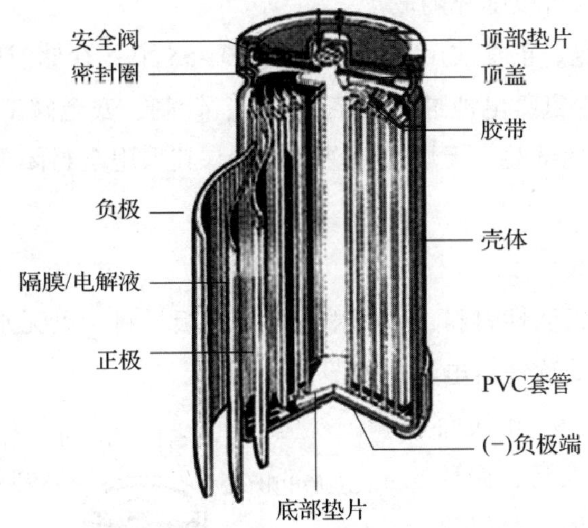

图 2-3　圆柱形镍氢电池的单体电池和电池模组的结构

镍氢蓄电池的基本单元是单体电池，每个单体电池都由正极板、负极板及装在正极板和负极板之间的隔板组成。每节电池的额定电压为 13.2 V(充电时最大电压为 16.0 V)，然后将电池按使用要求组合成不同电压和不同容量的镍氢蓄电池总成(电池组或电池盒)。镍氢蓄电池比能量达到 70 W·h/kg，能量密度达到 165 W·h//L，比功率在 50%的放电深度下为 220 W/kg，在 80%的放电深度下为 200 W/kg。

镍氢蓄电池可以大幅提高电动汽车的动力性能。

与铅酸蓄电池相比，镍氢蓄电池具有以下特点。

(1) 比功率高。镍氢蓄电池比功率可达到 200 W/kg，是铅酸蓄电池的 2 倍，能够提高

车辆的启动性能和加速性能。目前商业化的镍氢功率型电池比功率已经达到 1 350 W/kg。

(2)比能量高。镍氢蓄电池的标称电压为 1.2 V，比能量可达到 70~80 W·h/kg，有利于延长电动汽车的行驶里程。

(3)寿命长。在 80% 的放电深度下，镍氢蓄电池的循环寿命可达到 1 000 次(或 10 年)以上，是铅酸蓄电池的 3 倍。100% 放电深度循环寿命也在 500 次以上，在混合动力汽车中可使用 5 年以上。

(4)无重金属污染。镍氢蓄电池中没有 Pb 和 Cd 等重金属元素，不会对环境造成污染。

(5)耐过充电、过放电。镍氢蓄电池有高倍率的放电特性，短时间可以 3C 放电，瞬时脉冲放电率很大。镍氢蓄电池的过充电和过放电性能好。

(6)可以快速充电。镍氢蓄电池在 15 min 内可充 60% 的电量，1 h 内可以完全充满，应急补充充电的时间短。

(7)无记忆效应，故可以随充随放。

(8)使用温度范围宽。正常使用温度范围为-30~55 ℃；存储温度范围为-40~70 ℃。

(9)安全可靠。对镍氢蓄电池进行短路、挤压、针刺、安全阀工作能力、跌落、加热、耐振动等安全性和可靠性试验，无爆炸、燃烧现象。其采用全封闭外壳，可以在真空环境中正常工作。

3. 锂蓄电池

以锂化合物为正极板活性材料，以石墨等为负极板材料，以无水有机物为电解质的电池称为锂离子蓄电池，简称锂蓄电池，如图 2-4 所示。

锂蓄电池自 20 世纪 90 年代面世以来，就以其能量密度高、循环寿命长、无记忆效应、环保性好等优点成为动力电池应用领域研究的热点。目前，锂蓄电池已经成为电动汽车用动力电池的主体。

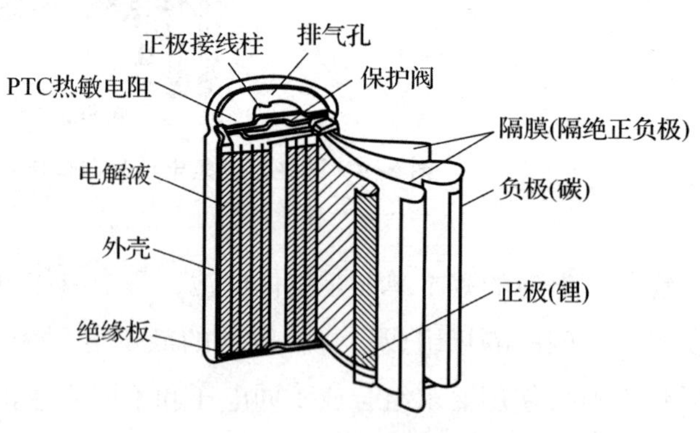

图 2-4　圆柱形锂蓄电池

根据锂蓄电池所用电解质材料不同，锂蓄电池可分为液态锂蓄电池(LIB)和聚合物锂蓄电池(LIP)两大类。上述两种锂电池的正、负极材料是相同的，基本原理也相似。锂电池的正极材料有很多种，主要有钴酸锂、锰酸锂、镍酸锂、三元材料(镍、钴、锰)、磷酸铁锂等，相应的名称为钴锂电池、锰锂电池等，以三元材料为正极的电池则称为三元锂电池。

锂蓄电池是通过锂离子在电极之间移动而产生电能，这种电能的存储和放出是通过正

极活性物质中放出的锂离子向负极活性物质中移动完成的，并不伴随化学反应，这是锂蓄电池的最大特点。锂蓄电池反应的这种特点，使锂蓄电池比传统的蓄电池具有更长的寿命。

作为电动汽车最新也是最佳的车用动力电池选择，锂蓄电池相对于镍氢蓄电池与铅酸蓄电池，有以下 10 个优点：

(1)单体锂蓄电池标准电压高达 3.6 V，是镍氢蓄电池的 3 倍，铅酸蓄电池的近 2 倍。

(2)锂蓄电池质量小，比能量大(高达 150 Wh/kg)，是镍氢蓄电池的 2 倍，铅酸蓄电池的 4 倍，其质量是相同能量铅酸蓄电池的三分之一，这个特点是锂蓄电池作为车用动力电池的一个十分大的优势。

(3)锂蓄电池体积小，能量密度高达 400 Wh/L，因此其体积是相同能量的铅酸蓄电池的二分之一。这为电动汽车合理高效地进行整车布局提供了保证。

(4)锂蓄电池循环寿命长，循环次数可达 2 000 次，以容量保持 60% 的标准计算蓄电池组 100% 充放电循环次数可以达到 1 200 次以上，使用年限可达 6~7 年，寿命约为铅酸蓄电池的 2~3 倍。

(5)锂蓄电池自放电率低，每月不到 5%，是镍氢蓄电池的六分之一。

(6)锂蓄电池允许工作温度宽，低温性能好，锂蓄电池可在-20~60 ℃工作。

(7)锂蓄电池无记忆效应，而镍氢蓄电池有轻微的记忆效应，所以锂蓄电池每次充电前不必像镍氢蓄电池那样需要放电，可以随时随地进行充电。其充放电深度对蓄电池的寿命影响不大，可以全充全放。

(8)锂蓄电池中基本不存在有毒物质，无污染，比铅酸蓄电池绿色环保。

(9)锂离子动力电池的主要材料(Li)，锰(Mn)、铁(Fe)等在我国都是富产资源，为锂蓄电池汽车提供了材料保证，也对成本的控制起到了相当大的作用。

(10)我国的小功率锂蓄电池早已经产业化，形成了上下游结合的产业链，锂离子动力电池技术已经达到国际先进水平，产业化条件也基本成熟。

因此，无论是锂蓄电池本身特点，还是我国现状，都决定了发展锂离子动力电池将是我国新能源汽车产业化的主要方向。此外，电极材料种类选择空间较大也是锂离子蓄电池的一大特点，再加上锂蓄电池本身就具有质量小、体积小和高电压的特点，通过材料的选择和结构优化设计即能实现高功率输出和高容量，因此可以设计出与实际用途完全相符的结构及特性，这也是锂蓄电池的一大优势。

锂蓄电池的常见类型：按照正极材料进行分类，有钴酸锂、锰酸锂、镍酸锂、磷酸铁锂、三元锂(镍钴锰酸锂)蓄电池；按照电解质分类，则有液态锂蓄电池、聚合物锂蓄电池。

上述锂蓄电池性能对比：

(1)能量密度：三元锂>钴酸锂>磷酸铁锂>锰酸锂；

(2)价格优势：三元锂>钴酸锂>锰酸锂>磷酸铁锂；

(3)安全性：磷酸铁锂>锰酸锂>三元锂>钴酸锂；

(4)循环寿命：磷酸铁锂>三元锂>锰酸锂>钴酸锂。

4. 燃料电池

燃料电池是一种将燃料与氧化剂中的化学能直接转化为电能的发电装置。燃料和空气分别被送进燃料电池。通常燃料电池限制在电厂和叉车等工业领域使用。氢燃料电池发动机如图 2-5 所示。基本原理是电解水的逆反应，把氢和氧分别供给阳极和阴极，氢通过阳极向外扩散和电解质发生反应后，放出电子，通过外部的负载到达阴极。电子达到阴极后，与氧原子和氢离子重新结合为水。由于供应给阴极板的氧可以从空气中获得，因此只要不断地给阳极板供应氢，给阴极板供应空气，并及时把水蒸气带走，就可以不断地提供电能。

图 2-5　国产 60 kW 氢燃料电池发动机

5. 石墨烯蓄电池

石墨烯是由碳原子紧密堆积而成的二维晶体，是目前已知的最薄也最坚硬的纳米材料，它具有超薄、超轻、超柔韧、超高强度、超强导电性、优异的导热和透光性等特性、集透光性好、导热系数高、电子迁移率高、电阻率低、机械强度高等多种优异性能于一身，在电子学、光学、磁学、生物医学、催化、储能和传感器等诸多领域有着广阔而巨大的应用潜能，是主导未来高科技竞争的超级材料，被称为“黑金”“新材料之王”。石墨烯蓄电池如图 2-6 所示，它是利用锂离子在石墨烯表面和电极之间快速大量穿梭运动的特性，开发出的一种新能源蓄电池。新型石墨烯蓄电池实验阶段的成功，无疑将成为蓄电池产业的一个新的发展点。蓄电池技术是电动汽车大力推广和发展的最大门槛，而蓄电池产业正处于铅酸蓄电池和传统锂蓄电池发展均遇瓶颈的阶段，石墨烯储能设备研制成功后，若能批量生产，则将为蓄电池产业乃至电动车产业带来新的变革。

图 2-6　石墨烯蓄电池

石墨烯是一种由碳原子结合形成的蜂窝状晶格结构，由于它所拥有的优异属性，被公认为是一种“神奇的材料”。它是电和热能的有效导体，有极轻的化学惰性，并且具有较大的表面积。它也被认为是环保和可持续的，有无限的应用潜力。在蓄电池领域，随着石墨烯的应用，传统的蓄电池电极材料(以及预期电极材料)性能有了显著的提高。

石墨烯可制造轻便、耐用、高容量的蓄电池，并能缩短充电时间。它将延长蓄电池的寿命，这与涂在材料上或添加到电极上以达到导电性的碳量无关，石墨烯在不需要常规蓄电池使用的碳量的情况下就能增加电导率。石墨烯可以通过多种方式提高蓄电池的能量密度。锂蓄电池可以通过将石墨烯引入蓄电池的阳极，利用材料的电导率和大表面积特性来实现形态优化。

6. 超级电容器

如图 2-7 所示，超级电容器是指介于传统电容器和蓄电池之间的一种新型储能装置，它既具有电容器快速充放电的特性，同时又具有蓄电池的储能特性。超级电容器是通过电极与电解质之间形成的界面双层来存储能量的新型元器件。当电极与电解液接触时，由于库仑力、分子间力及原子间力的作用，使固液界面出现稳定和符号相反的双层电荷，称为界面双层。把双电层超级电容看成是悬在电解质中的 2 个非活性多孔板，电压加载到 2 个板上。加在正极板上的电势吸引电解质中的负离子，负极板吸引正离子，从而在两电极的表面形成了一个双电层电容器。双电层电容器根据电极材料的不同，可以分为碳电极双层超级电容器、金属氧化物电极超级电容器和有机聚合物电极超级电容器。

图 2-7　超级电容器

(三)比亚迪秦动力电池系统概述

1. 系统概述

比亚迪秦的动力电池系统由动力电池模组、动力电池信息采集器、动力电池串联线、动力电池托盘、动力电池包密封盖、动力电池采样线等组成；额定电压为 408.5 V，总电量为 53.1 kWh。

2. 动力电池包总成位置

比亚迪秦的动力电池包位置如图 2-8 所示。

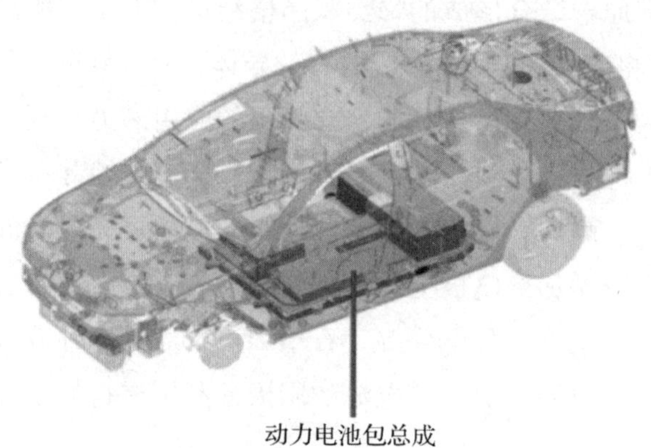

图 2-8　比亚迪秦动力电池包总成

3. 模组连接方式

比亚迪秦的动力电池模组连接方式如图 2-9 所示。

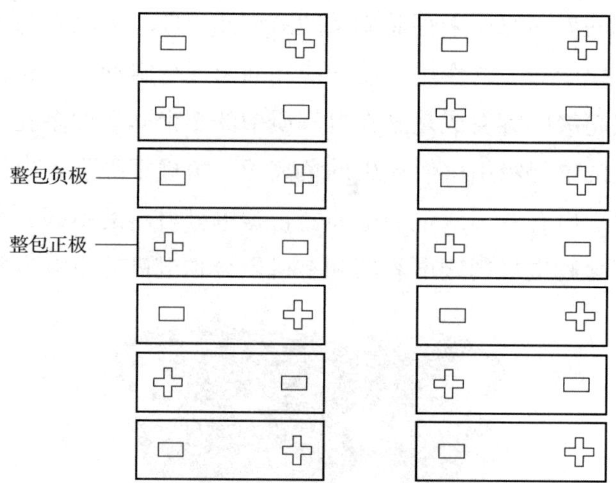

图 2-9　比亚迪秦动力电池模组连接方式

电池包内部有接触器和电池信息采集系统(BIC/BCC)，电池管理控制器 BMC 通过电平信号控制接触器通断，通过 CAN 与 BIC/BCC 通信接收电池模组基本信息，系统框图如图 2-10 所示。

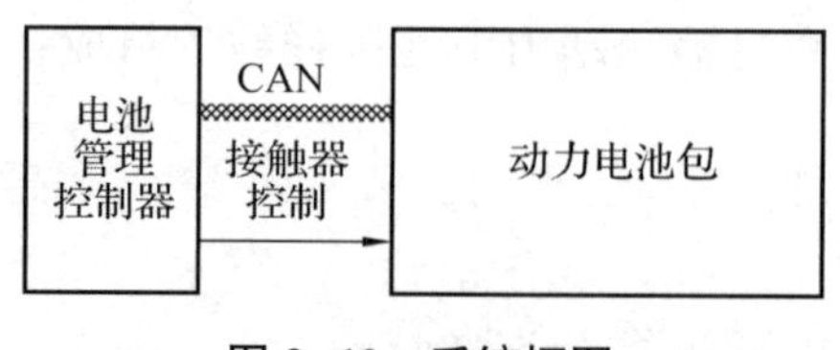

图 2-10　系统框图

4. 电池热管理系统框图

比亚迪秦电池热管理系统(带电池包加热功能)框图如图 2-11 所示。

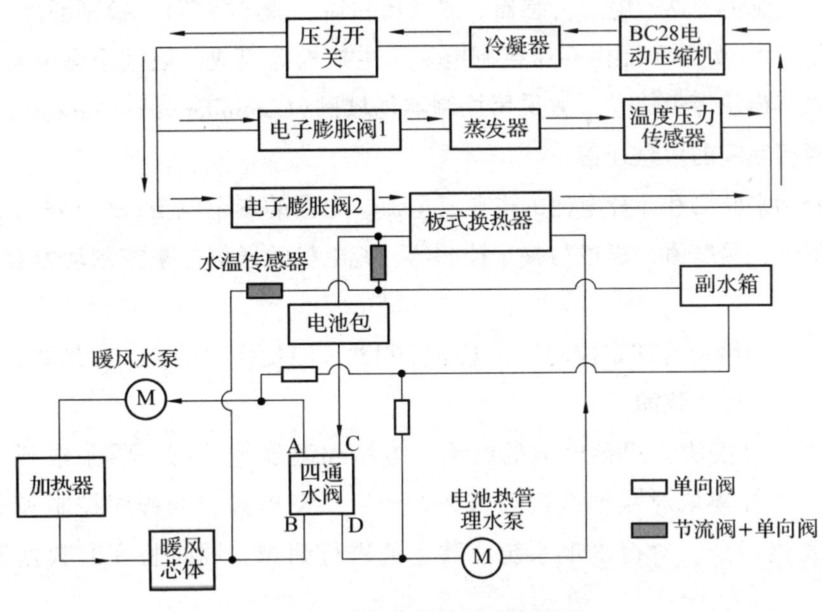

图 2-11　电池热管理系统框图

二、动力电池管理系统

(一)动力电池管理系统(BMS)概述

电池管理系统作为电动汽车稳定高效运行的保证，在电动汽车的发展中起着关键作用。电池管理系统是电池保护和管理的核心部件，在动力蓄电池系统中，它的作用就相当于人的大脑。它不仅要保证电池安全可靠地使用，而且要充分发挥电池的能力和延长使用寿命，可作为电池和整车控制器以及驾驶人沟通的桥梁，通过控制接触器控制动力 蓄电池组的充放电，并向整车控制器上报动力蓄电池系统的基本参数及故障信息。电动汽车电池管理系统是汽车动力蓄电池和电动汽车之间的重要纽带。

蓄电池管理系统通过检测蓄电池组中各单体蓄电池的状态来确定整个蓄电池系统的状态，并根据它们的状态对动力电池系统进行对应的控制调整和策略实施，实现对动力电池系统及各单体蓄电池的充放电管理以保证动力电池系统安全稳定地运行。蓄电池管理系统的基本功能可以分为检测、管理、保护这三大块，包括数据采集、状态监测、均衡控制、热管理、安全保护、信息管理等功能。

蓄电池管理系统在硬件上可以分为主控模块和从控模块两大部分。主要功能包括：监测单体电池的电压，控制单体电池充放电均衡，观测电池充放电电流和温度，估算电池管理系统的硬件有温度、电压、电流传感器、绝缘监测电路、各类熔丝及接触器等蓄电池管理系统主要由数据采集单元(采集模块)、中央处理单元(主控模块)、显示单元、均衡单元检测模块（电流传感器、电压传感器、温度传感器、漏电检测)、控制部件(熔断器、继电器)等组成。中央处理单元由高压控制电路、主控板等组成；数据采集单元由温度采集模块、电压采集模块等组成，一般采用控制器局域网(Controller Area Network，CAN)现场总线技术实现相互间的信息通信。

软件部分用来监测和计算电池的电压、电流、电池的剩余电流(State of Charge，SOC)值、绝缘电阻值、温度值，通过与整车控制器、充电机的通信，来控制动力蓄电池系统的充放电。

BMS通过通信接口与整车控制器、电机控制器、能量管理系统、车载显示系统等进行通信，整个工作过程大致如下：

利用数据采集模块采集蓄电池的电流、电压和温度等数据→将采集到的数据发送给主控模块→主控模块对数据进行分析和处理后，发出对应的程序控制和变更指令→对应的模块发出指令，对蓄电池系统或蓄电池进行调控，同时将实时数据发送到显示单元模块。

(二)电池管理系统的常见功能模块

电池管理系统的常见功能模块根据初步划分，也可以分为测量功能、状态估算功能、辅助系统功能及通信与故障诊断功能。

1. 测量功能(信息采集)

(1)基本信息测量(电池电压、电流信号、电池包温度的检测)。电池管理系统最基本的功能就是测量单体蓄电池的电压、电流和温度，这是所有电池管理系统顶层计算、控制逻辑的基础。

(2)单体电池电压测量和电压监控。单体电池的电压，对于电池管理系统有几种意义：一是可以用来累加获取整体蓄电池的电压；二是可以根据单体电池电压压差来判断单体电池差异性；三是可以用来检测单体电池的运行状态。单体电池电压的采集和保护，目前都用专用集成电路(ASIC)来完成，采集电压的精度不仅受ASIC本身精度的影响，也受单体蓄电池电压采样线束、线束保护用熔丝、均衡状态等的影响。电压采集精度的敏感度，与电池化学体系和SOC范围(SOC两端的需求往往较高)都有关系，因此实际上ASIC采集得到的电压数据需要经过还原，才能获得接近电池本身电压的值。

(3)电池包电压测量。在计算SOC的时候，往往会用电池包的总电压来核算，这是电池包的重要参数之一。由于单体电池电压采样有一定的时间差异性，也没办法与电池传感器的数据实现精确对齐，因此往往采集电池包电压来作为主参数来进行运算。在诊断继电

器的时候，需要电池包内外电压一起比较。

(4)电池温度。温度对蓄电池的参数有着很大的影响，在设计蓄电池和模组的时候，蓄电池内外的温度差异、蓄电池极耳和母线焊接处、模组内蓄电池温度差异和蓄电池包内最大温度差，都应进行先期控制。BMS 在设计上考虑了温度传感器的放置点，以最后采集得到的温度点表征整个蓄电池包的运行情况。温度检测的精度在不同温度的情况下要求不同，如在-40 ℃时，检测精度不需要特别高，因为使用蓄电池系统，本身就需要加热；而在-10~10 ℃时，温度对蓄电池性能有重大影响，需要提高检测精度；另外，还有40 ℃高温临近点，也是需要重点关注的温度范围。在设计的过程中，可以用上拉电阻、滤波电阻和温度传感器的本身数值进行分析。

需要注意的是，在一个蓄电池包内，温度传感器并不是越多越好，有太多温度传感器不仅涉及诊断问题，而且需要选取较多的高精度电阻，增加了成本。目前 ASIC 也有温度采集的功能。

(5)蓄电池包流体温度检测。蓄电池管理系统在整个蓄电池包热控制中的作用是汇报温度，包括流体入口和出口的温度，其检测电路与单体蓄电池检测类似。

(6)电流测量。蓄电池包往往仅在单体蓄电池这一层级做并联(最极端的是特斯拉的75 个小蓄电池的并联)，蓄电池包内的单体蓄电池串联给整车提供电能，所以一般只需要测量一个电流。电流主要通过智能分流器或霍尔电流传感器测量。由于蓄电池管理系统需要处理的瞬时电流数值往往很大(如车辆加速时所需要的放电电流和能量回收时的充电电流)，因此评估和测量蓄电池包的输出电流(放电)和输入电流(充电)的量程和精度，这是一件需要仔细检查的工作。电流是引起单体蓄电池温度变化的主要原因，电流变化的时候也会引起电压的变化，是核算蓄电池状态的必备参数。霍尔式传感器在日系混合动力汽车上用得较多，现在慢慢已升级为由智能的分流器完成电压和电流的采样工作，通过串行总线传输（甚至可以在里面实现 SOC 的估算)。

(7)绝缘电阻检测。蓄电池管理系统内，一般需要对整个蓄电池系统和高压系统进行绝缘检测，比较简单的方法是依靠电桥来测量总线正极和负极对地线的绝缘电阻。目前在蓄电池包里面应用比较多的是主动信号注入，它可以检测单体蓄电池对系统的绝缘电阻。

(8)高压互锁检测(HVIL)。高压互锁的目的是确认整个高压系统的完整性，当高压系统电路断开或者完整性受到破坏时，需要采取安全措施。

1)HVIL 可以在高压总线上电之前，检测整个系统的完整性，即在备电池系统主、负继电器闭合给电之前检测。

2)HVIL 需要整个系统构成，主要通过插接器的低压连接电路完成，蓄电池管理系统一般需要提供电路的检测电路。

3)HVIL 源有三种不同的方式，分别为 5 V 电压、12 V 电压和 PWM 波。

2. 状态估算功能

(1)SOC 和电池健康状况(State Of Health，SOH)估算。蓄电池管理系统中最核心也是最难的一部分就是 SOC 和 SOH 的估算。SOC 估算常见的方法有安时积分法(SOCI)和开路电压标定法(SOCV)。安时积分法最大的问题是随着时间的推移误差会越来越大；开路电压标定法的问题是蓄电池需要在静置很长时间以后，开路电压对应的 SOC 才是准确的，汽车行驶时采集的电压用来标定 SOC 是不准确的。实际应用中，一般以 SOCV 为主。

(2)均衡串联的蓄电池包总是会出现不均衡的现象。在实际使用过程中，每个串联的单体蓄电池输出容量是不一样的。而蓄电池不仅有过放电和过充电的限制，而且在不同温度和不同 SOC 下，输入和输出的功率也存在限制。因此，单体蓄电池的限制，会影响到整个蓄电池。若单体蓄电池受到损害，会出现持久性的问题。不均衡的原因主要有：

①蓄电池包内各个单体蓄电池之间的个体差异：容量差异、内阻差异、自放电差异、工作时的电流差异和休眠时的电流差异。

②蓄电池包内随着时间变化：单体蓄电池个体差异随时间增加而增大。

③客户使用：充电时间、放电时间不同。

④外部环境：不同温度下的自放电、不同 SOC 下的自放电。

⑤系统相互影响：不同的 BMS 工作状况。

(3)蓄电池功率限制。新能源汽车中的蓄电池容量是不同的，锂蓄电池系统为整车特别是电机提供能量，需要满足电机的功率要求。而一定容量的蓄电池在不同的 SOC、不同的温度下，其输入和输出的功率是有一定限制的。实际的运行中，混合动力电池包 SOC 窗口开得很小，纯电动汽车用得非常宽，用完就结束使用，而插电式混合动力在蓄电池耗尽的时候，则需要考虑输出功率的限制。蓄电池管理系统需要发送给整车控制器一个功率限制参数，这是根据一个三维表核算出来的，包含温度、SOC、蓄电池容量。

3. 辅助系统功能

辅助系统功能一般与整车控制系统或者其他相关的系统联合使用。

(1)继电器控制功能。蓄电池包内一般有多个继电器，蓄电池管理系统至少要完成对继电器的驱动供给和状态检测，继电器控制往往是和整车控制器协调后确认控制器状态。例如，安全气囊控制器输出的碰撞信号一般与继电器控制器断开直接挂钩。蓄电池包内继电器一般有主正、主负、预充和充电继电器，在蓄电池包外还有独立的配电盒对整个电流分配进行更细致的保护。闭合、断开的状态以及开关的顺序对蓄电池包的继电器控制都很重要。

(2)热管理控制功能。蓄电池的化学性能受环境的温度影响非常大，为了保证蓄电池

的使用寿命，必须让蓄电池工作在合理的温度范围之内，并根据不同的温度为整车控制器提供其所能输出和输入的最大功率。蓄电池管理系统的温度控制主要用计算流体动力学(Computational Fluid Dynamics，CFD)仿真分析，即如何使用最少的温度传感器来有效地监测整个蓄电池包的温度分布，并将监测信息反馈给蓄电池管理系统和整个蓄电池温度管理系统，从而控制整车和蓄电池系统的散热和加热。

(3)充电控制功能。蓄电池管理系统的一种主要模式是监控蓄电池系统在充电过程中蓄电池的需求。在交流充电过程中，电池管理系统(Battery Management System，BMS)需要实现脉冲宽度调制(Pulse Width Modulation，PWM)的控制导引电路的交互；在直流充电过程中，特别需要注意在较高 SOC 下允许充电的电流。在国标系统中，蓄电池管理系统被要求直接与外部建立通信，交互充电过程中的信息。理论上说，此功能的设计可以迁移到不同的模块上，否则，蓄电池管理系统的睡眠唤醒机制就会显得有些复杂。

4. 通信与故障诊断功能

(1)通信功能。蓄电池管理系统需要给整车控制器发送蓄电池系统的相关信息，在有直流充电的系统中(特别是在国标系统中)需要直接与外部直流充电桩进行通信。在某些时候，可能还要有一条备份的诊断和刷新的通信线，用来在主通信线失效的情况下进行数据传输。

(2)故障诊断与容错控制。运行故障诊断及容错控制在任何控制器当中都是非常重要的，蓄电池管理系统的故障也会以故障码(DTC)的形式来报警，通过 DTC 触发仪表板中的指示灯来提醒驾驶人。由于蓄电池的危险性，往往需要车联系统直接进行信息传送，以应对突然出现的事故。比如当发生事故，安全气囊弹出的时候，继电器由整车控制器直接切断以后，车联系统通过定位和预警来处理，并将蓄电池放电。故障诊断包括对单体蓄电池电压测量电路，蓄电池包电压、电流、温度测量电路的故障进行诊断，确定故障位置和故障级别，并进行相应的容错控制。

三、动力电池管理系统的工作模式

在能量管理模块中，我们已经分析并学习了均衡功能以及为什么要均衡，其实能量管理功能也就是控制功能，所以在 BMS 管理模块的能量管理功能中，有另外一个工作模式，分别控制主正和主负接触器，以及预充按触器等。下面了解动力电池管理系统的工作模式，分别是下电模式、准备模式、放电模式、充电模式和故障模式等五个工作模式。

1. 下电模式

下电模式是整个系统的低压与高压处于不工作的模式。在下电模式下，动力电池管理系统控制的所有高压接触器均处于断开状态。低压控制电源处于断开状态，下电模式属于省电模式。图 2-12 所示为动力电池管理系统 BMS 高压接触器状态模式。

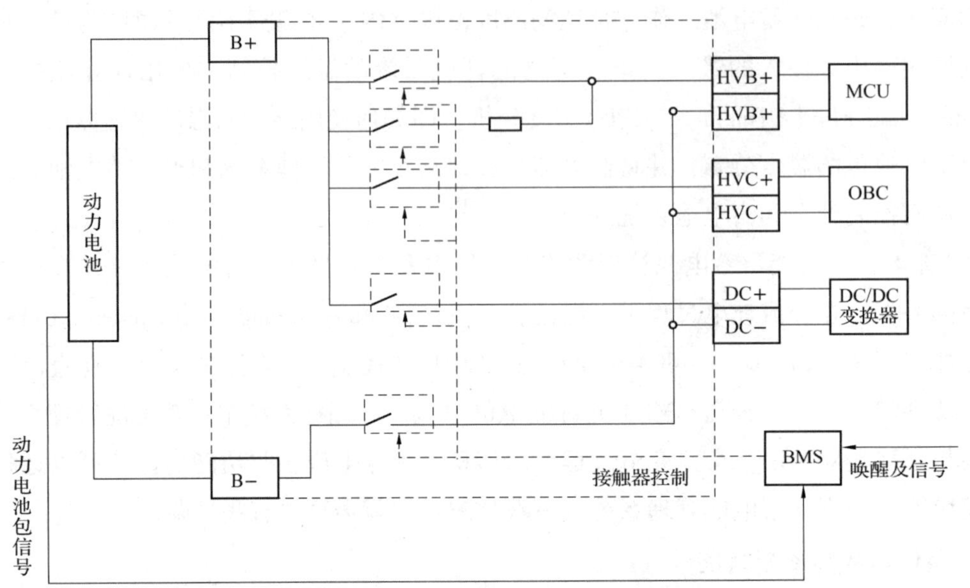

图 2-12　动力电池管理系统 BMS 高压接触器状态模式

2. 准备模式

在准备模式下，系统所有的接触器均处于断开状态。在该模式下，系统可接受外界的电源开关、整车控制器、电机接触器、充电 CC 信号 /CC2 信号等部件发出的硬线信号或受 CAN 报文控制的低压信号来驱动控制各高压按触器，从而使动力电池管理系统进入所需的工作模式。

3. 放电模式

动力电池管理器监测到驾驶员启动上高压电信号(Key-ST 信号、制动踏板处于踏下状态、挡位传感器处于 P/N 位置)，BMS 首先控制主负接触器，由于驱动电机是感性负载，为了防止过大的电流冲击，主负接触器结合后，开始控制预充接触器工作。当预充电压达到母线电压的 90% 时，控制主正接触器闭合，主正接触器闭合后，断开预充接触器，在断开预充接触器的同时，DC/DC 变换器也同时闭合，通过 DC/DC 变换器模块向低压蓄电池和低压用电设备供电。

4. 充电模式

动力电池管理系统检测到充电唤醒信号，系统进入充电模式，在该模式下，主负接触器与车载充电器接触器闭合，同时也闭合 DC/DC 变换器，因此，在充电模式下 DC/DC 变换器同样也要向低压蓄电池充电。

5. 故障模式

故障模式是控制系统中常出现的状态，动力电池管理系统对于故障的响应根据故障等级而定。当故障级别较低时，系统可采取报错或发出报警信息的方式告知驾驶员；当故障

级别较高，甚至伴随有危险的可能性时，系统将会采取断开接触器的控制策略。

四、比亚迪秦 EV 电池管理系统

(一)比亚迪秦 EV 电池管理系统概述

比亚迪秦采用分布式电池管理系统，由 1 个电池管理控制器(BMC)、1 个通信转换模块、4 个级联的电池信息采集器(BIC)及相关采样通信线束组成。电池管理控制器的主要功能有充放电管理、接触器控制、功率控制、电池异常状态报警和保护、SOC/SOH 计算、自检以及通信功能等；通信转换模块和电池信息采集器的主要功能有电池电压采样、温度采样、电池均衡和采样线异常检测等。

电池管理控制器位于前舱大支架下方，位置如图 2-13 所示。

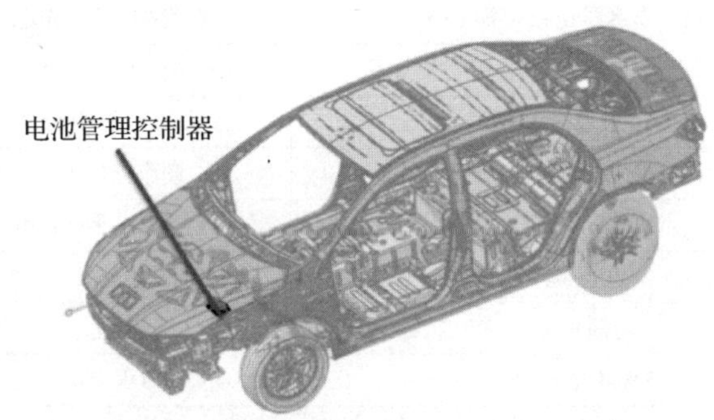

图 2-13　比亚迪秦电池管理控制

(二)比亚迪秦 EV 电池管理系统终端诊断

(1)断开动力电池管理器连接器。

(2)测量线束端输入电压。

(3)接回电池管理器连接器。

(4)测量各端子值。

端子正常值列表见表 2-1。

表 2-1　端子正常值列表

连接端子	端子描述	条件	正常值
Bl56A-01	电池子网 CANH	ON 挡/OK 挡/充电	2.5~3.5 V
Bl56A-02	电池子网 CAN 屏蔽地	始终	小于 1 V
Bl56A-03	通信转换模块电源+12 V	ON 挡/OK 挡/充电	9~16 V
Bl56A-06	直流充电唤醒信号	直流充电时	小于 1 V
Bl56A-07	主接触器/预充接触器电源+12 V	ON 挡/OK 挡/充电	9~16 V
Bl56A-08	充电仪表指示灯	车载充电时	小于 1 V

续表

连接端子	端子描述	条件	正常值
Bl56A-10	电池子网 CANL	ON 挡/OK 挡/充电	1.5~2.5 V
Bl 56A-1 l	通信转换模块供电 GND	始终	小于 1 V
Bl56A-15	直流充电正/负极接触器电源+12 V	ON 挡/OK 挡/充电	9~16 V
B156A-16	负极接触器电源+12 V	ON 挡/OK 挡/充电	9~16 V
Bl56A-18	电流霍尔传感器负极电源-15 V	ON 挡/OK 挡/充电	-16~9 V
Bl56A-19	霍尔传感器屏蔽地	始终	小于 1 V
Bl 56A-21	预充接触器控制信号	预充过程中	小于 1 V
Bl56A-22	主接触器控制信号	主接触器吸合时	小于 1 V
B156A-24	直流充电负极接触器控制信号	直流充电时	小于 1 V
Bl56A-26	电流霍尔信号	ON 挡	0~4.2 V
Bl56A-27	电流霍尔传感器正极电源+15 V	ON 挡/OK 挡/充电	9~16 V
Bl56A-28	12 V 常电	ON 挡/OK 挡/充电	9~16 V
Bl56A-29	负极接触器控制信号	负极接触器吸合时	小于 1 V
Bl56A-33	直流充电正极接触器控制信号	直流充电时	小于 1 V
Bl56B -01	12 V 常电	ON 挡/OK 挡/充电	9~1 6 V
Bl56B -02	车身地	始终	小于 1 V
Bl56B -03	碰撞信号	启动	约-15 V
Bl56B -04	PWM 输出 1	ON 挡/OK 挡/充电	PWM 脉冲信号
Bl56B -05	PWM 输入 1	ON 挡/OK 挡/充电	PWM 脉冲信号
Bl56B -06	直流充电口温度传感器 GND2	直流充电时	小于 1 V
Bl56B -08	12 V_{DC}	电源 ON 挡/充电	11~14 V
Bl56B -09	动力网 CAN 终端电阻并入 1	ON 挡/OK 挡/充电	1.5~3.5 V
Bl56B -10	PWM 输出 2	始终	低电平信号
Bl56B -11	PWM 输入 2	始终	低电平信号
Bl56B -12	直流充电口温度传感器 GND1	直流充电时	小于 1 V
Bl56B -13	直流充电口温度信号 2	直流充电时	小于 1 V
Bl 56B -14	动力网 CAN 终端电阻并入 2	ON 挡/OK 挡/充电	1.5~3.5 V
Bl56B -15	直流充电感应信号	直流充电时	小于 1 V
Bl56B -16	动力网 CANH	ON 挡/OK 挡/充电	2.5~3.5 V
Bl56B -17	动力网 CANL	ON 挡/OK 挡/充电	1.5~2.5 V
Bl56B -18	直流充电 CAN 屏蔽地	直流充电时	小于 1 V
Bl56B -19	直流充电口温度信号 1	直流充电时	小于 1 V
Bl56B -20	车载充电感应信号	车载充电时	小于 1 V
Bl56B -21	车身地	始终	小于 1 V
Bl56B -23	整车 CAN 网屏蔽地	始终	小于 1 V
Bl56B -24	直流充电子网 CANH	直流充电时	2.5~3.5 V
Bl56B -25	直流充电子网 CANL	直流充电时	1.5~2.5 V

任务单

任务一　预充接触器控制信号故障

任务单	任务一　预充接触器控制信号故障
任务名称	预充接触器控制信号故障
任务描述	预充接触器控制信号故障，高压无法上电，车辆无法运行
任务分析	BMC 及动力蓄电池组作为车辆运行的能量储备及输送单元，其安全监测和故障处理机制条件非常高，因此在车辆准备启动及正常运行时，BMC 是决定车辆高压是否上电的主要条件之一。如果 BMC 出现故障，将造成整车其他控制单元无法获知蓄电池电量，同时 BMC 无法获知高压系统连接的完整性、其他高压系统的绝缘状态、车辆准备状态以及车辆运行状态(行驶、充电)，造成 BMC 无法控制内部主正、主负、预充继电器的动作，致使高压不上电，同时车辆行驶及其他辅助功能也将受限。动力蓄电池内部温度、单体蓄电池电压、蓄电池组电流是衡量蓄电池组健康(SOH) 的主要因素，单体温度、单体电压和蓄电池组电流由数据采集单元采集并监控，同时数据采集单元还对蓄电池组单体蓄电池电压进行均衡，使所有单体蓄电池电压达到一致。如果系统出现故障，BMC 有可能启动保护功能，导致输出电量受限，严重时为了蓄电池以及车辆安全，中断整车高压上电。根据控制原理图推断，可能出现的原因有： (1)预充/正极接触器电源； (2)预充接触器控制故障； (3)正极接触器控制故障； (4)负极接触器控制故障； (5)负极接触器电源故障； (6)动力电池控制模块(BMC)故障。
学习任务	为了进一步确认及缩小故障部位，借用诊断仪器读取 BMC 内故障代码和数据流，对故障部位做进一步解析。 第一步：读取故障代码(DTC)。在连接诊断仪器后，可能不能读到相关故障代码，也可能能读取到一个或多个相关故障代码，此时应结合当前现象，分析故障代码为当前还是历史信息，并进一步验证故障代码的真实性。 第二步：启动车辆，使用解码仪扫描故障，电池管理器显示故障，读取故障码，显示预充接触器回检故障。 第三步：查阅维修手册电路图找到 BMC 相关的维修资料。 第四步：测量预充接触器控制信号输出端 BK45A/21 与地之间的电压值。 第五步：测量预充接触器控制信号输入端 BK51/28 与地之间的电压值。 第六步：将汽车下电，断开蓄电池负极。 第七步：测量预充/正极接触器电源输入端与输出端之间的电阻。
劳动组合	小组成员以及分工情况。

<table>
<tr><td>成果展示</td><td colspan="5">(1)过程的视频、图片;
(2)思维导图总结;
(3)记录作业的表格、工作单等。</td></tr>
<tr><td>学习小结</td><td colspan="5"></td></tr>
<tr><td rowspan="6">评价标准</td><td>项目</td><td>自评</td><td>小组互评</td><td>教师评价</td><td>总评</td></tr>
<tr><td>知识目标</td><td></td><td></td><td></td><td rowspan="5"></td></tr>
<tr><td>技能目标</td><td></td><td></td><td></td></tr>
<tr><td>素质目标</td><td></td><td></td><td></td></tr>
<tr><td>素质</td><td></td><td></td><td></td></tr>
<tr><td>创新点</td><td></td><td></td><td></td></tr>
</table>

工　单

<table>
<tr><td>工单</td><td>任务一　预充接触器控制信号故障</td></tr>
<tr><td>任务实施</td><td>本任务以比亚迪秦 EV 整车故障检测实训台进行任务实施。</td></tr>
<tr><td colspan="2">实训目的:
● 掌握电池管理器的诊断步骤与方法。
● 能够独立诊断预充接触器控制信号故障</td></tr>
<tr><td colspan="2">一、安全准备工作
(1)整车或实训台架进入工位前，将工位清理干净。
(2)好个人防护。要求使用符合要求的绝缘手套、护目镜、绝缘鞋、工作服等。
(3)做好车辆防护。车内三件套(方向盘套、座椅套、脚垫)。
(4)维修手册、绝缘工具。
二、设备设施(见图 1)
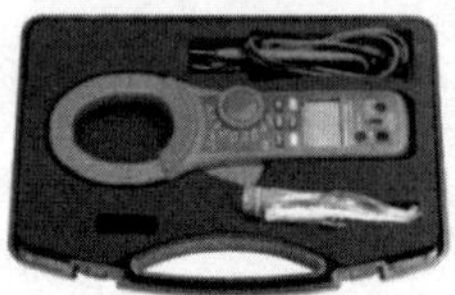
万用表

耐磨手套、绝缘手套

解码仪

秦 EV 整车故障检测实训台
图 1　设备设施</td></tr>
</table>

三、故障诊断

BMC 是决定车辆高压是否上电的主要条件之一。如果 BMC 出现故障，将造成整车其他控制单元无法获知蓄电池电量，同时 BMC 无法获知高压系统连接的完整性、其他高压系统的绝缘状态、车辆准备状态以及车辆运行状态(行驶、充电)，造成 BMC 无法控制内部主正、主负、预充继电器的动作，致使高压不上电，同时车辆行驶及其他辅助功能也将受限。

1. 故障现象

启动车辆，仪表显示 EV 功能受限制，主故障警示灯点亮，OK 灯不亮(见图 2)。高压无法上电，车辆无法运行。车身低压，电气能正常工作。

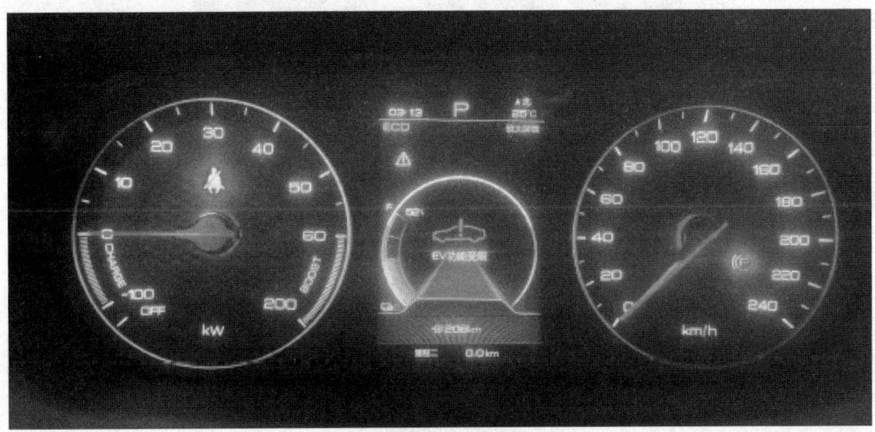

图 2　仪表显示

2. 车辆基本功能检查

启动车辆，检查车辆蓄电池、仪表、空调、制动、充电机、挡位、娱乐系统等功能是否异常。

3. 车辆初步检查

关闭启动开关，断开蓄电池负极并做好绝缘处理，穿戴防护用具，主要检查充电系统高压、低压等插接件有无松动、破损等现象。

4. 连接故障诊断仪检查

将故障诊断仪连接至车辆，看能否正常进入，读取故障码和数据流进行初步判断。

5. 故障原因分析

根据控制原理图推断，可能出现的原因有：

(1)预充正极接触器电源

(2)预充接触器控制号故障；

(3)正极接触器控制故障；

(4)负极接触器控制故障；

(5)负极接触器电源故障；

(6)动力电池控制模块(BMC)故障。

6. 排故步骤

启动车辆，使用解码仪扫描故障，电池管理器显示故障，读取故障码，故障码 P1A3F00，显示预充接触器回检故障(见图 3)。

图 3　扫描故障

测试前工作：检查并将万用表校表。

步骤 1：将万用表调至直流电压挡(见图 4)。

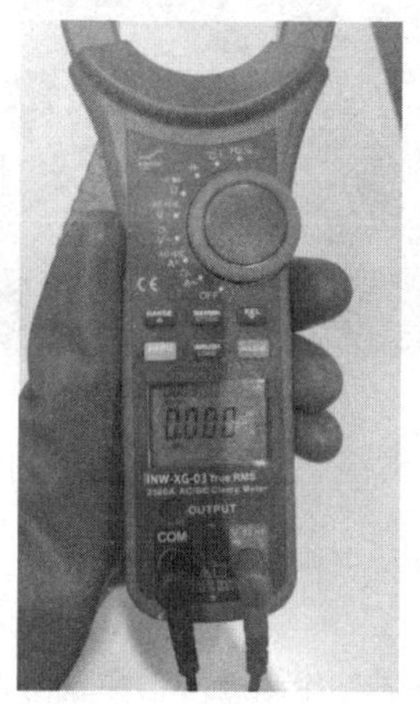

图 4　万用表

步骤 2：使用万用表测量预充接触器控制信号输出端 BK45A/21 与蓄电池负极之间的电压值，测量值为 0.43 V(标准 12 V)，异常(见图 5)。

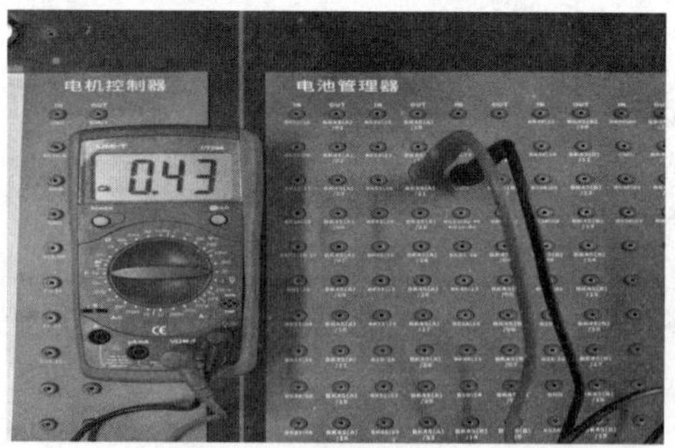

图 5　测量值(一)

步骤 3：使用万用表测量预充接触器控制信号输入端 BK51/28 与蓄电池负极之间的电压值，测量值为 12 V(标准 12 V)，正常(见图 6)。

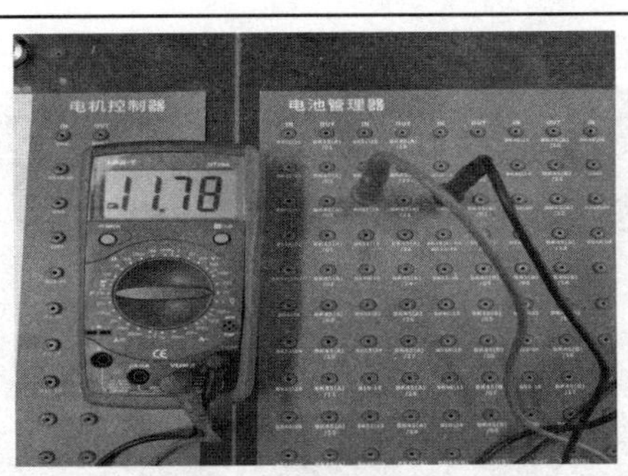

图 6　测量值(二)

步骤 4：将汽车下电，断开蓄电池负极，使用万用表电阻挡测量预充/正极接触器电源输入端与输出端之间的电阻，测量值为 0.02 Ω(标准值小于 2 Ω)，正常(见图 7)。

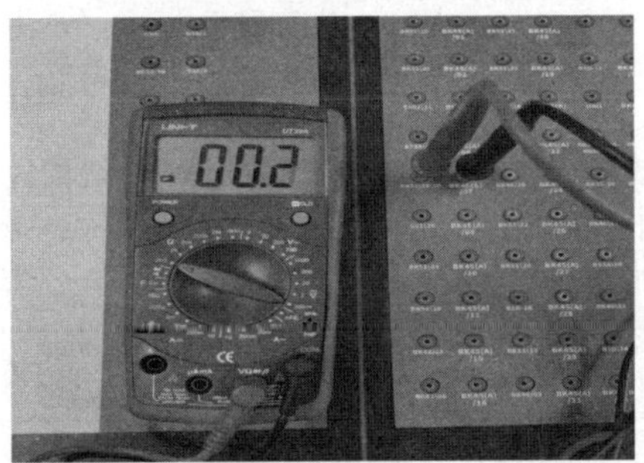

图 7　测量值(三)

步骤 5：综合以上检验结果可推断，OK 灯不亮是因为电池管理器中 BK45A/21 号端子与电池包中 BK51/28 号端口之间线束故障导致(见图 8)。

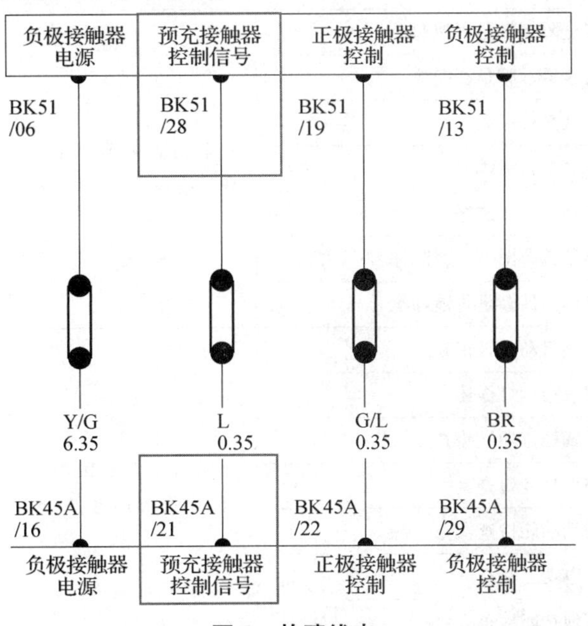

图 8　故障线束

步骤 6：将故障恢复，重新启动车辆，仪表显示正常，汽车正常上电，故障排除(见图 9)。

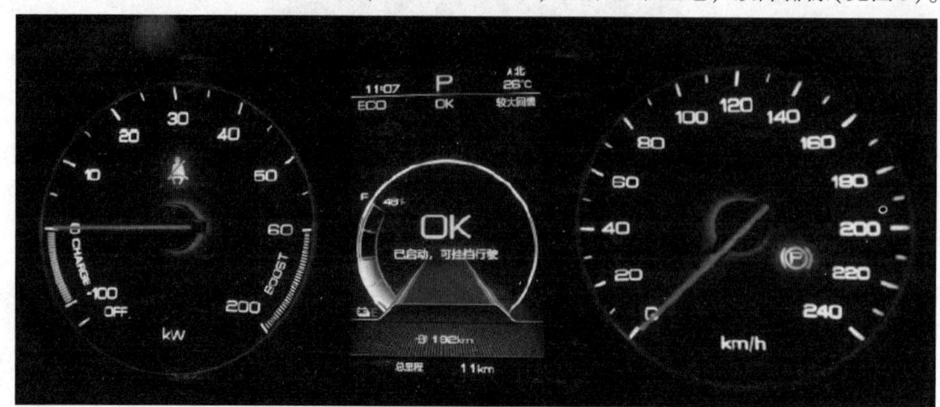

图 9　仪表显示

7. 故障机理分析

若预充接触控制信号存在故障，将造成车 BMC 无法识别系统的完成性，从而无法确认是否存在故障，因此无法完成高压系统上电的程序，造成高压无法上电，车辆无法运行。

8. 任务测评

考核模块	预充接触器控制信号故障			
班级		学号		
团队名称		考核日期		
考核评分项	内容	评分标准	配分	得分
安全准备	安全隔离带是否拉起	未完成 1 项扣 1～3 分，扣分不得超 15 分	15	
	安全警示牌是否摆放			
	工装是否穿戴			
	手套是否佩戴			
	车挡块是否放好			
	翼子板布围挡是否铺好			
	车内三件套是否铺好			
车辆仪表及功能检查	车辆启动是否正确	未完成 1 项扣 1～3 分，扣分不得超 15 分	15	
	仪表指示灯描述			
	车辆挡位功能检查			
	空调功能检查			
	制动功能检查			
	充电功能检查			
	其他功能检查			

续　表

考核评分项	内容	评分标准		配分	得分
车辆初步检查	检查低压控制端有无松动、破损	未完成 1 项扣 2～5 分，扣分不得超 10 分		10	
	检查车载充电机指示灯				
工具及仪器的使用	诊断仪使用是否正确	未完成 1 项扣 3～5 分，扣分不得超 25 分		25	
	数据流分析过程				
	故障码读取过程				
	示波器是否正确使用				
	示波器检测波形是否正确				
资料、信息查询能力	维修资料、手册查询	未完成 1 项扣 1～3 分，扣分不得超 15 分		15	
	电路图分析				
数据、判读和分析	原因分析过程	未完成 1 项扣 3～5 分，扣分不得超 20 分		20	
	是否下电操作				
	数据检测是否正确				
	故障点确定				
	故障修复				
互评成绩		成绩		教师签字	

学习成果

通过任务的学习和训练，学生能够正确描述故障现象，正确使用诊断测试工具；能根据预充接触器控制信号故障分析故障原因；能根据故障现象进行初步分析并制定诊断流程，按步骤进行故障排除，并完成任务工单的填写。学生分析问题、解决问题的能力得到了提高，职业素养和技能水平也得以提升。

拓展与提升

在秦 EV 整车故障检测实训台给学生设置其他动力电池系统常见故障，让学生独立或分组完成排故，并填写诊断报告及相应工单，以考核学生掌握水平。

任务二　BMC 系统供电故障诊断与检测

任务单	任务二　BMC 系统供电故障诊断与检测
任务名称	BMC 系统供电故障诊断与检测
任务描述	BMC 系统供电故障，BMC 无法正常工作，高压无法上电。
任务分析	BMC 及动力蓄电池组作为车辆运行的能量储备及输送单元，其安全监测和故障处理机制条件非常高，因此在车辆准备启动及正常运行时，BMC 是决定车辆高压是否上电的主要条件之一。如果 BMC 出现故障，将造成整车其他控制单元无法获知蓄电池电量，同时 BMC 无法获知高压系统连接的完整性、其他高压系统的绝缘状态、车辆准备状态以及车辆运行状 态(行驶、充电)，造成 BMC 无法控制内部主正、主负、预充继电器的动作，致使高压不 上电，同时车辆行驶及其他辅助功能也将受限。 根据控制原理图推断，可能出现的原因有： (1)BMC 电源线路断路； (2)BMC 电源线路虚接； (3)BMC 电源线路短路； (4)BMC 自身故障。
学习任务	为了进一步确认及缩小故障部位，借用诊断仪器读取故障代码和数据流，对故障部位做进一步解析。 第一步：读取故障代码(DTC)。在连接诊断仪器后，可能不能读到相关故障代码，也可能能读取到一个或多个相关故障代码，此时应结合当前现象，分析故障代码为当前还是历史信息，并进一步验证故障代码的真实性。 第二步：故障诊断数据流。在对高压不上电的数据流进行分析时，结合故障现象和故障代码信号确认数据流内容。 第三步：查阅电路图维修手册找到 BMC 部分。 第四步：打开点火开关到 ON 位置，测量前舱主配电盒 F1/34　DC 保险丝与蓄电池负极之间的电压。 第五步：测量电池管理器 B 端子 BK45(B)8 与蓄电池负极之间电压。 第六步：关闭点火开关到 OFF 位置，测量电池管理器 B 端子 BK45(B)8 与前舱主配电盒 F1/34　DC 保险丝之间的电阻值。
劳动组合	小组成员以及分工情况。
成果展示	(1)过程的视频、图片； (2)思维导图总结； (3)记录作业的表格、工作单等。

学习小结					
评价标准	项目	自评	小组互评	教师评价	总评
	知识目标				
	技能目标				
	素质目标				
	素质				
	创新点				

工　单

工单	任务二　BMC 系统供电故障诊断与检测
任务实施	本任务以比亚迪秦 EV 整车故障检测实训台进行任务实施。

实训目的：

- 掌握电池管理器的诊断步骤与方法。
- BMC 系统供电故障诊断与检测。

一、安全准备工作

(1)整车或实训台架进入工位前，将工位清理干净。

(2)做好个人防护。要求使用符合要求的绝缘手套、护目镜、绝缘鞋、工作服等。

(3)做好车辆防护。车内三件套(方向盘套、座椅套、脚垫)。

(4)维修手册、绝缘工具。

二、设备设施(见图 1)

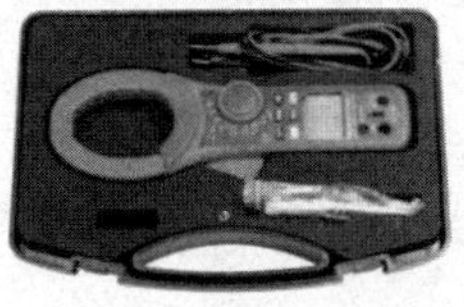
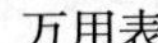

万用表

耐磨手套、绝缘手套

解码仪

秦 EV 整车故障检测实训台

图 1　设备设施

三、故障诊断

BMC 及动力蓄电池组作为车辆运行的能量储备及输送单元，其安全监测和故障处理机制条件非常高，因此在车辆准备启动及正常运行时，BMC 是决定车辆高压是否上电的主要条件之一。如果 BMC 出现故障，将造成整车其他控制单元无法获知蓄电池电量，同时 BMC 无法获知高压系统连接的完整性、其他高压系统的绝缘状态、车辆准备状态以及车辆运行状态(行驶、充电)，造成 BMC 无法控制内部主正、主负、预充继电器的动作，致使高压不上电，同时车辆行驶及其他辅助功能也将受限。

1. 故障现象

启动车辆，仪表显示 EV 功能受限，主警告灯点亮，高压无法上电(见图 2)。

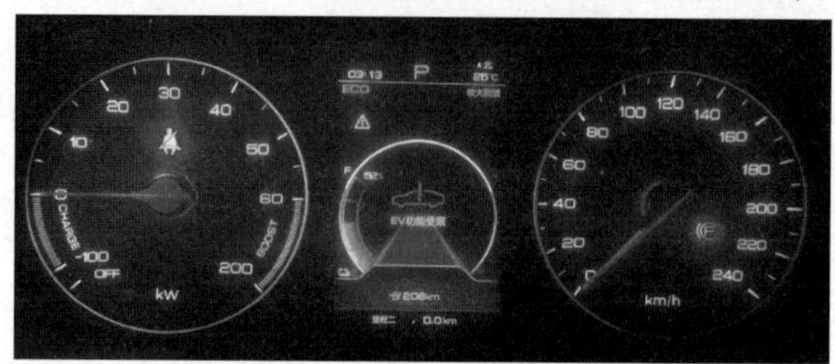

图 2　仪表显示

2. 车辆基本功能检查

启动车辆，检查车辆蓄电池、仪表、空调、制动、充电机、挡位、娱乐系统等功能是否异常。

3. 车辆初步检查

关闭启动开关，断开蓄电池负极并做好绝缘处理，穿戴防护用具，主要检查高压、低压等插接件有无松动、破损等现象。

4. 连接故障诊断仪检查

将故障诊断仪连接至车辆，看能否正常进入，读取故障码和数据流进行初步判断。

5. 故障原因分析

根据控制原理图推断，可能出现的原因有：

(1)BMC 电源线路断路；

(2)BMC 电源线路虚接；

(3)BMC 电源线路短路；

(4)BMC 自身故障。

6. 排故步骤

启动车辆，使用解码仪扫描故障，电池管理器显示故障，读取故障码，故障码 P1A3400，显示预充失败故障。接下来就要使用检测工具对电池管理器电路进行测试来验证。

读取数据流，发现主接触器状态、负极接触器状态和与预充接触器状态均断开。接触器吸合与断开由 IG3 电控制，所以推断为 IG3 电故障(见图 3)。

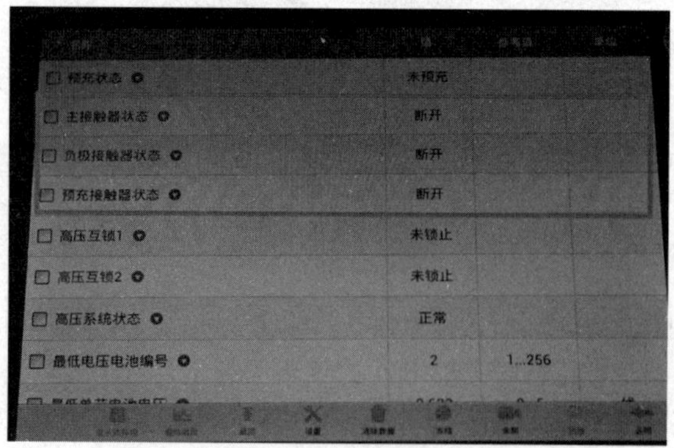

图 3　读取数据流

测试前工作：检查并将万用表校表。

步骤 1：将万用表调至直流电压挡(见图 4)。

图 4　万用表

步骤 2：打开点火开关到 ON 位置，测量前舱主配电盒 F1/34　DC 保险丝与蓄电池负极之间的电压，测量值为 12.5 V(标准 12 V)，正常(见图 5)。

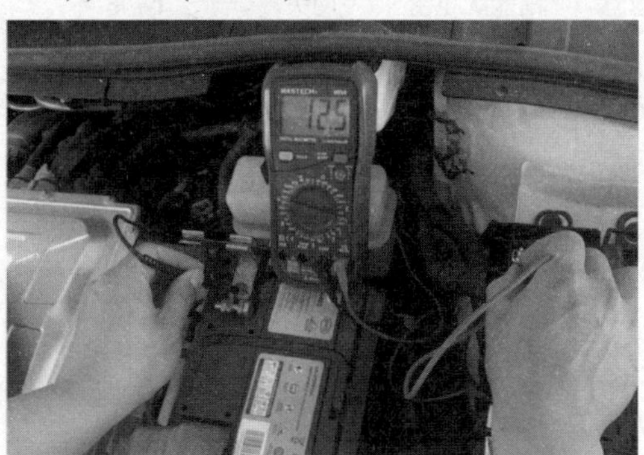

图 5　测量值(一)

步骤 3：测量电池管理器 B 端子 BK45(B)8 与蓄电池负极之间电压，测量值为 0 V(标准 12 V)，异常(见图 6)。

图 6　测量值(二)

步骤 4：关闭点火开关到 OFF 位置，测量电池管理器 B 端子 BK45(B)8 与前舱主配电盒 F1/34 DC 保险丝之间的电阻值，测量值为无穷大(标准小于 2 Ω)，异常(见图 7)。

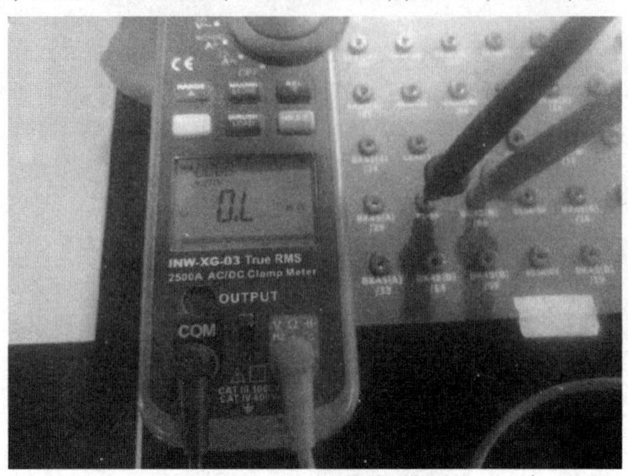

图 7　测量值(三)

步骤 5：综合以上检验结果可推断，无法上高压是因为电池管理器 B 端子 BK45B/08 与前舱主配电盒 F1/34　DC 保险丝之间的线束故障(见图 8)。

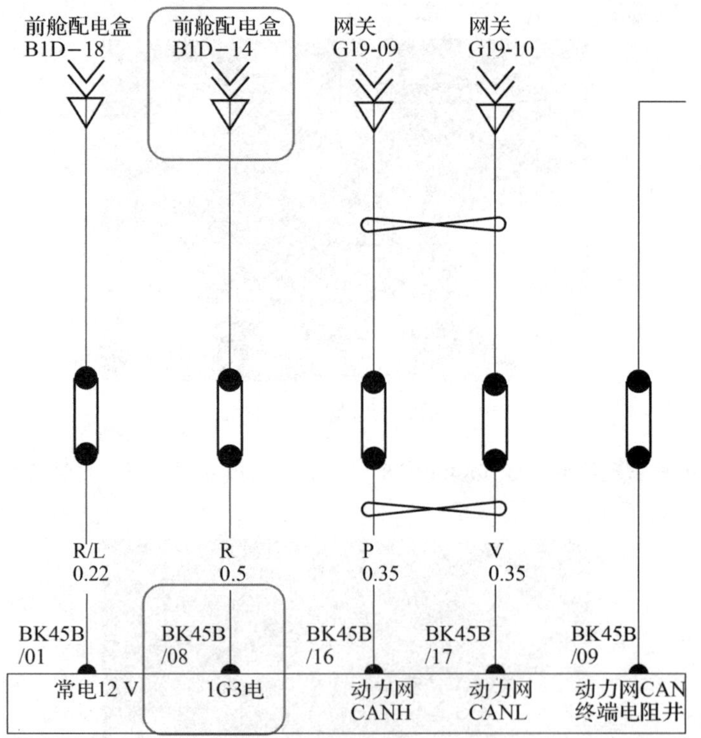

图 8　故障线束

步骤 6：将故障修复，重新启动车辆，仪表显示正常，汽车正常上电。解码仪扫描故障，显示无故障，故障排除(见图 9)。

图 9　仪表显示

7. 故障机理分析

BMC 模块供电异常，BMC 无法识别动力电池是否存在故障。停止高压上电流程，且系统生成并存储故障代码，同时将故障信号通过 CAN 总线发送至组合仪表，组合仪表显示故障信号或点亮故障信号指示灯。

8. 任务测评

考核模块	BMC 系统供电故障诊断与检测			
班级		学号		
团队名称		考核日期		
考核评分项	内容	评分标准	配分	得分
安全准备	安全隔离带是否拉起	未完成 1 项扣 1～3 分，扣分不得超 15 分	15	
	安全警示牌是否摆放			
	工装是否穿戴			
	手套是否佩戴			
	车挡块是否放好			
	翼子板布围挡是否铺好			
	车内三件套是否铺好			
车辆仪表及功能检查	车辆启动是否正确	未完成 1 项扣 1～3 分，扣分不得超 15 分	15	
	仪表指示灯描述			
	车辆挡位功能检查			
	空调功能检查			
	制动功能检查			
	充电功能检查			
	其他功能检查			

续 表

考核评分项	内容	评分标准		配分	得分
车辆初步检查	检查低压控制端有无松动、破损	未完成 1 项扣 2～5 分，扣分不得超 10 分		10	
	检查车载充电机指示灯				
工具及仪器的使用	诊断仪使用是否正确	未完成 1 项扣 3～5 分，扣分不得超 25 分		25	
	数据流分析过程				
	故障码读取过程				
	示波器是否正确使用				
	示波器检测波形是否正确				
资料、信息查询能力	维修资料、手册查询	未完成 1 项扣 1～3 分，扣分不得超 15 分		15	
	电路图分析				
数据、判读和分析	原因分析过程	未完成 1 项扣 3～5 分，扣分不得超 20 分		20	
	是否下电操作				
	数据检测是否正确				
	故障点确定				
	故障修复				
互评成绩		成绩		教师签字	

学习成果

通过任务的学习和训练，学生能够正确描述故障现象，正确使用诊断测试工具，能根据 BMC 系统供电故障诊断与检测异常分析故障原因；能根据故障现象进行初步分析并制定诊断流程，按步骤进行故障排除，并完成任务工单的填写。学生分析问题、解决问题的能力得到提高，职业素养和技能水平也得以提升。

拓展与提升

在秦 EV 整车故障检测实训台给学生设置其他动力电池系统常见故障，让学生独立或分组完成排故，并填写诊断报告及相应工单，以考核学生掌握水平。

任务三　电池状态信息显示异常故障诊断与检测

任务单	任务三　电池状态信息显示异常故障诊断与检测
任务名称	电池状态信息显示异常故障诊断与检测
任务描述	电池状态信息显示异常故障诊断与检测，高压无法上电
任务分析	电池包内部有接触器和电池信息采集系统（BIC/BCC），电池管理控制器 BMC 通过电平信号控制接触器通断，通过 CAN 与 BIC/BCC 通信接收电池模组基本信息，系统框图如下图所示。 电池管理控制器　CAN　接触器控制　动力电池包 根据控制原理图推断，可能出现的原因有： （1）CAN 线路故障； （2）接触器控制故障； （3）BMC 自身故障； （4）动力电池包故障。
学习任务	为了进一步确认及缩小故障部位，借用诊断仪器读取故障代码和数据流，对故障部位做进一步解析。 第一步：读取故障代码（ DTC ）。在连接诊断仪器后，可能不能读到相关故障代码，也可能能读取到一个或多个相关故障代码，此时应结合当前现象，分析故障代码为当前还是历史信息，并进一步验证故障代码的真实性。 第二步：故障诊断数据流。在对高压不上电的数据流进行分析时，结合故障现象和故障代码信号确认数据流内容。 第三步：查阅电路图维修手册找到 BMC 和动力电池包部分详细内容。 第四步：动力电池包总成的更换流程。
劳动组合	小组成员以及分工情况。
成果展示	（1）过程的视频、图片； （2）思维导图总结； （3）记录作业的表格、工作单等。
学习小结	

评价标准	项目	自评	小组互评	教师评价	总评
	知识目标				
	技能目标				
	素质目标				
	素质				
	创新点				

工单

工单	任务三　电池状态信息显示异常故障诊断与检测
任务实施	本任务以比亚迪秦 EV 整车故障检测实训台进行任务实施。

实训目的：

- 掌握电池管理器的诊断步骤与方法。
- 掌握动力电池包的更换流程。

一、安全准备工作

(1)整车或实训台架进入工位前，将工位清理干净。

(2)做好个人防护。要求使用符合要求的绝缘手套、护目镜、绝缘鞋、工作服等。

(3)做好车辆防护。车内三件套(方向盘套、座椅套、脚垫)。

(4)维修手册、绝缘工具。

二、设备设施(见图 1)

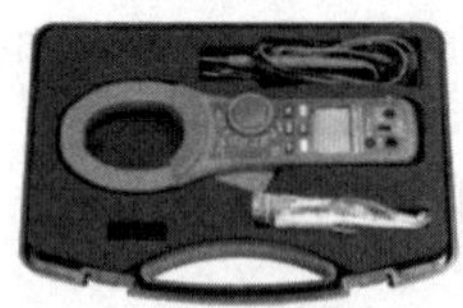

万用表

耐磨手套、绝缘手套

解码仪

秦 EV 整车故障检测实训台

图 1　设备设施

三、故障诊断

电池包内部有接触器和电池信息采集系统(BIC/BCC)，电池管理控制器 BMC 通过电平信号控制接触器通断，通过 CAN 与 BIC/BCC 通信接收电池模组基本信息。

1. 故障现象

启动车辆，仪表上显示动力电池故障指示灯点亮，OK 灯不亮，无法上高压电(见图 2)。

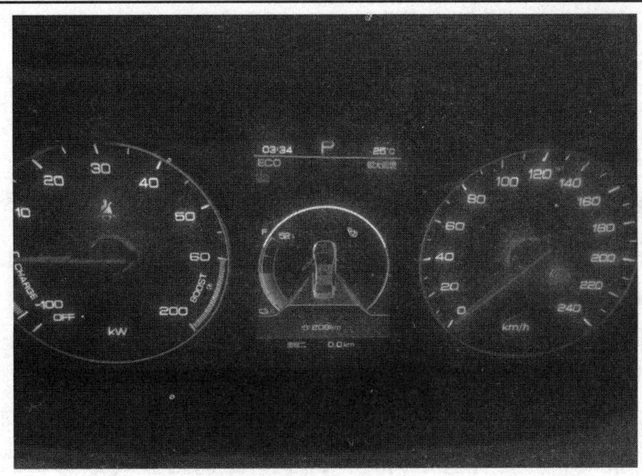

图 2　仪表显示

2. 车辆基本功能检查

启动车辆，检查车辆蓄电池、仪表、空调、制动、充电机、挡位、娱乐系统等功能是否异常。

3. 车辆初步检查

关闭启动开关，断开蓄电池负极并做好绝缘处理，穿戴防护用具，主要检查高压、低压等插接件有无松动、破损等现象。

4. 连接故障诊断仪检查

将故障诊断仪连接至车辆，看能否正常进入，读取故障码和数据流进行初步判断。

5. 故障原因分析

根据控制原理图推断，可能出现的原因有：

(1) CAN 线路故障；

(2) 接触器控制故障；

(3) BMC 自身故障；

(4) 动力电池包故障。

6. 排故步骤

启动车辆，使用解码仪扫描故障，电池管理器显示故障，读取故障码。接下来就要使用检测工具对电池管理器电路进行测试来验证。

PIA0C00	BIC1 电压采样异常故障	检查动力电池
PIA0D00	BIC2 电压采样异常故障	检查动力电池
PIA0E00	BIC3 电压采样异常故障	检查动力电池
PIA0F00	BIC4 电压采样异常故障	检查动力电池
PIA1000	BIC5 电压采样异常故障	检查动力电池
PIA1100	BIC6 电压采样异常故障	检查动力电池
PIA1200	BIC7 电压采样异常故障	检查动力电池

步骤 1：尝试消除故障码，多次上电故障码不能清除，查阅维修手册，根据提示需要更换动力电池包。

PIA0200-PIA0A00	BIC-7 工作异常
PIA0C00-PIA1400	BIC-7 电压采样异常
PIA02000-PIA2800	BIC-7 温度采样异常

1. 尝试清除故障码，多次上电看故障码能否清除，若能，则为历史故障
2. 故障码不能清除，更换动力电池包

步骤 2：关闭点火开关至 OFF 位置，等待 5 分钟。

步骤 3：拔掉电池包低压接插件。

步骤 4：用万用表检测电池是否漏电。将万用表正极分别搭在电池正负极引出，负极搭车身负极，正常值为 10 V 以下。若大于正常值请不要拆卸，检测漏电原因和地方，排除问题后再进行拆卸。

步骤 5：用举升机将整车举升到合适的高度，拆下电池包托盘底部安装的护板和空调管路护板，在电池包正下方准备好升阵台，升降台需要升至电池包的合适高度。

步骤 6：做好绝缘防护，拔掉高压直流母线接插件。

步骤 7：拧松并拆下电池包端的所有搭铁线紧固件，拔下电池包进出水管。

步骤 8：做好绝缘防护，用套筒卸掉动力电池与车身固定螺栓，将电池包拆放至升降台。

步骤 9：做好绝缘防护，将需要更换的新电池放置在升降台上准备安装到车辆上。

步骤 10：做好绝缘防护，用诊断工装线连接电池管理器、动力电池，硬线吸合电池包内继电器，用万用表检测电池包正负极是否有电压输出(测试高压输出是否正常)；给蓄电池管理器供电，用诊断工具查看电池采样信息是否正常。

步骤 11：佩戴绝缘手套做好绝缘防护，用套筒安装密封盖与托盘连接的紧固件。

步骤 12：佩戴绝缘手套做好绝缘防护，用万用表检测电池包是否漏电。

步骤 13：佩戴绝缘手套做好绝缘防护，用套筒安装托盘与车身的紧固件，安装电池包搭铁线，插上电池包进出水管。

步骤 14：佩戴绝缘手套做好绝缘防护，接上直流母线接插件、电池信息采样通信线插接件。

步骤 15：重新启动车辆，仪表显示正常，汽车正常上电，解码仪扫描故障，显示无故障，故障排除(见图 3)。

图 3　仪表显示

7. 故障机理分析

电池包内部有接触器和电池信息采集系统(BIC/BCC)，电池管理控制器 BMC 通过电平信号控制接触器通断，通过 CAN 与 BIC/BCC 通信接收电池模组基本信息。电池状态信息显示异常，BMC 无法识别电池信息，高压无法上电，车辆不能正常运行。

8. 任务测评

考核模块	电池状态信息显示异常故障诊断与检测			
班级		学号		
团队名称		考核日期		
考核评分项	内容	评分标准	配分	得分
安全准备	安全隔离带是否拉起	未完成1项扣1～3分，扣分不得超15分	15	
	安全警示牌是否摆放			
	工装是否穿戴			
	手套是否佩戴			
	车挡块是否放好			
	翼子板布围挡是否铺好			
	车内三件套是否铺好			
车辆仪表及功能检查	车辆启动是否正确	未完成1项扣1～3分，扣分不得超15分	15	
	仪表指示灯描述			
	车辆挡位功能检查			
	空调功能检查			
	制动功能检查			
	充电功能检查			
	其他功能检查			
车辆初步检查	检查低压控制端有无松动、破损	未完成1项扣2～5分，扣分不得超10分	10	
	检查车载充电机指示灯			
工具及仪器的使用	诊断仪使用是否正确	未完成1项扣3～5分，扣分不得超25分	25	
	数据流分析过程			
	故障码读取过程			
	示波器是否正确使用			
	示波器检测波形是否正确			
资料、信息查询能力	维修资料、手册查询	未完成1项扣1～3分，扣分不得超15分	15	
	电路图分析			
数据、判读和分析	原因分析过程	未完成1项扣3～5分，扣分不得超20分	20	
	是否下电操作			
	数据检测是否正确			
	故障点确定			
	故障修复			
互评成绩		成绩		教师签字

学习成果

通过任务的学习和训练，学生能够正确描述故障现象，正确使用诊断测试工具；能根据电池状态信息显示异常分析故障原因；能根据故障现象进行初步分析并制定诊断流程，按步骤进行故障排除，并完成任务工单的填写。学生分析问题、解决问题的能力得到了提高，职业素养和技能水平也得以提升。

拓展与提升

在秦 EV 整车故障检测实训台给学生设置动力电池系统其他常见故障，让学生独立或分组完成排故，并填写诊断报告及相应工单，以考核学生掌握水平。

任务单

任务四　动力网 CAN 通信故障诊断与检测

任务单	任务四　动力网 CAN 通信故障诊断与检测
任务名称	动力网 CAN 通信故障诊断与检测
任务描述	电池子网 CAN-H 故障导致动力网 CAN 通信故障，高压系统无法上电故障诊断与排除
任务分析	当 BMC 同时监测到点火开关的高压上电信号(Key-ST 信号)以及制动开关信号后，即 WAKE-UP 信号，BCM 接通 ACC、IG3、IG4 继电器，低压上电，整车进入低压上电及低压检测模式，同时唤醒所有 CAN 总线。 在此阶段，BMC、VCU、OBC、DC-DC 变换器/MCU、空调压缩机控制器、PTC 加热器被 CAN 唤醒，启动自检模式，内部低压自检，并各自读取系统故障代码，同时检测各自高压互锁是否完整，单体蓄电池循环检测。如果此时低压自检、某单元内部出现严重故障代码、高压互锁、单体蓄电池(温度、电压)、CAN 通信、动力系统防盗有一项异常，将停止上电流程，且系统生成并存储故障代码，同时将故障信号通过 CAN 总线发送至组合仪表，组合仪表显示故障信号或点亮故障信号指示灯。 根据动力电池管理系统控制原理图推断，可能出现的原因有： (1)通信转换模块正极故障； (2)电池子网 CAN-H 故障； (3)电池子网 CAN-L 故障。

<table>
<tr><td>学习任务</td><td colspan="5">为了进一步确认及缩小故障部位，借用诊断仪器读取故障代码和数据流，对故障部位做进一步解析。
第一步：读取故障代码（DTC）。在连接诊断仪器后，可能不能读到相关故障代码，也可能能读取到一个或多个相关故障代码，此时应结合当前现象，分析故障代码为当前还是历史信息，并进一步验证故障代码的真实性。
第二步：故障诊断数据流。在对高压不上电的数据流进行分析时，结合故障现象和故障代码信号确认数据流内容。
第三步：测量电池包中通信转换模块电源正 BK51/11 与负极之间的电压值。
第四步：测量电池管理器中通信转换模块电源正极 BK45A/03 与负极之间的电压值。
第五步：将汽车下电并断开低压电池负极，万用表调至电阻挡，测量电池子网 CAN-H 与电池子网 CAN-L 终端电阻值。
第六步：测量电池子网 CAN-H 端子 BK45A/01 与电池包中 CAN-H 端子 BK51/10 之间的电阻值。
第七步：测量电池子网 CAN-L 端子 BK45A/10 与电池包中 CAN-L 端子 BK51/04 之间的电阻值。</td></tr>
<tr><td>劳动组合</td><td colspan="5">小组成员以及分工情况。</td></tr>
<tr><td>成果展示</td><td colspan="5">（1）过程的视频、图片；
（2）思维导图总结；
（3）记录作业的表格、工作单等。</td></tr>
<tr><td>学习小结</td><td colspan="5"></td></tr>
<tr><td rowspan="6">评价标准</td><td>项目</td><td>自评</td><td>小组互评</td><td>教师评价</td><td>总评</td></tr>
<tr><td>知识目标</td><td></td><td></td><td></td><td rowspan="5"></td></tr>
<tr><td>技能目标</td><td></td><td></td><td></td></tr>
<tr><td>素质目标</td><td></td><td></td><td></td></tr>
<tr><td>素质</td><td></td><td></td><td></td></tr>
<tr><td>创新点</td><td></td><td></td><td></td></tr>
</table>

工　单

<table>
<tr><td>工单</td><td>任务四　动力网 CAN 通信故障诊断与检测</td></tr>
<tr><td>任务实施</td><td>本任务以比亚迪秦 EV 整车故障检测实训台进行任务实施。</td></tr>
<tr><td colspan="2">实训目的：
• 掌握电池管理器的诊断步骤与方法。
• 能够独立诊断电池子网 CAN-H 故障。</td></tr>
</table>

一、安全准备工作

(1)整车或实训台架进入工位前，将工位清理干净。

(2)做好个人防护。要求使用符合要求的绝缘手套、护目镜、绝缘鞋、工作服等。

(3)做好车辆防护。车内三件套(方向盘套、座椅套、脚垫)。

(4)维修手册、绝缘工具。

二、设备设施(见图 1)

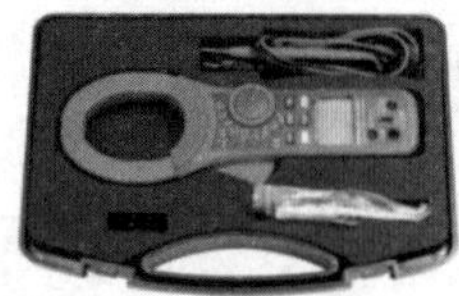

万用表

耐磨手套、绝缘手套

解码仪

秦 EV 整车故障检测实训台

图 1　设备设施

三、故障诊断

当 BMC 同时监测到点火开关的高压上电信号(Key-ST 信号)以及制动开关信号后，即 WAKE-UP 信号，BCM 接通 ACC、IG3、IG4 继电器，低压上电，整车进入低压上电及低压检测模式，同时唤醒所有 CAN 总线。

在此阶段，BMC、VCU、OBC、DC-DC 变换器/MCU、空调压缩机控制器、PTC 加热器被 CAN 唤醒，启动自检模式，内部低压自检，并各自读取系统故障代码，同时检测各自高压互锁是否完整，单体蓄电池循环检测。如果此时低压自检、某单元内部出现严重故障代码、高压互锁、单体蓄电池(温度、电压)、CAN 通信、动力系统防盗有一项异常，将停止上电流程，且系统生成并存储故障代码，同时将故障信号通过 CAN 总线发送至组合仪表，组合仪表显示故障信号或点亮故障信号指示灯。

1. 故障现象

启动车辆，仪表上显示动力电池故障指示灯点亮，OK 灯不亮，无法上高压(见图 2)。

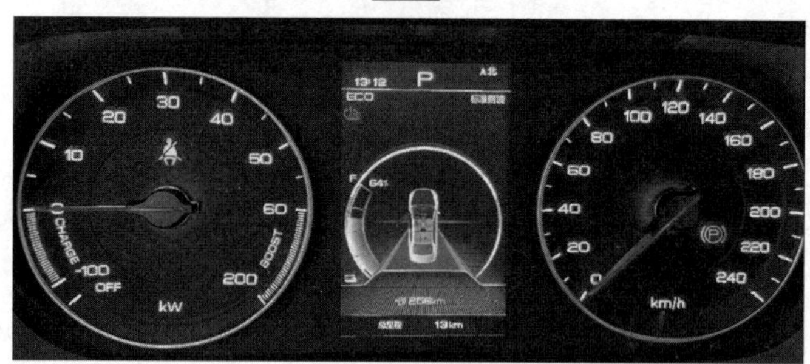

图 2　仪表显示

2. 车辆基本功能检查

启动车辆，检查车辆蓄电池、仪表、空调、制动、充电机、挡位、娱乐系统等功能是否异常。

3. 车辆初步检查

关闭启动开关，断开蓄电池负极并做好绝缘处理，穿戴防护用具，主要检查高压、低压等插接件有无松动、破损等现象。

4. 连接故障诊断仪检查

将故障诊断仪连接至车辆，看能否正常进入，读取故障码和数据流进行初步判断。

5. 故障原因分析

根据动力电池管理系统控制原理图推断，可能出现的原因有：

(1)通信转换模块正极故障；

(2)电池子网 CAN-H 故障；

(3)电池子网 CAN-L 故障。

6. 排故步骤

启动车辆，使用解码仪扫描故障，电池管理器显示故障，读取故障码，显示 B1C1　CAN 通信超时故障。接下来就要使用检测工具对电池管理器电路进行测试来验证。

测试前工作：检查并将万用表校表。

步骤 1：将万用表调至直流电压挡(见图 3)：

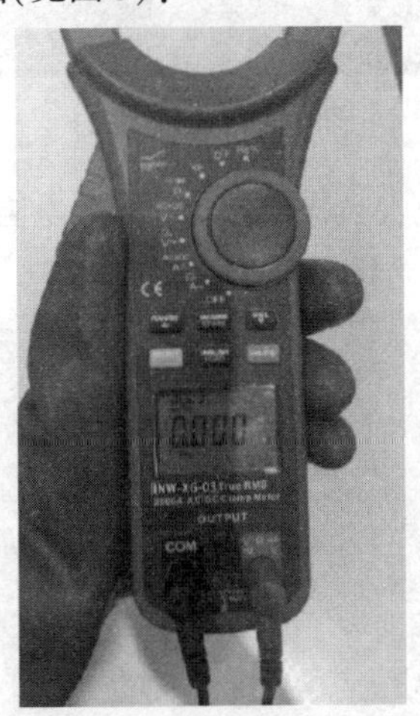

图 3　万用表

步骤 2：测量电池包中通信转换模块电源正级 BK51/11 与地电压值，测量值为 13.21 V(标准 12 V)，正常(见图 4)。

图 4　测量值(一)

步骤 3：测量电池管理器中通信转换模块电源正极 BK45A/03 与地电压值，测量值为 12.98 V(标准 12 V)，正常(见图 5)。

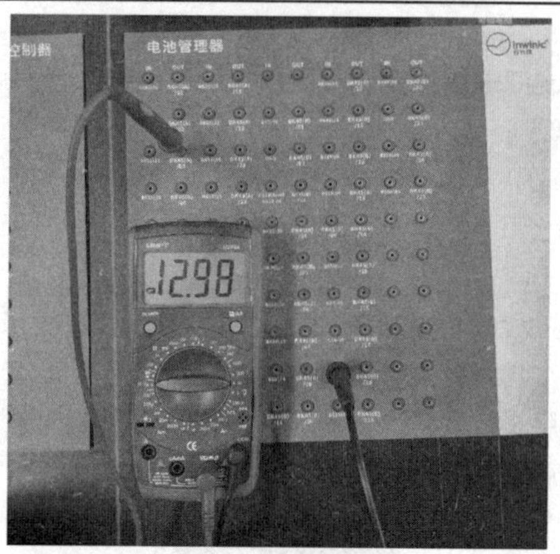

图 5　测量值(二)

步骤 4：将汽车下电并断开低压电池负极，万用表调至电阻挡，测量电池子网 CAN-H 与电池子网 CAN-L 终端电阻值，测量值为 251.5 Ω(标准 60 Ω)，异常(见图 6)。

图 6　测量值(三)

步骤 5：测量电池子网 CAN-H 端子 BK45A/01 与电池包中 CAN-H 端子 BK51/10 之间的电阻值，测量值为 7.62 kΩ(标准小于 2 Ω)，异常(见图 7)。

图 7　测量值(四)

步骤 6：测量电池子网 CAN-L 端子 BK45A/10 与电池包中 CAN-L 端子 BK51/04 之间的电阻值，测量值为 0 Ω(标准小于 2 Ω)，正常(见图 8)。

图 8　测量值(五)

步骤 7：综合以上检验结果可推断，无法上高压是因为 BMC 中 BK45A/01 号端子与电池包中 BK51/10 号端子之间电池子网 CAN-H 线束故障导致(见图 9)。

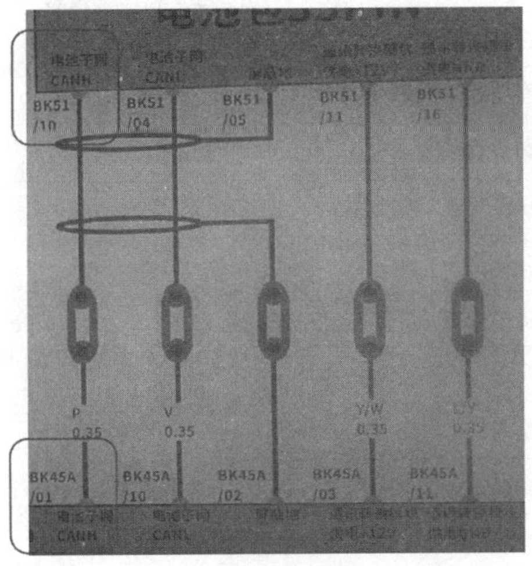

图 9　故障线束

步骤 8：将故障修复，重新启动车辆，仪表显示正常，汽车正常上电，解码仪扫描故障，显示无故障，故障排除(见图 10)。

图 10　仪表显示

7. 故障机理分析

若电池子网 CAN-H 故障导致动力网 CAN 通信故障，BMC 无法识别动力电池是否存在故障。停止高压上电流程，且系统生成并存储故障代码，同时将故障信号通过 CAN 总线发送至组合仪表，组合仪表显示故障信号或点亮故障信号指示灯。

8. 任务测评

<table>
<tr><td>考核模块</td><td colspan="4">动力网 CAN 通信故障诊断与检测</td></tr>
<tr><td>班级</td><td></td><td>学号</td><td colspan="2"></td></tr>
<tr><td>团队名称</td><td></td><td>考核日期</td><td colspan="2"></td></tr>
<tr><td>考核评分项</td><td>内容</td><td>评分标准</td><td>配分</td><td>得分</td></tr>
<tr><td rowspan="7">安全准备</td><td>安全隔离带是否拉起</td><td rowspan="7">未完成 1 项扣 1~3 分，扣分不得超 15 分</td><td rowspan="7">15</td><td rowspan="7"></td></tr>
<tr><td>安全警示牌是否摆放</td></tr>
<tr><td>工装是否穿戴</td></tr>
<tr><td>手套是否佩戴</td></tr>
<tr><td>车挡块是否放好</td></tr>
<tr><td>翼子板布围挡是否铺好</td></tr>
<tr><td>车内三件套是否铺好</td></tr>
<tr><td rowspan="7">车辆仪表及功能检查</td><td>车辆启动是否正确</td><td rowspan="7">未完成 1 项扣 1~3 分，扣分不得超 15 分</td><td rowspan="7">15</td><td rowspan="7"></td></tr>
<tr><td>仪表指示灯描述</td></tr>
<tr><td>车辆挡位功能检查</td></tr>
<tr><td>空调功能检查</td></tr>
<tr><td>制动功能检查</td></tr>
<tr><td>充电功能检查</td></tr>
<tr><td>其他功能检查</td></tr>
<tr><td rowspan="2">车辆初步检查</td><td>检查低压控制端有无松动、破损</td><td rowspan="2">未完成 1 项扣 2~5 分，扣分不得超 10 分</td><td rowspan="2">10</td><td rowspan="2"></td></tr>
<tr><td>检查车载充电机指示灯</td></tr>
<tr><td rowspan="5">工具及仪器的使用</td><td>诊断仪使用是否正确</td><td rowspan="5">未完成 1 项扣 3~5 分，扣分不得超 25 分</td><td rowspan="5">25</td><td rowspan="5"></td></tr>
<tr><td>数据流分析过程</td></tr>
<tr><td>故障码读取过程</td></tr>
<tr><td>示波器是否正确使用</td></tr>
<tr><td>示波器检测波形是否正确</td></tr>
<tr><td rowspan="2">资料、信息查询能力</td><td>维修资料、手册查询</td><td rowspan="2">未完成 1 项扣 1~3 分，扣分不得超 15 分</td><td rowspan="2">15</td><td rowspan="2"></td></tr>
<tr><td>电路图分析</td></tr>
</table>

续　表

考核评分项	内容	评分标准		配分	得分
数据、判读和分析	原因分析过程	未完成 1 项扣 3 ~ 5 分，扣分不得超 20 分		20	
	是否下电操作				
	数据检测是否正确				
	故障点确定				
	故障修复				
互评成绩		成绩		教师签字	

学习成果

通过任务的学习和训练，学生能够正确描述故障现象，正确使用诊断测试工具；能根据动力网 CAN 通信故障分析故障原因；能根据故障现象进行初步分析并制定诊断流程，按步骤进行故障排除，并完成任务工单的填写。学生分析问题、解决问题的能力得到了提高，职业素养和技能水平也得以提升。

拓展与提升

在秦 EV 整车故障检测实训台给学生设置动力电池系统其他常见故障，让学生独立或分组完成排故，并填写诊断报告及相应工单，以考核学生掌握水平。

课后习题

一、填空题

1. 动力电池系统作为电动汽车的动力源，主要为整车提供________、________的能量，是能量的储存装置，为电动汽车日常行驶提供能量的唯一来源，是电动混合动力汽车的辅助能量来源，能够将电能输出转换为其他形式的能量，并驱动汽车行驶，其综合性能直接影响整车的________。

2. 目前市面上比较常见的动力电池主要有铅酸蓄电池、镍氢蓄电池、________、燃料电池、石墨烯蓄电池、超级电容器等。

3. 锂电池的正极材料有很多种，主要有________、________、________、________、________等，相应的名称为钴锂电池、锰锂电池等，以三元材料为正极的电池则称为三元锂电池。

4. 比亚迪秦的动力电池系统由动力电池模组、动力电池信息采集器、动力电池串联线、动力电池托盘、动力电池包密封盖、动力电池采样线等组成；额定电压为________，总电量为53.1 kW·h。

5. ________是电池保护和管理的核心部件，在动力蓄电池系统中，它的作用就相当于人的大脑。

6. 蓄电池包内继电器一般有________、________、________、________，在蓄电池包外还有独立的配电盒对整个电流分配进行更细致的保护。

7. 比亚迪秦采用分布式电池管理系统，由1个电池管理控制器(BMC)、1个通信转换模块、________及相关采样通信线束组成。

8. 蓄电池管理系统的基本功能可以分为________、________、________这三大块，包括数据采集、状态监测、均衡控制、热管理、安全保护、信息管理等功能。

9. 由于单体电池电压采样有一定的时间差异性，也没办法与电池传感器的数据实现精确对齐，因此往往采集________来作为主参数来进行运算。

10. 蓄电池包往往仅在单体蓄电池这一层级做并联(最极端的是特斯拉的75个小蓄电池的并联)，蓄电池包内的________给整车提供电能，所以一般只需要测量一个电流。

二、选择题

1. 动力蓄电池系统由一个或一个以上的蓄电池包及相应附件构成的为电动汽车整车行驶提供电能的能量储存装置。其相应的附件有(　　)、高压电路、低压电路、热管理设备以及机械总成。

A. 蓄电池管理系统　B. 整车管理系统　C. 电机管理系统　D. 能源管理系统

2. 蓄电池是将所获得的电能以(　　)的形式储存，并可以将化学能转换成电能的电化学装置，可以重复充电和放电。

A. 机械能　B. 化学能　C. 动能　D. 势能

3. 辅助电池为电动汽车(　　)系统供电的蓄电池。

A. 驱动　B. 低压辅助　C. 储能　D. 行驶

4. 在动力电池系统中不能控制高压输入输出电路的高压继电器的是(　　)。

A. 加热继电器　B. 总正继电器　C. 预充继电器　D. 总负继电器

5. 蓄电池管理系统监视蓄电池状态有温度、(　　)、荷电状态等。

A. 电压　B. 电阻　C. 电容　D. 电抗

6. 锂离子电池是利用(　　)作为导电离子在阴极和阳极之间移动，通过化学能和电能相互转化实现充放电的。

A. 电子　B. 电荷　C. 锂离子　D. 电芯

7. 荷电状态 SOC 是当前蓄电池中按照规定放电条件可以释放的(　　)占可用容量的百分比。

A. 电量　　B. 容量　　C. 电流　　D. 电压

8. 燃料电池电动汽车 FCEV 是以燃料电池系统作为单一动力源或者燃料电池系统与(　　)系统作为混合动力源的电动汽车。

A. 飞轮储能　　B. 气压储能　　C. 可充电储能　　D. 液压储能

9. 蓄电池电芯组是一组(　　)连接的单体蓄电池，没有固定的封装外壳、电子控制装置，也没有确定的极性布置，不能直接应用在车辆上。

A. 并联　　B. 串联　　C. 混联　　D. 独立

10. 蓄电池管理系统只监视蓄电池状态，为蓄电池提供通信、安全、(　　)，并提供与应用设备通信接口的系统。

A. 电压　　B. 电芯均衡及管理控制

C. 恒温　　D. 电流

11. 高能量型电池是主要用于(　　)输出的动力蓄电池。

A. 高电压　　B. 高电流　　C. 高能量　　D. 高功率

12. 蓄电池辅助装置是蓄电池正常工作所需要的(　　)、温控系统部件等。

A. 托架　　B. 传感器　　C. 导线　　D. BMS

13. 动力电池箱用于盛装蓄电池组、(　　)以及相应的辅助元器件。

A. 电芯　　B."蓄电池管理系统"

C. 模块组　　D. 加热器

14. 蓄电池内部短路是蓄电池内部正极与(　　)之间发生的短路。

A. 负极　　B. 电解液　　C. 隔膜　　D. 电解质

15. 记忆效应是指蓄电池经长期(　　)后，再进行深度放电时表现出明显的容量损失和放电电压下降的现象。

A. 放置　　B."浅充浅放循环"　　C. 放电　　D. 充电

16. 锂离子电池负极是石墨等插层结构材料，电池中是(　　)在正负极移动，因此比锂电池安全很多。

A. 电荷　　B. 电子　　C. 电流　　D. 锂离子

17. 燃料电池属于二次能源，直接把物质(　　)发生时释出的能量变换为电能。

A. 内热反应　　B. 化学反应　　C. 物理反应　　D. 生物反应

18. 锂离子电池由锂离子的金属氧化物组成的正极、石墨晶格构成的负极、电解液和隔膜、(　　)等组成。

A. 极板　　B. 隔板　　C. 水　　D. 安全阀

19. 加工燃料电池氢燃料所需的(　　)，可来自水能、风力、太阳光伏、燃煤发电厂或输配电网等多种来源。

A. 热能　　B. 机械能　　C. 电能　　D. 化学能

三、简答题

1. 简述BMS的作用

2. 简述动力电池的功用。

项目三

整车控制系统故障检测与诊断

项目描述

电动汽车需要一套系统协调和监控整辆车的工作状态，并非是系统独立控制，其控制信息和车辆状态信息必须上传给这套装置，这个装置就是整车控制器，简称 VCU。本项目对整车控制系统组成、工作原理等进行详细介绍，通过工单式任务实操训练，学生可掌握整车控制系统常见故障特征及诊断排障思路和方法。本项目主要以整车控制器 CAN 总线故障、真空压力传感器信号故障、加速踏板位置传感器故障等原因引起整车故障为例进行介绍。这些故障既是整车控制系统中最为常见的故障，也属于1+X 汽车运用与维修汽车运用与维修(含智能新能源汽车)领域“新能源汽车电子电气空调舒适技术”“新能源汽车网关控制娱乐系统技术”模块中的电气系统诊断分析和整车控制模块检测维修任务。该模块需要具备熟练的专业技能和职业素养。

项目要求

本项目共三个学习任务，分别是：

任务一　整车控制器 CAN 总线故障诊断与检测；

任务二　真空压力传感器信号故障诊断与检测；

任务三　加速踏板位置传感器故障诊断与检测。

通过三个任务的学习，掌握新能源汽车整车控制系统组成、作用、控制策略等；掌握整车控制系统相关部件之间的控制逻辑关系和故障排除方法；会查阅维修资料、电路原理图识读；能对整车控制系统常见故障进行检测与排除。

学习目标

1. 知识目标

(1)了解整车控制系统组成;

(2)掌握整车控制系统功用;

(3)熟悉诊断仪器、仪表及工具的使用;

(4)新能源汽车整车控制器工作原理;

(5)整车高压互锁控制;

(6)掌握整车控制系统常见故障及检修方法。

2. 能力目标(技能)

(1)具备正确操作车辆低压上电的能力;

(2)具备能依据维修手册,对低压电源系统进行故障诊断与排除的能力;

(3)具备查阅电路图、拆画低压电源系统电路图的能力;

(4)会数据流故障码解读分析;

(5)具有对新能源汽车整车控制系统故障诊断与排除能力;

(6)能够按照 1+X 标准中有关充电系统的技能要求进行检测维修。

3. 素质目标

(1)能够在工作过程中与小组其他成员合作、交流,养成团队合作意识,锻炼沟通能力;

(2)能进行自我检讨,诚恳接受他人批评;

(3)培养学生良好的心理素质和较强的自控能力,具有较强的社会、环境适应能力;

(4)能将党的二十大精神落实到具体行动中。

学习载体

一辆比亚迪秦 EV 纯电动汽车,如图 3-1 所示,踩下制动踏板,打开点火开关,整车可运行,指示灯不亮,车辆无法上电运行,请按照正确规范操作流程进行故障排查与修复。

图 3-1　秦 EV 纯电动汽车

一、整车控制系统的组成

整车控制系统通常由多个控制单元、传感器、控制器及 CAN 通信网络组成。

基于 CAN 总线的整车控制系统如图 3-2 所示，通常包括动力网(P-CAN)、对应的控制单元(BMS、电机控制器、车载充电机、DC/DC 等)及对应的传感器/控制器，舒适网(V-CAN)、对应的控制单元(组合仪表、空调 ECU、转向 ECU、制动 ECU 等)及对应的传感器/控制器。动力网和舒适网都连接到整车控制器，整车控制器是最上层控制器，负责总体控制、协调各个控制单元工作及信息的统筹管理等。

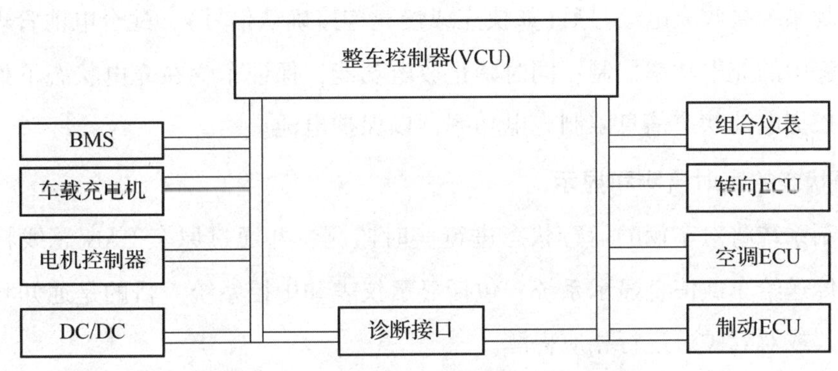

图 3-2　基于 CAN 总线的整车控制系统

二、整车控制系统的功能

1. 整车能量优化管理

整车控制器通过对电机驱动系统、电池管理系统、空调系统、电加热系统等的协调和管理，实现延长动力电池使用寿命、提高整车能量利用效率、提高续驶里程的目的。

2. 驾驶员意图解析

整车控制系统根据加速踏板和制动踏板信号，解析驾驶员的驾驶意图(如加速、减速、制动等)，即根据控制策略中相关的计算规则，将驾驶员发出的加速踏板信号和制动踏板信号转化电机的转矩命令直接或通过 CAN 总线传送给电机控制器，控制电机控制器的输出功率。

3. 驱动控制

整车控制器对动力电池信息、驾驶员对车辆的操纵输入(加速踏板信号、制动踏板信

号和挡位信号）、车辆运行状态、行驶路况及环境等信息进行分析和处理，向相关部件控制器发出指令，控制电机的运行状态，包括起步、加速、怠速、减速、跛行等。

4. 制动能量回馈控制

当车辆减速或进行制动时，整车控制系统根据当前车辆行驶状态信息和动力电池的状态信息来判断是否进行制动能量回馈控制及能量回馈的强度。

整车控制系统在满足车辆安全性能、制动性能、驾驶员舒适性、动力电池安全性的前提下，进行制动能量回馈，提高整车能量利用效率。驾驶员可根据行驶工况和自身的驾驶习惯等预先选择制动能量回馈强度。

5. 充电过程控制

整车控制系统接收充电信号后（如快充或慢充连接确认信号），配合电池管理系统共同进行充电过程中的充电功率控制；同时禁止放电功能，保证车辆在充电状态下处于行驶锁止状态，并根据电池状态信息限制充电功率，以保护电池。

6. 车辆状态的实时监测和显示

整车控制系统将对车辆的运行状态进行实时监测，并通过原车 CAN 总线将各子系统的状态信息传送给车载信息显示系统，包括显示仪表和中控系统。目的是通知驾驶员车辆目前的状态，或对驾驶员进行相应提醒。

7. 高低压上下电控制

整车控制系统制定上、下电的流程。根据车辆状态及驾驶员的相关操作（制动踏板的动作、启动开关的动作、点火开关的动作等），整车控制系统判断是否要上、下电；如果要上、下电，则执行上、下电流程。

8. 故障诊断与处理

整车控制系统统筹电池、电机、充电、空调、DC/DC、转向、制动等信息，对车辆的状态进行判断、等级分类、报警显示等处理，同时存储故障码，以供维修时查看。如有必要，则通过远程控制系统上报远程控制中心，以备后续使用。新能源汽车整车故障通常分为四类，见表 3-1。

表 3-1 整车故障分类

等级	名称	故障状态	故障列表
一级	致命故障	紧急断开高压电路	MCU 直流母线过电压故障、BMS 一级故障
二级	严重故障	零转矩	MCU 相电过电流，IGBT、旋转变压器等故障；电机节点丢失故障；挡位信号故障

续表

等级	名称	故障状态	故障列表
三级	一般故障	跛行	加速踏板故障
		降功率	MCU 电机超速保护
		限功率(小于 7 kW)	跛行故障、SOC 小于 1%、BMS 单体欠电压、内部通信和硬件等二级故障
		限速(小于 15 km/h)	低压欠电压故障、制动故障
四级	轻微故障	仪表只显示“维修提示”，车辆能够正常行驶	MCU 电机系统温度传感器故障、直流欠电压、VCU 硬件故障、DC/DC 变换器异常等

9. 整车 CAN 通信网络管理

整车控制系统连接整个汽车网络，协调动力系统、车身系统、安全系统中各个 ECU 的信息交换及共享。其主要工作是组网、节点管理、信息路由、数据编码及解码等。

10. 电动化辅助系统管理

电动化辅助系统包括电动空调、电控制动系统、电动助力转向系统和辅助动力电池加热系统等。

整车控制系统对电动空调、辅助动力电池加热系统进行能量控制，控制其输出功率，从而保证驱动功率或动力电池的使用寿命；也可以通过电动空调、辅助动力电池加热系统辅助动力电池进行热管理。

整车控制系统可以通过电子驻车系统(Electrical Park Brake，EPB)实现起停控制，还能通过制动真空信号控制电动真空泵的工作。整车控制系统还要协调电动助力转向(Electric Power Steering，EPS)系统、车身电子稳定程序(Elecric Sability Program，ESP)、制动防抱死系统(Antilock Brake Syste，ABS)工作，保证汽车行驶安全性。

11. 远程控制

目前，大多数电动汽车有远程控制功能，通常包括远程信息查询、远程充电控制、远程空调控制等。用户可以通过收集应用程序实时查询车辆状态，包括电池 SOC 值、续驶里程、空调状态、电池温度等，也可以进行远程充电控制和远程空调控制。汽车厂可以通过远程控制功能收集车辆信息进行常见故障归类，为后续的开发工作节省成本，还可以进行远程软件升级。

三、新能源汽车整车控制器工作原理

(一)整车唤醒模式

1. ON 挡唤醒

当点火开关位于 ON 挡时，整车控制器和数据采集终端均会收到唤醒信号，使其开始工作，如图 3-3 所示。

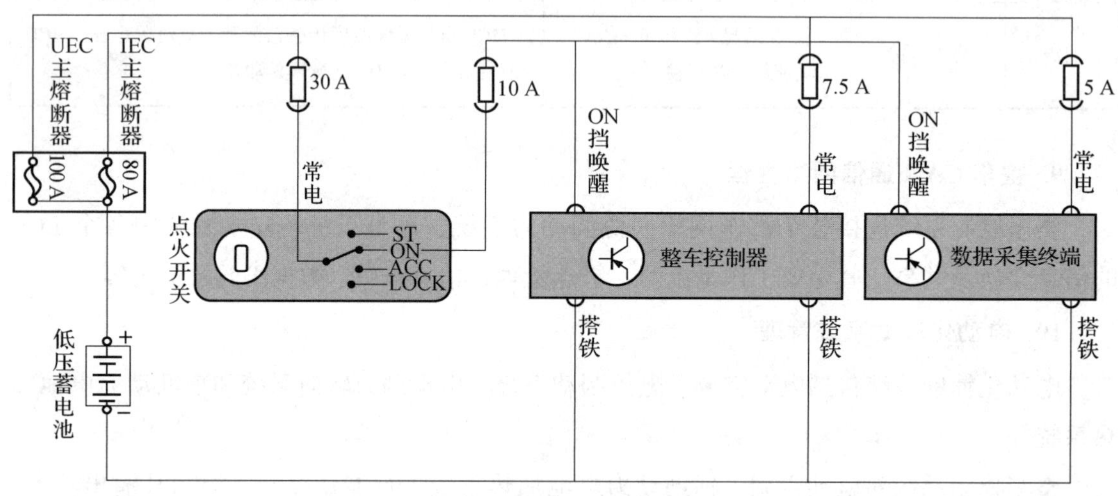

图 3-3　ON 挡唤醒

2. 慢充唤醒

当车辆与慢充桩连接完成后，首先激活车载充电机，然后由车载充电机给整车控制器和数据采集终端发送慢充唤醒信号，如图 3-4 所示。

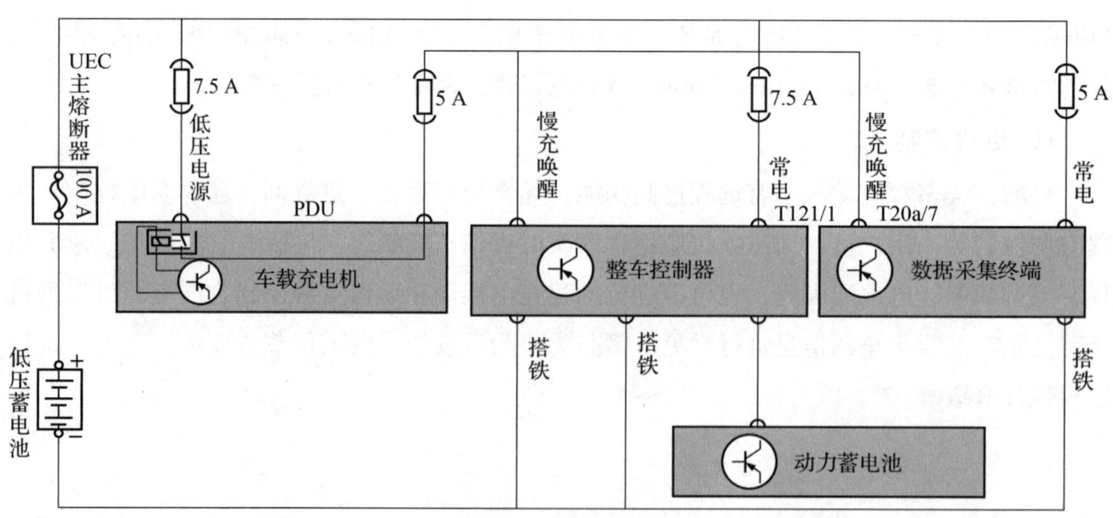

图 3-4　慢充唤醒

3. 远程控制唤醒

车辆远程控制功能被激活以后，由数据采集终端向整车控制器发送远程唤醒信号，如图 3-5 所示。

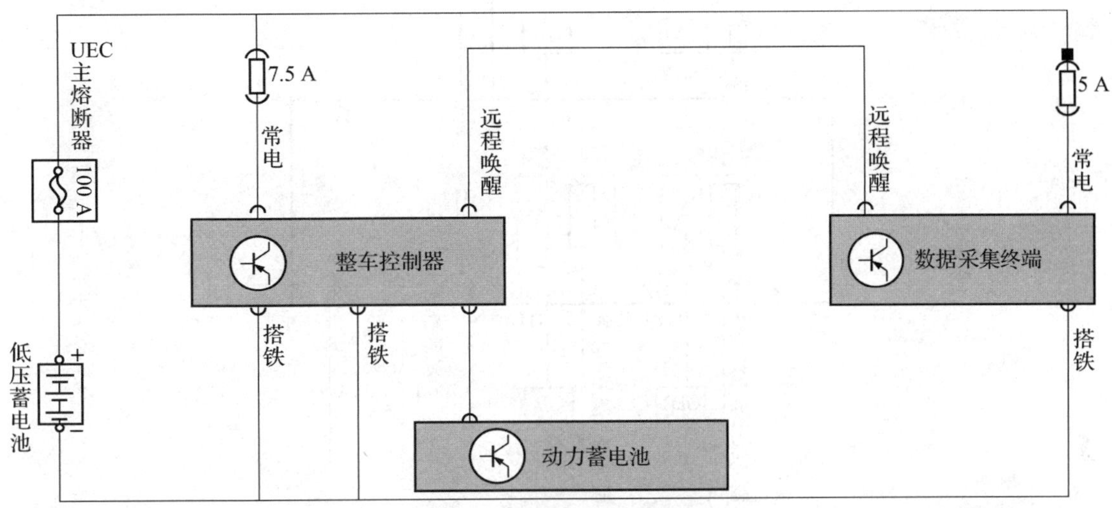

图 3-5　远程控制唤醒

(二)整车高压配电控制

新能源汽车工作电压通常在 DC 300 V 以上，工作电流高达上百安，对高压配电系统的设计及高压零部件的选用要求非常严格。从整车空间和架构的优化及生产成本方面考虑，业界广泛采用高压电气系统集中式配电架构。高压动力电源首先进入高压配电盒，然后根据系统需求分配到各个高压电气部件，保证了整个高压系统的安全性、绝缘性、抗电磁干扰及耐振动等性能。

目前，新能源汽车上采用的高压配电盒大都沿用工业高压配电箱的设计理念，通过高压继电器控制电路的接通与断开，用熔断器保护高压电路及高压部件的安全性。此外，对于大的容性负载，如电机驱动器和 DC/DC 变换器，还需要进行预充电处理及状态监控。高压配电盒大多采用散热及抗振动性能优良的铝合金壳体，具有较高的密封防水等级，在寿命、功耗、体积及质量上也有较大的优势。

北汽 EV160 的高压电是通过高压盒来完成动力蓄电池电源的输出及分配，实现对支路用电器的保护及切断。高压盒上面设有动力蓄电池插接件、快充插接件、电机控制器插接件、高压附件插接件以及低压控制插接件。PTC 熔断器、空调压缩机熔断器、DC/DC 变换器熔断器、载充电机熔断器也集成在高压盒内，如图 3-7 所示。

北汽 EV160 高压盒控制电路及内部结构，如图 3-6、图 3-7 所示。

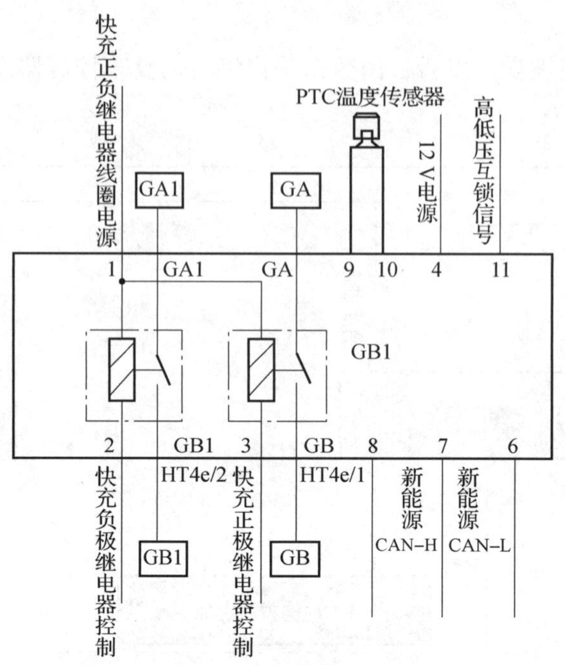

图 3-6　北汽 EV160 高压盒控制电路

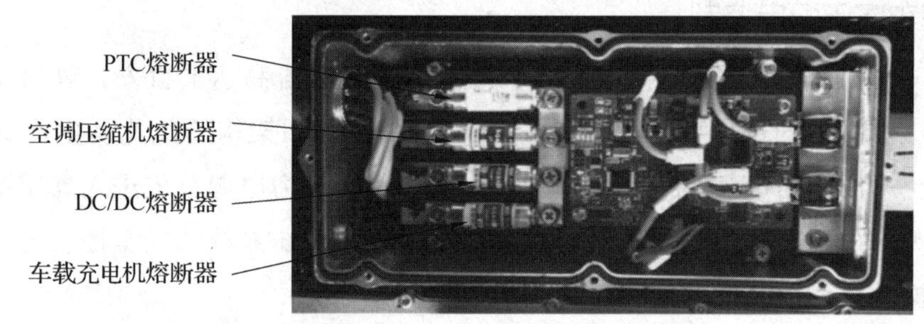

图 3-7　北汽 EV160 高压盒内部结构

四、整车高压互锁控制

高压互锁回路(HVIL)也叫作危险电压互锁回路。它使用低压信号来检查整个高压产品、导线、连接器及护盖的电气完整性(连续性)，可在高压回路异常断开时及时断开高压电源。当整车发生碰撞时，碰撞传感器发出碰撞信号，也会触发 HVIL 断电信号，从而使整车高压电源在毫秒级时间内自动断开，以保障用户的安全。

(一)高压互锁结构原理

高压互锁回路包括高压互锁系统、HVIL 信号回路和监测器等。HVIL 信号用于监测高

压供电回路的完整性，它分为两种形式：一种是与高压电源线并联，并在所有高压连接器端与连接器监测器相连接，将所有的连接器串接起来组成一个完整的回路；另一种为各个高压部件控制器负责监测各自的 HVIL 信号，只有当高压系统的全部控制器都收到 HVIL 接通信号时，才允许接通高压电源。

高压互锁装置的插接件由高压电源正、负极和中间互锁端子组成。当插接件处于结合状态时，中间互锁端子为接通状态，说明高压回路完整，如图 3-8(a)所示；拔开插接件后，互锁端子为分离状态，说明高压回路被断开，如图 3-8(b)所示。

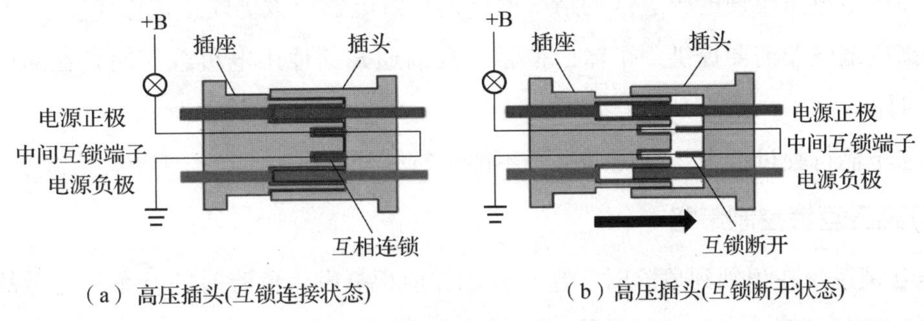

（a）高压插头(互锁连接状态)　　（b）高压插头(互锁断开状态)

图 3-8　高压插头状态

当新能源汽车的动力蓄电池、DC/DC 变换器、电机控制器、高压盒以及空调压缩机等高压系统连接的完整性遭到破坏时，车辆会及时启动安全措施，发出报警信号并切断高压电路，以确保人员和车辆的安全。根据监测对象不同，高压互锁监测器可分为两类：一类用于监测高压连接器的连接是否完好；另一类用于监测高压部件的保护盖是否开启。

1. 高压连接器监测器

高压连接器监测器是将监测器与连接器集成为一体，利用压接的方法在连接器自锁结构上增加电气连接作为自锁回路短接信号，在断开高压母线时，该信号线也随之断开，HVIL 就会触发高压断电信号。

2. 高压部件开盖监测器

高压部件开盖监测器的结构类似于连接器，一端安装于高压部件保护盖上，另一端安装于高压部件主体内，当保护盖开启时，连接器也随之断开，HVIL 信号中断。在新能源汽车上，需要设置开盖监测器的高压部件主要有驱动电机控制器、DC/DC 变换器、高压配电箱、车载充电机和空调压缩机等。

新能源汽车的高压继电器为高压互锁系统切新高压电源的执行部件，在高压互锁系统识别到危险情况时应能迅速断开。系统对高压继电器的设置要求如下：

(1)高压继电器的位置应尽可能地接近动力蓄电池电源侧，以减小断电时继续储能的电路。

(2)高压继电器的初始状态应为常开状态，需要控制单元给予安全信号方能闭合，以避免高压电路误接通。

(3)高压继电器复位时需要施加额外信号，只有在系统能够自行确认已排除高压危险故障后才可以复位。

(4)高压继电器应具备自诊断能力，可以检测自身故障并予以显示。

(5)在供电电路出现电压过低的情况时，高压继电器应该仍能正常操作。

(6)高压继电器需要提供一个输出信号，提前通知其他用电负载，使其在断电前有一定的响应时间。

(7)在车辆行驶过程中，高压继电器不能强行断开。

(二)高压互锁控制策略

高压互锁系统在识别到危险时，整车控制器应根据发生危险时的行车状态及故障危险程度进行相应的控制。高压互锁系统主要的控制方式如下：

高压互锁系统在新能源汽车的任何工作状态下识别到危险时，都应当对危险情况做出报警提示。通过仪表以声光报警的形式提醒驾驶人注意车辆异常情况，并及时进行处理，避免发生安全事故。

(1)降功率运行。在车辆高速运行时，当高压互锁系统识别到危险情况后，不能马上切断高压电源，应首先通过故障报警提示驾驶人控制车辆，降低运行功率，使整车的高压系统转为较小负荷区域运行，同时也给驾驶人安全靠边停车留出缓冲时间。此时，整车控制器也会主动进行降功率控制，尽量降低发生高压危险的可能性。

(2)切断高压。当车辆处于停止状态，高压系统识别到严重危险情况时，除了进行故障报警以外，还应控制高压继电器断开，切断高压电源，以确保人身和财产安全。

五、整车高压绝缘监测

新能源汽车采用电力驱动系统，内部有几百伏的高压电，有着极高的绝缘要求。而汽车是一个不断运动的物体，受使用年限增加、系统振动、部件老化、温湿度变化等因素的影响，都有可能导致车辆整体绝缘性能的下降，不仅会影响车辆正常运行，还将危及驾乘人员的人身安全。

整车报绝缘故障后，很可能会导致整车上高压失败而无法行驶。绝缘监测功能是整车非常重要的一项功能，更是新能源汽车的标志性功能，该功能是由电池管理系统来实现的。当前主流的绝缘监测方法有电桥法和交流注入法两种：电桥法又称被动监测法，必须有高压才能进行绝缘监测；交流注入法又称主动监测法，只需 12 V 低压蓄电池上电，即可完成绝缘监测功能。动力蓄电池正、负极通过绝缘层与底盘构成电流回路，当整车绝缘电阻下降时，漏电电流就会增大，当漏电电流达到一定值时，将危及乘客安全以及整车电气系统的正常运行。新能源汽车的绝缘电阻监测系统主要是通过在正极动力电缆与底盘、负极动力电缆与底盘之间分压的方式，来测量动力电缆相对于车辆底盘的绝缘程度。为了简化结构，通常将绝缘电阻监测模块设在动力蓄电池系统内，并把绝缘电阻监测功能集成到 BMS 上，如图 3-9 所示。

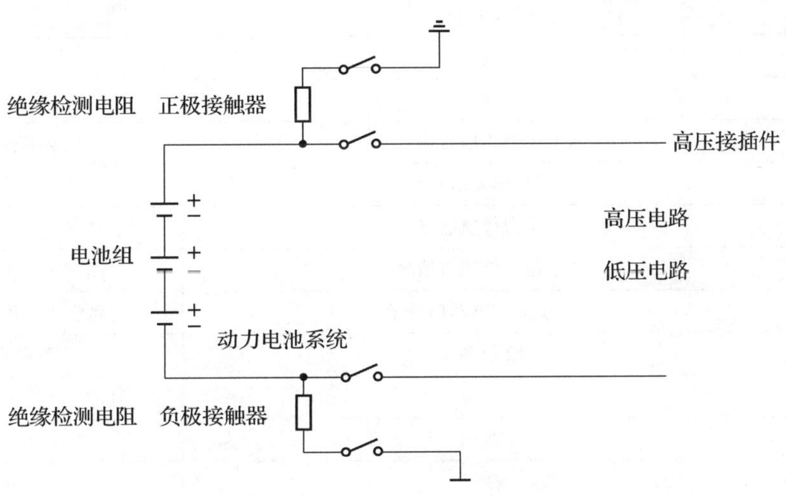

图 3-9　绝缘电阻检测电路

动力蓄电池系统的绝缘电阻分为正极与外壳间的电阻和负极与外壳间的电阻两部分。在高压电断开的情况下，用绝缘表测量正对地和负对地的绝缘阻值，均应大于或等于 500Ω/V，否则为不合格。

六、比亚迪新能源汽车整车控制系统

比亚迪通过主控制器和高压电控总成协同进行车辆控制。主控制器位于副仪表台下方。

主控制器主要用于采集水温传感器信号、车速传感器信号以及真空压力传感器信号，进而控制电子真空泵冷却循环系统、双散热电子风扇系统等的工作。

比亚迪秦主控制器设有两个低压接插件，分别为 32PIN 和 16PIN，其端子定义见表 3-2和表 3-3。

表 3-2　主控制器 32PIN 低压接插件端子定义

序号	端子定义	线束连接
1	空	–
2	制动信号输入	制动开关
3	空	–
4	真空泵继电器检测	真空泵继电器 1 脚
5	空	–
6	空	–
7	+5 V 预留	–
8	+5 V 预留	–
9	空	–
10	空	–
11	水温传感器信号输入	水温传感器 C 脚
12	水温传感器信号地	水温传感器 A 脚
13	真空压力传感器电源	真空压力传感器 1 脚
14	真空压力传感器信号	真空压力传感器 3 脚
15	真空压力传感器信号地	真空压力传感器 2 脚
16	12 电源	双路电源
17	空	–
18	空	–
19	空	–
20	信号输入(预留)	–
21	空	–
22	空	–
23	信号输入(预留)	–
24	信号输入(预留)	–
25	信号输入(预留)	–
26	车速传感器输入	车速传感器 2 脚
27	空	–
28	空	–
29	空	–
30	电源地	车身地
31	空	–
32	空	–

表 3-3　主控制器 16PIN 低压接插件端子定义

序号	端子定义	线束连接
1	CAN-L	动力网
2	真空泵起动控制 2	真空泵继电器 2 控制脚
3	I/O 输出(预留)	-
4	冷却风扇低速继电器控制输出	低速继电器控制脚
5	冷却风扇高速继电器控制输出	高速继电器控制脚
6	I/O 输出(预留)	-
7	空	-
8	车速信号输出 2(预留)	-
9	CAN-H	-
10	I/O 输出(预留)	-
11	I/O 输出(预留)	-
12	真空泵启动控制 1	真空泵继电器 1 控制脚
13	空	-
14	空	-
15	空	-
16	车速信号输出 1(预留)	-

(一)冷却系统控制

冷却系统由电子真空泵冷却循环系统、双散热电子风扇等部件组成。电子真空泵安装在驱动电机前部底端，冷却系统加注乙二醇型长效防锈防冻液(常温型：冰点-25 ℃，适用于南方全年及北方夏季；耐寒型：冰点-40 ℃，适用于北方冬季)，加注量为 6.2 L。

冷却系统由主控制器进行控制，通过对水温传感器的检测并参考空调请求状态，共同决定对冷却风扇和冷凝风扇的控制，确保各系统在正常温度下工作。风扇的工作条件如下：

(1)冷却液温度 40~50 ℃时为低速请求；大于 55 ℃时为高速请求。

(2)智能功率模块(IPM)温度 53~64 ℃时为低速请求；大于 64 ℃时为高速请求；大于 85 ℃时报警。

(3) IGBT 温度 55~75 ℃时为低速请求；大于 75 ℃时为高速请求；大于 90 ℃时限制功率输出；大于 100 ℃时报警。

(4) 电机温度 90~110 ℃时为低速请求；大于 110 ℃时为高速请求。

(二)制动系统控制

电控制动系统主要由电子真空泵、真空压力传感器、制动主缸带真空助力器等部件组成。该系统由主控制器进行控制，通过对真空压力传感器和制动踏板传感器的检测，实现对真空泵的控制，并在真空压力传感器发生故障时提供足够的制动力，以保证行车安全。

电子真空泵起停条件：车速<60 km/h 时，真空度低于 60 时启动，真空度达到 75 时关闭；车速≥60 km/h 时，真空度低于 70 时启动，真空度达到 75 时关闭。

比亚迪的加速踏板位置、制动踏板位置、电机旋转变压器、电机温度等信号输送至高压电控总成进行车辆控制，运算数据通过 CAN 总线与其他控制单元进行通信。用于检测车辆状态的相关参数由低压 64PIN 接插件线束完成信号传输。

七、北汽新能源汽车整车控制系统

1. 整车控制策略

北汽新能源汽车整车控制器控制车辆动力输出的核心流程，包括工况判断、确定需求转矩、转矩限制和转矩输出四个环节，主要控制内容如图 3-10 所示。信号处理的优先顺序是制动信号、转向故障、转矩需求、辅助电器。

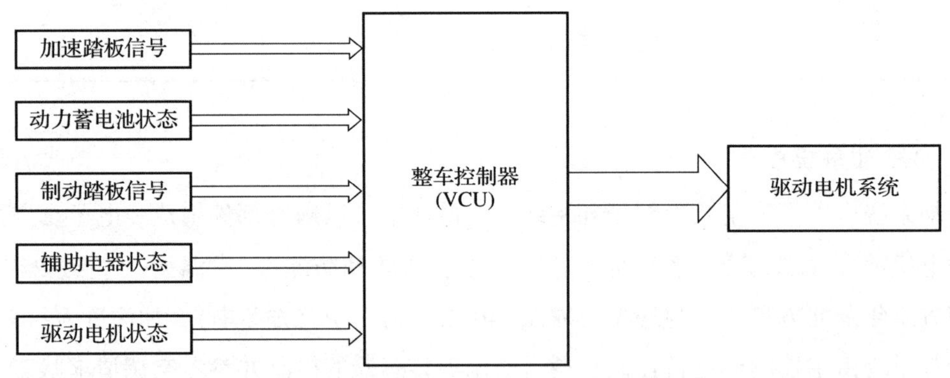

图 3-10　整车控制器主要控制内容

2. 挡位控制

采用旋钮式换挡结构，挡位控制电路如图 3-11 所示。

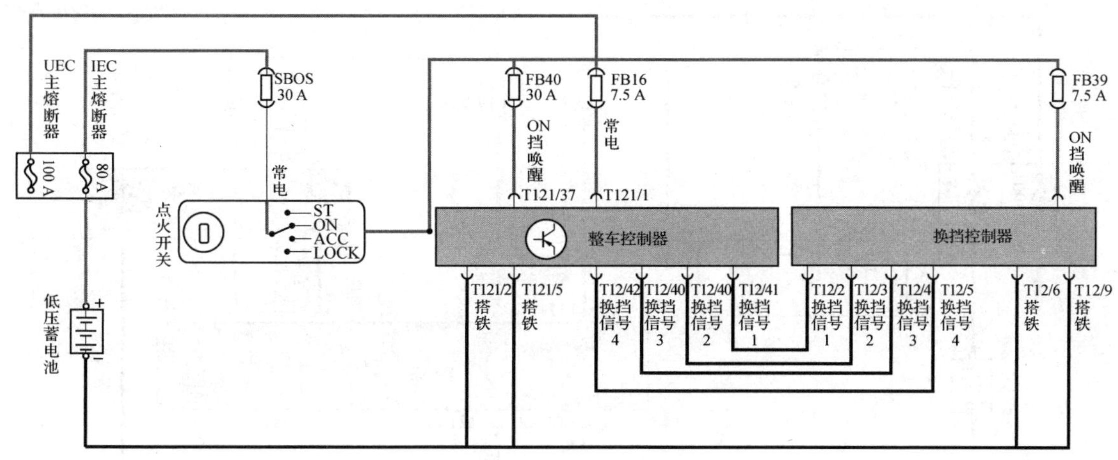

图 3-11　挡位控制电路

换挡机构输入 VCU 的是四路模拟电压信号，信号输入后首先进行高、低有效性判断和故障诊断。旋钮式换挡机构高有效判断区间为 2. 8～4. 95 V，低有效判断区间为 0. 1～0. 9 V。换挡旋钮开关的逻辑状态见表 3-4。

表 3-4　换挡旋钮开关的逻辑状态

档位	信号 1	信号 2	信号 3	信号 4
R 挡	1	1	0	0
N 挡	1	0	0	1
D 挡	0	1	0	1
E 挡	0	1	1	0
无效	——	——	——	——

3. 能量回收

北汽新能源汽车的换挡旋钮上方设有能量回收按钮，可以调节能量回收的多少，其控制电路如图 3-12 所示。制动时，车辆进入能量回收模式，通过驱动电机将车辆的一部分动能转化为电能，然后存储在动力蓄电池系统中。驾驶人可以通过换挡辅助按钮对制动能量回收强度进行设置，共有三个挡位，即 1 挡、2 挡和 3 挡，初始默认设置为 1 挡。制动能量回收强度随挡位数字的大小而增大或减小，强度最低为 1 挡，其次为 2 挡，最高为 3 挡。制动能量回收功能激活时，行车电脑显示屏指示灯亮起，系统进入制动能量回收模式。组合仪表上制动能量回收强度挡位的显示，不随 R、N、D、S 挡位切换或整车故障等发生变化或熄灭，它只代表驾驶人对制动能量回收强度挡位的设置结果。

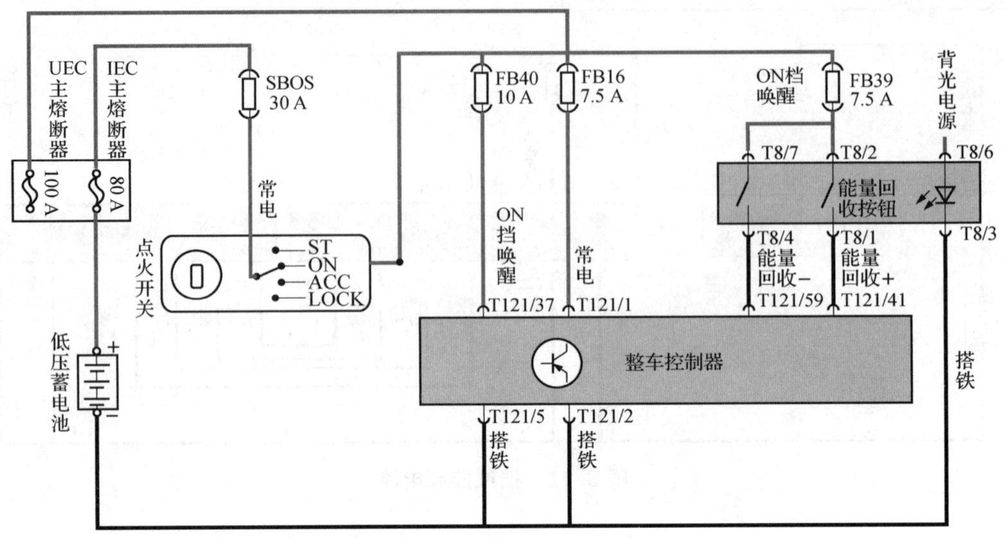

图 3-12　能量回收控制电路

4. 电子节气门系统

新能源汽车的加速踏板采用了电子节气门系统，通过踏板的旋转角度来传递驾驶人的操作意图，提高了整体系统的可靠性。利用滑片电阻测量加速踏板的偏转角度，还可以利用霍尔元件制成的角度传感器实现非接触式测量。北汽 EV160 电子节气门控制电路如图 3-13 所示。

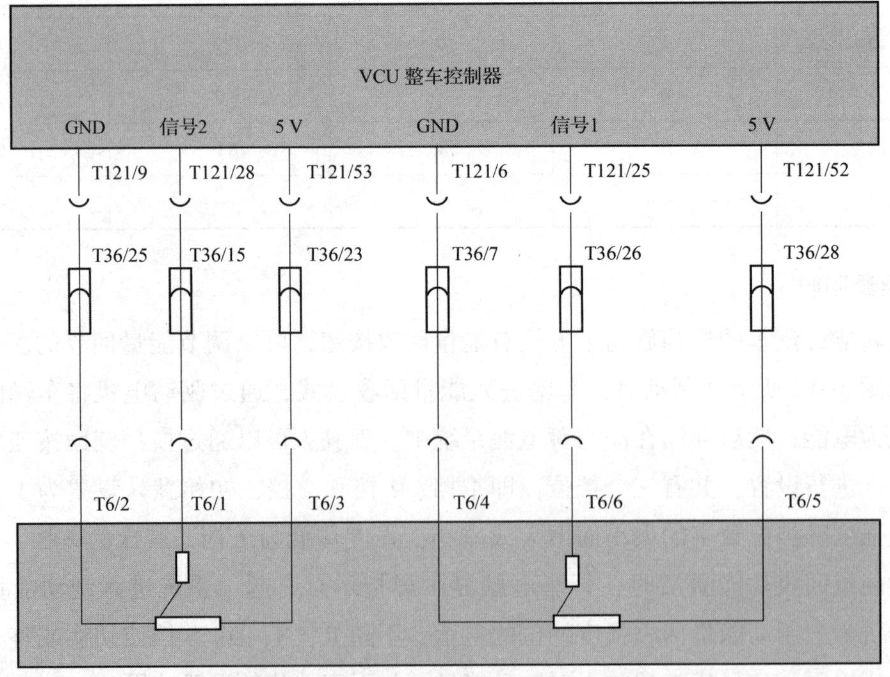

图 3-13　北汽 EV160 电子节气门控制电路

加速踏板的工作电压为 5 V，工作电流约为 8 mA。节气门开度为 0 时，信号 1 电压为(0.75±0.1) V，信号 2 电压为(4.45±0.2) V；节气门开度为 100% 时，信号 1 电压为(0.375±0.05) V，信号 2 电压为(2.225±0.1) V。

5. 电动真空泵

制动系统的真空助力效果关系到汽车的行驶安全。在汽车制动助力系统中，如果真空助力器不能有效地获得真空或获得的真空不足，将导致制动系统助力效果变差，从而严重影响行车安全。电动汽车采用电机驱动，取消了传统的发动机，因此采用了电动真空泵技术。它利用车载电源提供动力，推进泵体上的电机进行活塞运动，从而产生真空，为车辆的液压制动系统提供唯一、可靠的真空来源，从而有效地提高整车的制动性能。通过真空压力传感器的检测以及逻辑判断，控制电动真空泵的运作，可以保证将助力器内的真空度维持在一定的水平，为车辆行驶提供良好的制动效能，保障行车的安全性。

北汽 EV160 电动真空泵控制电路如图 3-14 所示。真空压力传感器工作电源电压为 5 V，传感器信号输出范围为 0.5~4.5 V。

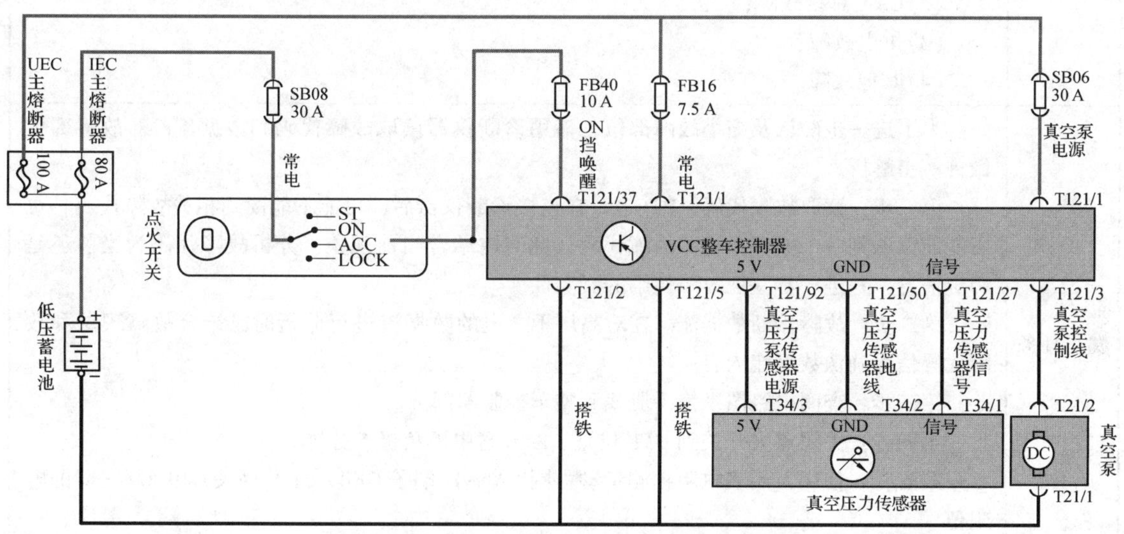

图 3-14　北汽 EV160 电动真空泵控制电路

电动真空助力系统的工作受真空压力传感器控制，当驾驶人启动车辆时，12 V 电源接通，电子控制系统模块开始自检，延时模块接通闭合的真空度为 55 kPa，则真空压力传感器输出相应电压值至整车控制器，控制电动真空泵开始工作；当真空度达到设定值 70 kPa 后，真空压力传感器输出相应电压值至整车控制器，控制器控制真空泵停止工作；当真空罐内的真空度因制动消耗而小于设定值时，电动真空泵再次开始工作，如此循环。

任务一　整车控制器 CAN 总线故障诊断与检测

任务单	任务一　整车控制器 CAN 总线故障诊断与检测
任务名称	整车控制器 CAN 总线故障诊断与检测
任务描述	整车控制器 CAN 总线出现故障，高压无法上电
任务分析	VCU 主要通过 CAN 总线接收和发送信号，主要连接 VCU、BMC、OBC 等模块。各单元之间除了数据交换之外，仪表还在原有的基础上显示 SOC、电压充电状态、动力电池状态等信号，这些信号都是通过 CAN 总线进行传输的。如果 CAN 总线出现异常，将导致 VCU 无法和上述单元交换信号，导致整车启动保护模式，高压无法上电。 请求指令根据控制原理图推断，可能出现的原因有： (1)整车控制器故障； (2)CAN 总线故障； (3)供电故障； (4)其他故障。
学习任务	为了进一步确认及缩小故障部位，借用诊断仪器读取故障代码和数据流，对故障部位做进一步解析。 第一步：读取故障代码(DTC)。在连接诊断仪器后，可能不能读到相关故障代码，也可能能读取到一个或多个相关故障代码，此时应结合当前现象，分析故障代码为当前还是历史信息，并进一步验证故障代码的真实性。 第二步：故障诊断数据流。在对高压不上电的数据流进行分析时，结合故障现象和故障代码信号确认数据流内容。 第三步：查阅电路图维修手册找到整车控制器部分。 第四步：关闭点火开关到 OFF 位置，断开蓄电池负极 5 分钟。 第五步：使用万用表电阻挡测量动力网 CAN-H 端子 GK49/21 与网关 G19-09 之间的电阻值。 第六步：使用万用表测量动力网 CAN-L 端子 GK49/22 与网关 G19-10 之间的电阻值。
劳动组合	小组成员以及分工情况。
成果展示	(1)过程的视频、图片； (2)思维导图总结； (3)记录作业的表格、工作单等。
学习小结	

评价标准	项目	自评	小组互评	教师评价	总评
	知识目标				
	技能目标				
	素质目标				
	素质				
	创新点				

工　单

工单	任务一　整车控制器 CAN 总线故障诊断与检测
任务实施	本任务以比亚迪秦 EV 整车故障检测实训台进行任务实施

实训目的：

- 掌握整车控制器的诊断思路与方法。
- 能够独立诊断 CAN 总线故障。

一、安全准备工作

(1)整车或实训台架进入工位前，将工位清理干净。

(2)做好个人防护。要求使用符合要求的绝缘手套、护目镜、绝缘鞋、工作服等。

(3)做好车辆防护。车内三件套(方向盘套、座椅套、脚垫)。

(4)维修手册、绝缘工具。

二、设备设施(见图 1)

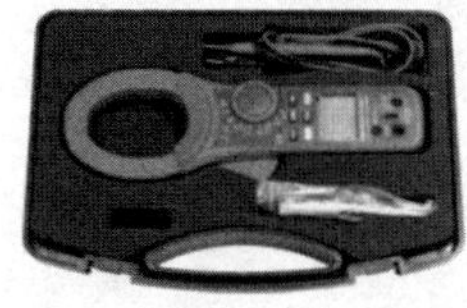

万用表

耐磨手套、绝缘手套

解码仪

秦 EV 整车故障检测实训台

图 1　设备设施

三、故障诊断

1. 故障现象

启动车辆，OK 灯未亮，ECO 经济模式丢失，胎压告警灯点亮，ESP 告警灯点亮，仪表提示请检查电子驻车系统、检查动力系统、检查 ESP 系统(见图 2)。

图 2　仪表显示

2. 车辆基本功能检查

启动车辆，检查车辆蓄电池、仪表、空调、制动、充电机、挡位、娱乐系统等功能是否异常。

3. 车辆初步检查

关闭启动开关，断开蓄电池负极并做好绝缘处理，穿戴防护用具，主要检查高压、低压等插接件有无松动、破损等现象。

4. 连接故障诊断仪检查

将故障诊断仪连接至车辆，看能否正常进入，读取故障码和数据流进行初步判断。

5. 故障原因分析

根据控制原理图推断，可能出现的原因有：

(1)整车控制器故障。

(2)CAN 总线故障。

6. 排故步骤

启动车辆，使用解码仪扫描故障，电池管理器显示故障，读取故障码，显示与空调通信故障和与整车控制器通信故障。接下来就要使用检测工具对电池管理器电路进行测试来验证。

测试前工作：检查并将万用表校表。

步骤 1：将万用表调至电阻挡(见图 3)。

图 3　万用表

步骤 2：关闭点火开关到 OFF 位置，断开蓄电池负极 5 分钟。

步骤 3：使用万用表电阻挡测量动力网 CAN-H 端子 GK49/21 与网关 G19-09 之间的电阻值，测量值为 4.48 MΩ(标准小于 2 Ω)，异常(见图 4)。

图 4　测量值(一)

步骤 4：使用万用表测量动力网 CAN-L 端子 GK49/22 与网关 G19-10 之间的电阻值，测量值为 1.3 Ω(标准小于 2 Ω)，正常(见图 5)。

图 5　测量值(二)

步骤 5：综合以上检验结果可推断，OK 灯不亮是因为整车控制器中 GK49/21 号端子与网关 G19-09 号端口之间线束故障导致(见图 6)。

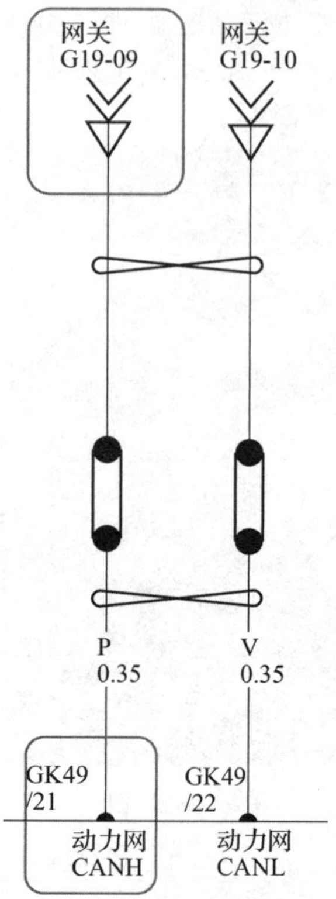

图 6　故障线束

步骤 6：将故障修复，重新启动车辆，仪表显示正常，汽车正常上电，故障排除(见图 7)。

图 7　仪表显示

7. 故障机理分析

VCU 为车辆管理主要模块，如果 VCU 的 CAN 通信线路存在故障，造成 VCU 无法进行数据信号传输，导致整车高压控制、车辆驱动控制瘫痪，各单元无法获知当前车辆状态、驱动控制状态等，各单元自动关闭内部的执行功能，导致整车高压不上电，车辆无法运行。

8. 任务测评

<table>
<tr><td>考核模块</td><td colspan="4">整车控制器 CAN 总线故障诊断与检测</td></tr>
<tr><td>班级</td><td></td><td>学号</td><td colspan="2"></td></tr>
<tr><td>团队名称</td><td></td><td>考核日期</td><td colspan="2"></td></tr>
<tr><td>考核评分项</td><td>内容</td><td>评分标准</td><td>配分</td><td>得分</td></tr>
<tr><td rowspan="7">安全准备</td><td>安全隔离带是否拉起</td><td rowspan="7">未完成 1 项扣 1 ~ 3 分，扣分不得超 15 分</td><td rowspan="7">15</td><td rowspan="7"></td></tr>
<tr><td>安全警示牌是否摆放</td></tr>
<tr><td>工装是否穿戴</td></tr>
<tr><td>手套是否佩戴</td></tr>
<tr><td>车挡块是否放好</td></tr>
<tr><td>翼子板布围挡是否铺好</td></tr>
<tr><td>车内三件套是否铺好</td></tr>
<tr><td rowspan="7">车辆仪表及功能检查</td><td>车辆启动是否正确</td><td rowspan="7">未完成 1 项扣 1 ~ 3 分，扣分不得超 15 分</td><td rowspan="7">15</td><td rowspan="7"></td></tr>
<tr><td>仪表指示灯描述</td></tr>
<tr><td>车辆挡位功能检查</td></tr>
<tr><td>空调功能检查</td></tr>
<tr><td>制动功能检查</td></tr>
<tr><td>充电功能检查</td></tr>
<tr><td>其他功能检查</td></tr>
<tr><td rowspan="2">车辆初步检查</td><td>检查低压控制端有无松动、破损</td><td rowspan="2">未完成 1 项扣 2 ~ 5 分，扣分不得超 10 分</td><td rowspan="2">10</td><td rowspan="2"></td></tr>
<tr><td>检查车载充电机指示灯</td></tr>
<tr><td rowspan="5">工具及仪器的使用</td><td>诊断仪使用是否正确</td><td rowspan="5">未完成 1 项扣 3 ~ 5 分，扣分不得超 25 分</td><td rowspan="5">25</td><td rowspan="5"></td></tr>
<tr><td>数据流分析过程</td></tr>
<tr><td>故障码读取过程</td></tr>
<tr><td>示波器是否正确使用</td></tr>
<tr><td>示波器检测波形是否正确</td></tr>
<tr><td rowspan="2">资料、信息查询能力</td><td>维修资料、手册查询</td><td rowspan="2">未完成 1 项扣 1 ~ 3 分，扣分不得超 15 分</td><td rowspan="2">15</td><td rowspan="2"></td></tr>
<tr><td>电路图分析</td></tr>
<tr><td rowspan="5">数据、判读和分析</td><td>原因分析过程</td><td rowspan="5">未完成 1 项扣 3 ~ 5 分，扣分不得超 20 分</td><td rowspan="5">20</td><td rowspan="5"></td></tr>
<tr><td>是否下电操作</td></tr>
<tr><td>数据检测是否正确</td></tr>
<tr><td>故障点确定</td></tr>
<tr><td>故障修复</td></tr>
<tr><td>互评成绩</td><td></td><td>成绩</td><td>教师签字</td><td></td></tr>
</table>

学习成果

通过任务的学习和训练，学生能够正确描述故障现象，正确使用诊断测试工具；能根据工作原理结合故障现象分析整车控制器 CAN 总线故障原因；根据故障现象进行初步分析并制定诊断流程，按步骤进行故障排除，并完成任务工单的填写。学生分析问题、解决问题的能力得到了提高，职业素养和技能水平也得以提升。

拓展与提升

在比亚迪秦 EV 整车故障检测实训台给学生设置整车控制器的其他常见故障，让学生独立或分组完成排故，并填写诊断报告及相应工单，以考核学生掌握水平。

任务单

任务二　真空压力传感器信号故障诊断与检测

任务单	任务二　真空压力传感器信号故障诊断与检测
任务名称	真空压力传感器信号故障诊断与检测
任务描述	真空压力传感器信号故障诊断仪表有故障灯提示，动力输出受到限制
任务分析	VCU 根据制动开关判断车辆在上电过程中是否处于静止的安全状态，以及车辆行驶中驾驶员对车辆的控制意图。如果真空助力出现故障将导致制动受到影响，仪表提示故障信息。 根据控制原理图推断，可能出现的原因有： (1)整车控制器故障； (2)真空压力传感器电源故障； (3)真空压力传感器信号故障； (4)真空压力传感器地故障。
学习任务	为了进一步确认及缩小故障部位，借用诊断仪器读取故障代码和数据流，对故障部位做进一步解析。 第一步：读取故障代码(DTC)。在连接诊断仪器后，可能不能读到相关故障代码，也可能能读取到一个或多个相关故障代码，此时应结合当前现象，分析故障代码为当前还是历史信息，并进一步验证故障代码的真实性。 第二步：故障诊断数据流。在对高压不上电的数据流进行分析时，结合故障现象和故障代码信号确认数据流内容。 第三步：查阅电路图维修手册找到整车控制器部分。

<table>
<tr><td rowspan="1">学习任务</td><td colspan="5">第四步：使用万用表测量真空压力传感器电源输出端端子 GK49/11 与蓄电池负极之间的电压值。
第五步：使用万用表测量真空压力传感器电源输入端端子 BA31/1 与蓄电池负极之间的电压值。
第六步：关闭点火开关到 OFF 位置，断开蓄电池负极 5 分钟。
第七步：使用万用表电阻挡测量真空压力传感器信号 GK49/46 与 BA31/3 之间的电阻值。
第八步：使用万用表电阻挡测量真空压力传感器信号 GK49/53 与 BA31/2 之间的电阻值。</td></tr>
<tr><td>劳动组合</td><td colspan="5">小组成员以及分工情况。</td></tr>
<tr><td>成果展示</td><td colspan="5">(1)过程的视频、图片；
(2)思维导图总结；
(3)记录作业的表格、工作单等。</td></tr>
<tr><td>学习小结</td><td colspan="5"></td></tr>
<tr><td rowspan="6">评价标准</td><td>项目</td><td>自评</td><td>小组互评</td><td>教师评价</td><td>总评</td></tr>
<tr><td>知识目标</td><td></td><td></td><td></td><td rowspan="5"></td></tr>
<tr><td>技能目标</td><td></td><td></td><td></td></tr>
<tr><td>素质目标</td><td></td><td></td><td></td></tr>
<tr><td>素质</td><td></td><td></td><td></td></tr>
<tr><td>创新点</td><td></td><td></td><td></td></tr>
</table>

工　单

<table>
<tr><td>工单</td><td>任务二　真空压力传感器信号故障诊断与检测</td></tr>
<tr><td>任务实施</td><td>本任务以比亚迪秦 EV 整车故障检测实训台进行任务实施</td></tr>
<tr><td colspan="2">实训目的：
• 掌握整车控制器的诊断思路与方法。
• 能够独立诊断真空压力传感器信号故障。</td></tr>
<tr><td colspan="2">一、安全准备工作
(1)整车或实训台架进入工位前，将工位清理干净。
(2)做好个人防护。要求使用符合要求的绝缘手套、护目镜、绝缘鞋、工作服等。
(3)做好车辆防护。车内三件套(方向盘套、座椅套、脚垫)。
(4)维修手册、绝缘工具。</td></tr>
</table>

二、设备设施(见图 1)

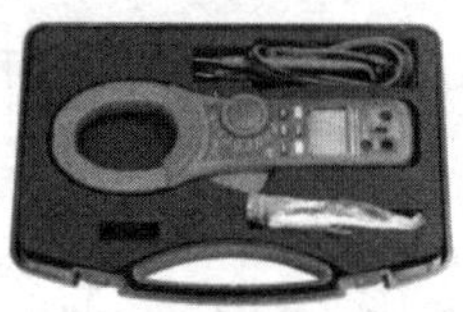
万用表

耐磨手套、绝缘手套

解码仪

秦 EV 整车故障检测实训台

图 1　设备设施

三、故障诊断

1. 故障现象

启动车辆，仪表上 OK 指示灯点亮，仪表显示请检查制动系统，真空助力泵不工作(见图 2)。

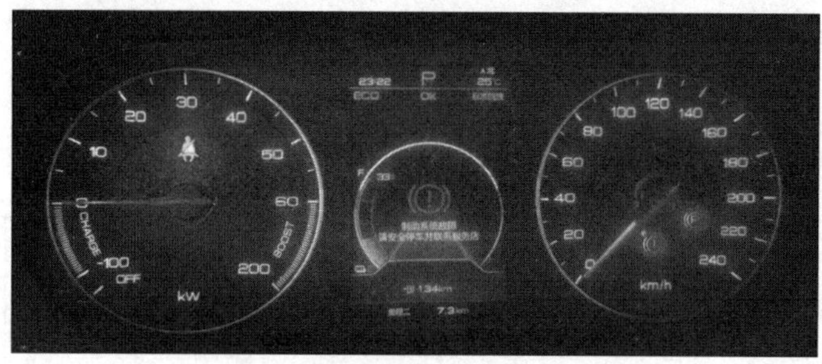

图 2　仪表显示

2. 车辆基本功能检查

启动车辆，检查车辆蓄电池、仪表、空调、制动、充电机、挡位和娱乐系统等功能是否异常。

3. 车辆初步检查

关闭启动开关，断开蓄电池负极并做好绝缘处理，穿戴防护用具，主要检查高压、低压等插接件有无松动、破损等现象。

4. 连接故障诊断仪检查

将故障诊断仪连接至车辆，看能否正常进入，读取故障码和数据流进行初步判断。

5. 故障原因分析

VCU 根据制动开关判断车辆在上电过程中是否处于静止的安全状态，以及车辆行驶中驾驶员对车辆的控制意图。如果真空助力出现故障将导致制动受到影响，仪表提示故障信息。根据控制原理图推断，可能出现的原因有：

(1)整车控制器故障；

(2)真空压力传感器电源故障；

(3)真空压力传感器信号故障；

(4)真空压力传感器地故障。

6. 排故步骤

启动车辆，使用解码仪扫描故障，电池管理器显示故障，读取故障码，故障码 P1D9A00，显示真空泵系统失效故障。接下来就要使用检测工具对真空压力传感器电路进行测试来验证。

测试前工作：检查并将万用表校表。

步骤 1：将万用表调至直流电压挡(见图 3)

图 3　万用表

步骤 2：使用万用表测量真空压力传感器电源输出端端子 GK49/11 与地之间的电压值，测量值为 5. 55 V(标准 5 V)，正常(见图 4)。

图 4　测量值(一)

步骤 3：使用万用表测量真空压力传感器电源输入端端子 BA31/1 与地之间的电压值，测量值为 5. 54 V(标准 5 V)，正常(见图 5)。

图 5　测量值(二)

步骤 4：关闭点火开关到 OFF 位置，断开蓄电池负极 5 min。

步骤 5：使用万用表电阻挡测量真空压力传感器信号 GK49/46 与 BA31/3 之间的电阻值，测量值为 23.45 kΩ(标准值为小于 2 Ω)，异常(见图 6)。

图 6　测量值(三)

步骤 6：使用万用表电阻挡测量真空压力传感器信号 GK49/53 与 BA31/2 之间的电阻值，测量值为 0.5 Ω(标准值为小于 2 Ω)，正常(见图 7)。

图 7　测量值(四)

步骤 7：综合以上检验结果可推断，制动系统故障是因为真空压力传感器信号 GK49/46 号端子与 BA31/3 号端口之间线束故障导致(见图 8)。

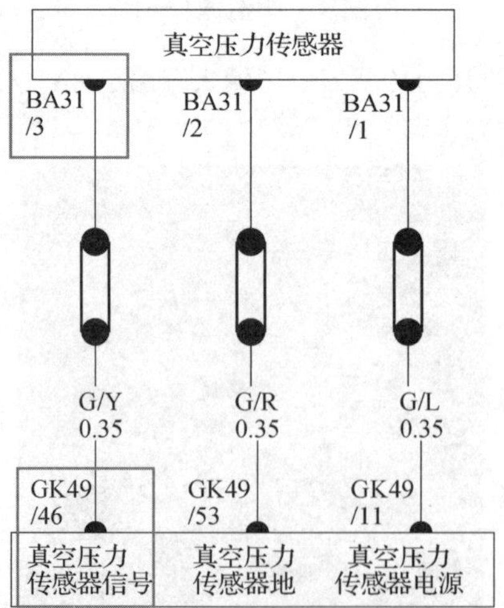

图 8　故障线束

步骤 8：将故障修复，重新启动车辆，仪表显示正常，汽车正常上电，故障排除(见图 9)。

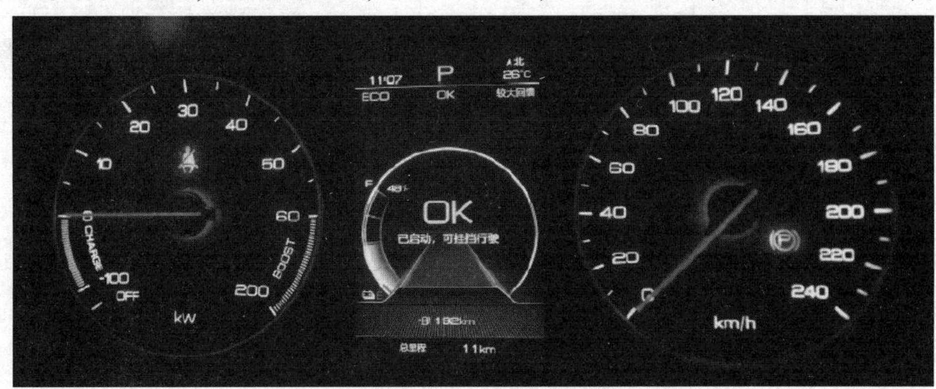

图 9　仪表显示

7. 故障机理分析

踩下制动踏板，VCU 通过制动信号来判断车辆状态是否符合运行条件。真空助力异常将导致制动受到影响，仪表显示故障信息。

8. 任务测评

考核模块	真空压力传感器信号故障诊断与检测			
班级		学号		
团队名称		考核日期		
考核评分项	内容	评分标准	配分	得分
安全准备	安全隔离带是否拉起	未完成 1 项扣 1～3 分，扣分不得超 15 分	15	
	安全警示牌是否摆放			
	工装是否穿戴			
	手套是否佩戴			
	车挡块是否放好			
	翼子板布围挡是否铺好			
	车内三件套是否铺好			
车辆仪表及功能检查	车辆启动是否正确	未完成 1 项扣 1～3 分，扣分不得超 15 分	15	
	仪表指示灯描述			
	车辆挡位功能检查			
	空调功能检查			
	制动功能检查			
	充电功能检查			
	其他功能检查			

续　表

考核评分项	内容	评分标准		配分	得分
车辆初步检查	检查低压控制端有无松动、破损	未完成 1 项扣 2 ~ 5 分，扣分不得超 10 分		10	
	检查车载充电机指示灯				
工具及仪器的使用	诊断仪使用是否正确	未完成 1 项扣 3 ~ 5 分，扣分不得超 25 分		25	
	数据流分析过程				
	故障码读取过程				
	示波器是否正确使用				
	示波器检测波形是否正确				
资料、信息查询能力	维修资料、手册查询	未完成 1 项扣 1 ~ 3 分，扣分不得超 15 分		15	
	电路图分析				
数据、判读和分析	原因分析过程	未完成 1 项扣 3 ~ 5 分，扣分不得超 20 分		20	
	是否下电操作				
	数据检测是否正确				
	故障点确定				
	故障修复				
互评成绩		成绩		教师签字	

学习成果

通过任务的学习和训练，学生能够正确描述故障现象，正确使用诊断测试工具；能根据工作原理结合故障现象分析真空压力传感器信号故障原因；根据故障现象进行初步分析并制定诊断流程，按步骤进行故障排除，并完成任务工单的填写。学生分析问题、解决问题的能力得到了提高，职业素养和技能水平也得以提升。

拓展与提升

在比亚迪秦 EV 整车故障检测实训台给学生设置整车控制系统其他常见故障，让学生独立或分组完成排故，并填写诊断报告及相应工单，以考核学生掌握水平。

任务三　加速踏板位置传感器故障诊断与检测

<table>
<tr><td>任务单</td><td>任务三　加速踏板位置传感器故障诊断与检测</td></tr>
<tr><td>任务名称</td><td>加速踏板位置传感器故障诊断与检测</td></tr>
<tr><td>任务描述</td><td>加速踏板位置传感器故障导致车辆无法运行，动力输出受到限制</td></tr>
<tr><td>任务分析</td><td>加速踏板位置传感器由两个传感器组成，分别有各自的供电电源、搭铁和信号线路。加速踏板位置传感器 1 的信号电压范围为 0.73~4.49 V，加速踏板位置传感器 2 信号电压范围为 0.35~2.25 V。加速踏板位置传感器 2 作为主信号，加速踏板位置传感器 1 作为辅助信号。如果传感器 1 出现故障，VCU 将以传感器 2 信号作为依据，对车辆进行控制；如果传感器 2 出现故障，VCU 无法确定驾驶人对车辆运行的转矩需求，MCU 无法控制驱动电机输出电流，车辆将不能行驶。
根据控制原理图推断，可能出现的原因有：
(1)油门深度传感器电源线路故障。
(2)油门深度传感器信号线路故障。
(3)油门深度传感器负极线路故障。
(4)油门深度传感器故障。</td></tr>
<tr><td>学习任务</td><td>为了进一步确认及缩小故障部位，借用诊断仪器读取故障代码和数据流，对故障部位做进一步解析。
第一步：读取故障代码(DTC)。在连接诊断仪器后，可能不能读到相关故障代码，也可能能读取到一个或多个相关故障代码，此时应结合当前现象，分析故障代码为当前还是历史信息，并进一步验证故障代码的真实性。
第二步：故障诊断数据流。在对高压不上电的数据流进行分析时，结合故障现象和故障代码信号确认数据流内容。
第三步：查阅电路图维修手册，找到充配电部分。
第四步：打开点火开关到 ON 位置。
第五步：使用万用表测量油门深度 2 电源端子 GK49/24 与地之间的电压值。
第六步：使用万用表测量传感器 2 电源端子 G44/2 与地之间的电压值。
第七步：关闭点火开关到 OFF 位置，断开蓄电池负极 5 分钟。
第八步：使用万用表电阻挡测量油门深度信号 2 端子 GK49/24 与传感器 2 信号端子 G44/2 之间的电阻值。
第九步：使用万用表电阻挡测量油门深度信号 2 端子 GK49/48 与传感器 2 信号端子 G44/1 之间的电阻值。</td></tr>
<tr><td>劳动组合</td><td>小组成员以及分工情况。</td></tr>
</table>

成果展示	(1)过程的视频、图片； (2)思维导图总结； (3)记录作业的表格、工作单等。				
学习小结					
评价标准	项目	自评	小组互评	教师评价	总评
	知识目标				
	技能目标				
	素质目标				
	素质				
	创新点				

工 单

工单	任务三　加速踏板位置传感器故障诊断与检测
任务实施	本任务以比亚迪秦 EV 整车故障检测实训台进行任务实施

实训目的：

- 掌握整车控制器的诊断思路与方法。
- 能够独立诊断加速踏板位置传感器故障。

一、安全准备工作

(1)整车或实训台架进入工位前，将工位清理干净。

(2)做好个人防护。要求使用符合要求的绝缘手套、护目镜、绝缘鞋、工作服等。

(3)做好车辆防护。车内三件套(方向盘套、座椅套、脚垫)。

(4)维修手册、绝缘工具。

二、设备设施(见图 1)

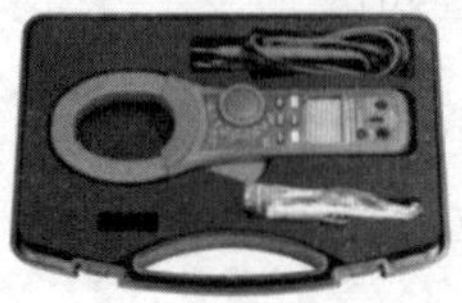

万用表

耐磨手套、绝缘手套

解码仪

秦 EV 整车故障检测实训台

图 1　设备设施

三、故障诊断

1. 故障现象

启动车辆，主告警灯点亮，OK 指示灯灯未亮，EV 功能受限(见图 2)。

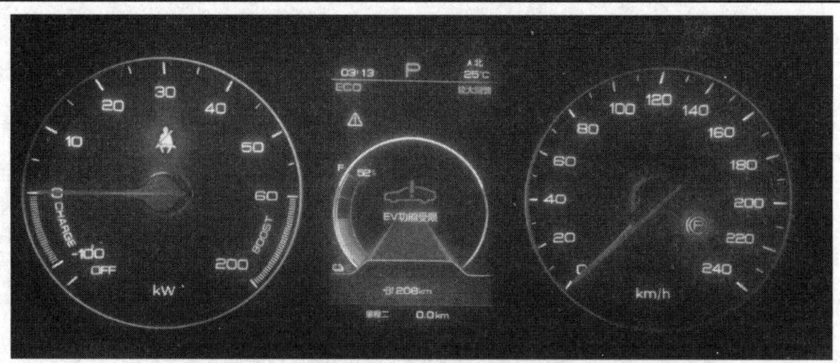

图 2　仪表显示

2. 车辆基本功能检查

启动车辆，检查车辆蓄电池、仪表、空调、制动、充电机、挡位、娱乐系统等功能是否异常。

3. 车辆初步检查

关闭启动开关，断开蓄电池负极并做好绝缘处理，穿戴防护用具，主要检查高压、低压等插接件有无松动、破损等现象。

4. 连接故障诊断仪检查

将故障诊断仪连接至车辆，看能否正常进入，读取故障码和数据流进行初步判断。

5. 故障原因分析

根据控制原理图推断，可能出现的原因有：

(1)油门深度传感器电源线路故障；

(2)油门深度传感器信号线路故障；

(3)油门深度传感器负极线路故障；

(4)油门深度传感器故障。

6. 排故步骤

启动车辆，使用解码仪读取车辆信息，发现整车控制器故障码：P1D7C00：油门踏板信号故障-2 信号故障；P1D6600：油门信号故障—校验故障。接下来我们通过检测工具对油门信号电路进行验证。

测试前工作：检查并将万用表校表。

步骤 1：将万用表调至直流电压挡(见图 3)

图 3　万用表

步骤 2：打开点火开关到 ON 位置。

步骤 3：使用万用表测量油门深度 2 电源端子 GK49/24 与地之间的电压值，测量值为 5.69 V(标准 5 V)，正常(见图 4)。

图 4　测量值(一)

步骤 4：使用万用表测量传感器 2 电源端子 G44/2 与地之间的电压值，测量值为 0 V(标准 5 V)，异常(见图 5)。

图 5　测量值(二)

步骤 5：关闭点火开关到 OFF 位置，断开蓄电池负极 5 分钟。

步骤 6：使用万用表电阻挡测量油门深度信号 2 端子 GK49/24 与传感器 2 信号端子 G44/2 之间的电阻值为无穷大(标准值小于 2 Ω)，异常。

步骤 7：使用万用表电阻挡测量油门深度信号 2 端子 GK49/48 与传感器 2 信号端子 G44/1 之间的电阻值，测量值为 0.8 Ω(标准值小于 2 Ω)，正常(见图 6)。

图 6　测量值(三)

步骤 8：综合以上检验结果可推断，动力系统故障是因为整车控制器中 GK49/24 号端子与加速踏板中 G44/2 号端口之间线束故障导致(见图 7)。

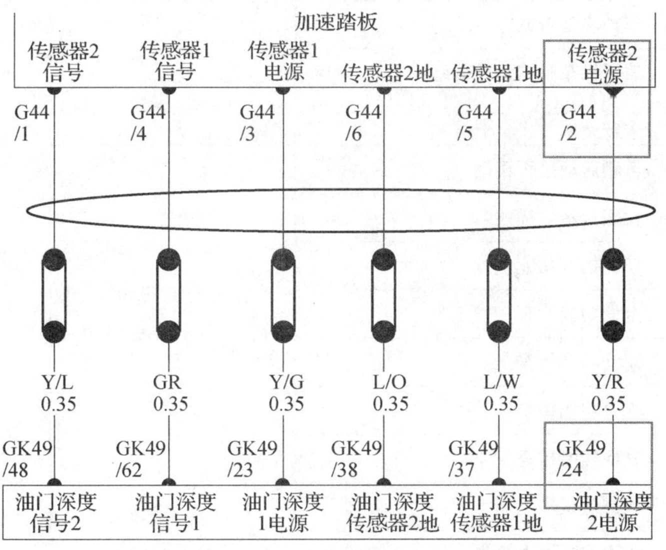

图 7　故障线束

步骤 9：将故障修复，重新启动车辆，仪表显示正常，汽车正常上电，故障排除(见图 8)。

图 8　仪表显示

7. 故障机理分析

为了保证系统的安全性，VCU 接收加速踏板位置传感器传输的两路信号来控制车辆行驶。其中加速踏板传感器 2 为主控制信号，加速踏板位置传感器 1 为辅助控制信号。如果信号 2 出现异常，将导致 VCU 无法准确判断驾驶员的需求，VCU 启动应急模式，车辆无法正常运行。

8. 任务测评

<table>
<tr><td>考核模块</td><td colspan="4">加速踏板位置传感器故障诊断与检测</td></tr>
<tr><td>班级</td><td></td><td>学号</td><td colspan="2"></td></tr>
<tr><td>团队名称</td><td></td><td>考核日期</td><td colspan="2"></td></tr>
<tr><td>考核评分项</td><td>内容</td><td>评分标准</td><td>配分</td><td>得分</td></tr>
<tr><td rowspan="7">安全准备</td><td>安全隔离带是否拉起</td><td rowspan="7">未完成 1 项扣 1 ~ 3 分，扣分不得超 15 分</td><td rowspan="7">15</td><td rowspan="7"></td></tr>
<tr><td>安全警示牌是否摆放</td></tr>
<tr><td>工装是否穿戴</td></tr>
<tr><td>手套是否佩戴</td></tr>
<tr><td>车挡块是否放好</td></tr>
<tr><td>翼子板布围挡是否铺好</td></tr>
<tr><td>车内三件套是否铺好</td></tr>
<tr><td rowspan="7">车辆仪表及功能检查</td><td>车辆启动是否正确</td><td rowspan="7">未完成 1 项扣 1 ~ 3 分，扣分不得超 15 分</td><td rowspan="7">15</td><td rowspan="7"></td></tr>
<tr><td>仪表指示灯描述</td></tr>
<tr><td>车辆挡位功能检查</td></tr>
<tr><td>空调功能检查</td></tr>
<tr><td>制动功能检查</td></tr>
<tr><td>充电功能检查</td></tr>
<tr><td>其他功能检查</td></tr>
<tr><td rowspan="2">车辆初步检查</td><td>检查低压控制端有无松动、破损</td><td rowspan="2">未完成 1 项扣 2 ~ 5 分，扣分不得超 10 分</td><td rowspan="2">10</td><td rowspan="2"></td></tr>
<tr><td>检查车载充电机指示灯</td></tr>
<tr><td rowspan="5">工具及仪器的使用</td><td>诊断仪使用是否正确</td><td rowspan="5">未完成 1 项扣 3 ~ 5 分，扣分不得超 25 分</td><td rowspan="5">25</td><td rowspan="5"></td></tr>
<tr><td>数据流分析过程</td></tr>
<tr><td>故障码读取过程</td></tr>
<tr><td>示波器是否正确使用</td></tr>
<tr><td>示波器检测波形是否正确</td></tr>
<tr><td rowspan="2">资料、信息查询能力</td><td>维修资料、手册查询</td><td rowspan="2">未完成 1 项扣 1 ~ 3 分，扣分不得超 15 分</td><td rowspan="2">15</td><td rowspan="2"></td></tr>
<tr><td>电路图分析</td></tr>
</table>

续　表

考核评分项	内容	评分标准		配分	得分
数据、判读和分析	原因分析过程	未完成 1 项扣 3～5 分，扣分不得超 20 分		20	
	是否下电操作				
	数据检测是否正确				
	故障点确定				
	故障修复				
互评成绩		成绩		教师签字	

学习成果

通过任务的学习和训练，学生能够正确描述故障现象，正确使用诊断测试工具；能根据工作原理结合故障现象分析故障原因；能根据加速踏板位置传感器故障现象进行初步分析并制定诊断流程，按步骤进行故障排除，并完成任务工单的填写。学生分析问题、解决问题的能力得到了提高，职业素养和技能水平也得以提升。

拓展与提升

在比亚迪秦 EV 整车故障检测实训台给学生设置整车控制系统其他常见故障，让学生独立或分组完成排故，并填写诊断报告及相应工单，以考核学生掌握水平。

课后习题

一、填空题

1. 整车控制系统通常由多个控制单元、________、控制器及________组成。

2. 整车控制器通过对________、________、空调系统、电加热系统等的协调和管理，实现延长动力电池使用寿命、提高整车能量利用效率、提高续驶里程的目的。

3. 整车控制系统根据________和________信号，解析驾驶员的驾驶意图（如加速、减速、制动等），即根据控制策略中相关的计算规则，将驾驶员发出的加速踏板信号和制动踏板信号转化为电机的转矩命令直接或通过 CAN 总线传送给电机控制器，控制电机控制器的输出功率。

4. 整车控制系统在满足车辆________、________、驾驶员舒适性、动力电池安全性的前提下，进行制动能量回馈，提高整车能量利用效率。

5. 整车控制系统将对车辆的运行状态进行实时监测，并通过原车 CAN 总线将各子系统的状态信息传送给________，包括显示仪表和中控系统。

6. 高压互锁回路(HVIL)也叫作危险电压互锁回路。它使用________来检查整个高压产品、导线、连接器及护盖的电气完整性(连续性)，可在高压回路异常断开时及时断开高压电源。

7. 比亚迪的加速踏板位置、制动踏板位置、电机旋转变压器、电机温度等信号输送至高压电控总成进行车辆控制，运算数据通过________与其他控制单元进行通信。

8. 北汽新能源汽车整车控制器控制车辆动力输出的核心流程，包括________、________、________和________四个环节。

9. 新能源汽车的加速踏板采用了电子节气门系统，通过________来传递驾驶人的操作意图，提高了整体系统的可靠性。

10. 制动系统的________效果关系到汽车的行驶安全。

二、选择题

1. (　　)警告标记用于指明可能出现高压电的位置，在执行高压禁用程序前，贴有这些标记的元件可能有高压电。

A. 橙色　　B. 黄色　　C. 红色　　D. 手动分离标记

2. 关于高压电，描述错误的是(　　)。

A. 绝缘体带静电也不会产生磁场　　B. 带电压的导体周围会产生电场

C. 电压产生的电场没有直接危险　　D. 手接近带高电压的导线时不会产生火花

3. 新能源车辆正常使用每(　　)做一次满放满充，电池管理系统会对电池性能做出修正，以发挥最佳性能。

1. 月　　B. 周　　C. 天　　D. 年

4. 如果误入跨步触电区域，可以避免触电的方法是(　　)。

A. 迅速跑步离开该区域　　B. 双脚并拢跳出该区域

C. 缓慢离开该区域　　D. 匍匐离开该区域

5. 施救首先要将触电者迅速脱离电源，越快越好，脱离高压电源的错误操作是(　　)。

A. 立即通知有关供电单位或用户停电

B. 穿戴防护用具，用相应电压等级的绝缘工具按顺序拉开电源开关或熔断器及刀闸

C. 在极端情况下，可以抛掷裸金属线使线路短路，迫使保护装置动作，断开电源

D. 当电线搭落在触电者身上或身下时，宜用干燥的衣服、手套、木板等绝缘物作为工具，拉开触电者或挑开电线，使触电者脱离电源

6. 电动汽车内部与动力电池直流母线相连或由动力电池电源驱动的高压驱动零部件系统，主要包括动力电池系统和高压配电系统、电机及控制器系统、电动压缩机、DC/DC变换器、车载充电机和PTC加热器，下面选项中属于高压用电器的设备有(　　)。

A. 车载充电机、DC/DC 变换器　　B. 高压配电系统、电机及控制器系统

C. 车载充电机、PTC 加热器　　D. 电机及控制器系统、电动压缩机

7. 高压线束所含屏蔽层采用裸铜丝或镀锡铜丝编织而成，编织密度应不小于(　　)。

A. 70%　　B. 75%　　C. 80%　　D. 85%

8. 高压连接系统在正常连接工作时，系统各点温升不应大于(　　)K。

A. 40　　B. 45　　C. 50　　D. 55

9. 电动汽车高压系统继电器绝缘电阻应大于(　　)。

A. 1 MΩ　　B. 10 MΩ　　C. 100 MΩ　　D. 1 GΩ

10. 电磁继电器按照继电器种类分为电压继电器、电流继电器和中间继电器，下列(　　)不属于电流继电器。

A. 过电流继电器　　B. 过载继电器　　C. 逆电流继电器　　D. 电流脱扣继电器

三、简答题

1. 简述整车控制系统的功能。

2. 简述高压互锁结构原理。

项目四

充电系统故障检测与诊断

项目描述

电动汽车充电系统是维持电动汽车运行的能源补给设施，是从供电电源提取能量对动力电池充电时使用的有特定功能的电力转换装置，主要包括交流(慢速)充电系统和直流(快速)充电系统。本项目对充电系统结构及工作原理进行详细介绍，通过工单式任务实操训练，学生可掌握充电系统常见故障特征及诊断排障思路和方法。本项目主要以交流慢充系统中CC信号、交流高压互锁输出故障、充电连接信号故障、CAN通信故障等原因引起车辆无法正常充电为例进行介绍。这些故障既是交流慢充系统中最为常见的故障，也属于1+X汽车运用与维修汽车运用与维修(含智能新能源汽车)领域“新能源汽车动力驱动电机电池技术”模块中的车载充电系统检测维修任务。该模块需要具备熟练的专业技能和职业素养。

项目要求

本项目共四个学习任务，分别是：

任务一　充电确认信号故障导致无法充电；

任务二　交流高压互锁输出故障导致无法充电；

任务三　充电连接信号故障导致无法充电；

任务四　CAN通信故障导致无法充电。

通过四个任务的学习，学生可掌握新能源汽车充电系统组成、工作原理；掌握充电系统相关部件之间的控制逻辑关系和故障排除方法；会查阅维修资料、电路原理图识读；能对充电系统常见故障进行检测与排除。

学习目标

1. 知识目标

(1)了解充电系统组成；

(2)理解充电系统工作流程；

(3)熟悉诊断仪器、仪表及工具的使用；

(4)掌握充电系统相关部件之间的控制逻辑关系；

(5)理解 CAN 线通信原理；

(6)掌握充电系统常见故障及检修方法。

2. 能力目标(技能)

(1)能够规范地进行新能源交直流充电操作；

(2)能准确地对 CC 信号、CP 信号进行检测；

(3)能够依据维修手册，对新能源汽车交直流充电故障进行诊断与排除；

(4)能使用故障诊断仪对数据流故障码进行解读分析；

(5)具有对新能源汽车充电系统故障诊断与排除能力；

(6)能够按照 1+X 标准中有关充电系统的技能要求进行检测维修。

3. 素质目标

(1)通过小组合作完成充电系统故障诊断，培养学生团队合作意识和安全意识；

(2)通过课后开展新能源汽车充电科普服务，提升学生的社会服务能力；

(3)培养学生吃苦耐劳、勇于探索的工作精神；

(4)能认真学习二十大精神，感悟劳动之美，弘扬工匠精神。

学习载体

一辆比亚迪秦 EV 电动汽车可以正常行驶，如图 4-1 所示，快充正常，但对车辆进行慢充时发现车辆无法充电，请按照正确规范操作流程进行故障排查与修复。

图 4-1　比亚迪秦 EV 电动汽车

相关知识

一、充电系统概念

电动汽车以动力电池作为动力源，想要获得更多的续航里程，就要及时对动力电池进行充电。新能源汽车上安装有车载充电系统，是车辆主要的能源补给系统，为保障车辆持续行驶提供动力能源。电动汽车充电系统主要包括充电桩、充电插口、车载充电器、高压控制盒(PDU)、动力电池、高压导线等，车型的不同高压控制盒可能是单独设置也可能集成在其他控制单元中。

充电系统可分为常规充电和快速充电两种充电方式，也称为慢充和快充，车主可根据充电时长需求来选择充电方式。另外还有一种汽车厂家建立的动力电池组整体更换式，对于运营中的出租车更加实用。

(一)常规充电(慢充)

常规充电模式为交流充电方式，由外部电网提供 220 V 民用单相交流电源或家用 16A 供电插座提供的交流电给电动汽车车载充电机，由车载充电机整流、滤波、升压，转换为高压直流电，通过高压控制盒连接到动力蓄电池，充满电一般需要 5~8 小时。慢速充电系统工作过程如图 4-2 所示。

(1)交流供电。将充电枪连接到交流充电桩或家用 16A 供电插座，充电桩经充电枪向电动汽车输入交流电。

(2)充电唤醒。充电枪通过充电连接确认(CC)后，车载充电机向整车控制器(VCU)、蓄电池管理系统(BMS)发出连接确认信号和充电唤醒信号，整车控制器唤醒仪表显示连接状态。

(3)检测充电需求。蓄电池管理系统检测动力蓄电池是否需要充电，并计算所需充电电流。

(4)发送充电指令。蓄电池管理系统向车载充电机发送充电指令，动力蓄电池管理模块控制动力蓄电池正、负继电器闭合，开始进行充电。

(5)充电过程。车载充电机将外部设备提供的 220 V 交流电整流为高压直流电储存到动力蓄电池。

(6)停止充电。蓄电池管理系统检测到充电完成后，给车载充电机发送指令，车载充电机停止工作，蓄电池正、负继电器断开，充电结束。

常规充电的优点：充电桩(充电盒)成本低、安装方便；可利用电网晚间的低谷电进行充电，降低充电成本；充电时段充电电流较小、电压相对稳定，能保证动力电池组安全并能延长动力电池的使用寿命。

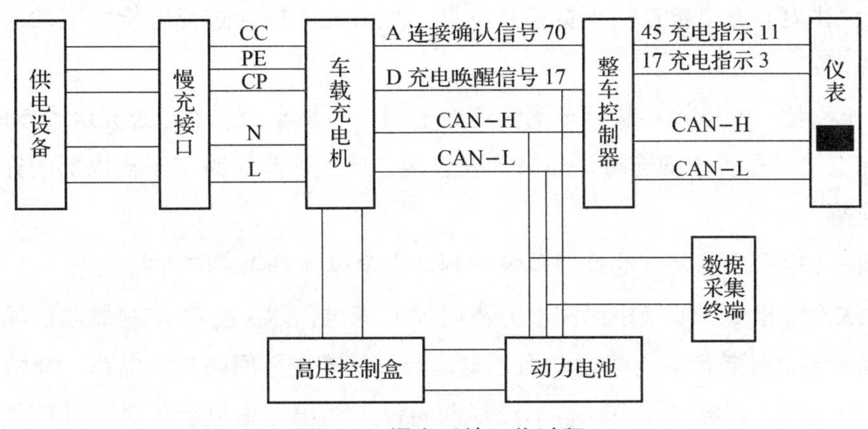

图 4-2　慢充系统工作过程

常规充电的缺点：充电时间过长，难以满足车辆紧急运行的需求。

(二)快速充电(快充)

快速充电为直流充电方式。充电电流要大一些，这就需要建设快速充电站，它并不要求把动力电池完全充满，只满足继续行驶的需要就可以了。这种充电模式下，在 20~30 min 的时间里，只为动力电池充电 50%~80%即可。地面充电桩(设备)直接输出直流电能给车载动力电池充电，电动汽车只需提供充电及相关通信接口。

快速充电系统基本结构：电动汽车快速充电系统主要由直流充电桩、快充接口、高压控制盒、动力电池、整车控制器、高压线束和低压控制线束等组成。整车控制器是电动汽车快速充电系统的主控模块，快速充电系统工作过程如图 4-3 所示。

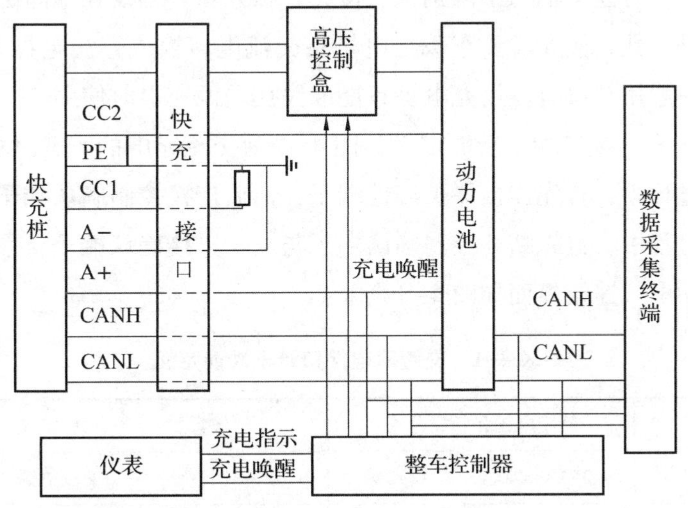

图 4-3　快充系统工作过程

(1)直流供电。充电枪连接到直流充电桩，直流充电桩通过充电枪为电动汽车提供高压直流电源。

(2)充电唤醒。充电枪连接到车辆快速充电接口，整车控制器通过充电连接确认线 CC 判断快速充电接口是否正确连接。如果正确连接，启用唤醒线路将车辆内部的充电系统电路和部件唤醒。

(3)检测充电需求。蓄电池管理系统检测动力蓄电池是否需要进行充电。

(4)发送充电指令。如果检测到动力蓄电池有充电需求，整车控制器通过输出高压接触器接通指令到高压控制盒，接通动力蓄电池与直流充电桩间的高压电路，开始充电。

(5)充电过程。充电过程中，整车控制器向仪表输出充电显示信息，外部供电设备的高压直流电通过直流充电桩储蓄到动力蓄电池。

(6)充电停止。蓄电池管理系统检测到充电完成后，给整车控制器发送指令，快速充电系统停止工作，断开动力蓄电池继电器，充电结束。

快速充电的优点：充电时间短，充电车辆流动快，节省加电站停车场面积。

快速充电的缺点：充电效率较低，充电机制造、安装和工作成本较高；充电电流大，对充电的技术和方法要求高，对动力电池的寿命有负面影响；易造成动力电池异常，存在安全隐患，且大电流充电会对公用电网产生冲击，影响电网的供电质量和安全。

(三)充电接口

充电孔分两种：交流慢充口和直流快充口两种。绝大多数电动车同时具有快充和慢充口，也有部分新能源电动车考虑到整车成本、电池的容量大小，只设定了一种充电模式并只有一个充电端口。有些车辆为了区别快、慢充，接入口分别设在不同位置。

慢充口触点是 7 孔：慢充需要车载充电机将交流电转换成直流电再充入动力电池组，充电耗时较长，一般用在没有专用充电桩只能取民用电源充电时使用。

表 4-1 为交流充电接口端子功能定义，图 4-4 为交流充电的车辆/供电插座触头布置图。在充电连接过程中，首先连接保护接地端子，最后连接控制确认端子与充电连接确认端子。在脱开的过程中，首先断开控制确认端子与充电连接确认端子，最后断开保护接地端子。车辆接口的电气连接界面如图 4-5 所示。

表 4-1　交流流电接口端子功能定义

触头编号/标识	额定电压和额定电流	功能定义
1—(L)	250 V/440 V　16A/32A	交流电源
2—(NC1)	—	备用触头
3—(NC2)	—	备用触头

续表

触头编号/标识	额定电压和额定电流	功能定义
4—(N)	250 V/440 V　16A/32A	中线
5—(PE)	—	保护接地(PE)，连接供电设备地线和车辆车身地线
6—(CC)	30 V 2A	充电连接确认
7—(CP)	30 V 2A	控制确认

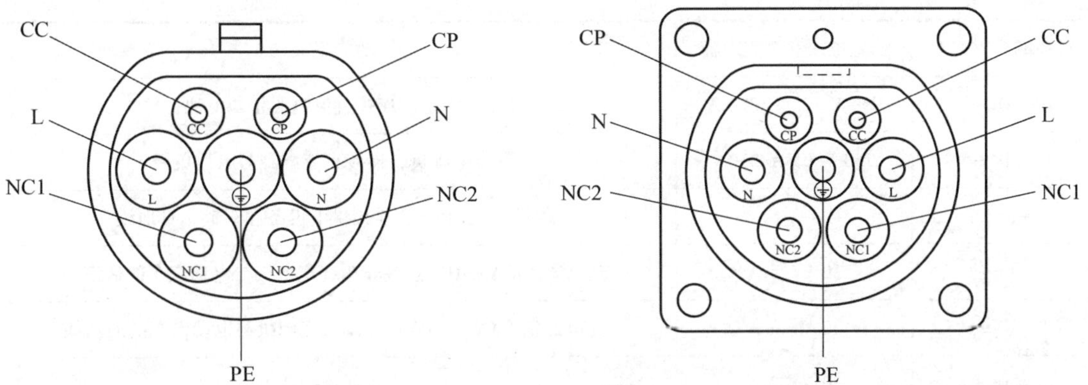

图 4-4　交流充电的车辆/供电插座触头布置图

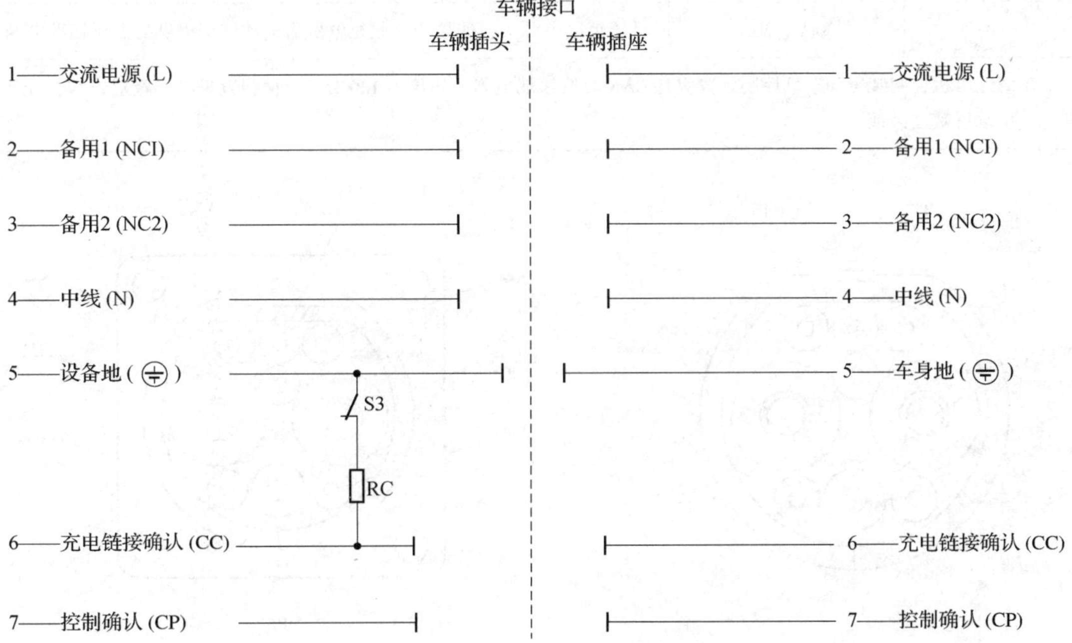

图 4-5　车辆接口的电气连接界面示意图

快充口触点是 9 孔：快充是将直流电力直接储存到动力电池内，充电时间短，效率高，接入一般都是工业用电，国家电网设定的固定位置充电桩都是快充。

表 4-2 为直流充电接口端子的功能定义，图 4-6 为直流充电的车辆/供电插座触头布置图。车辆插头和车辆插座在连接过程中触头耦合的顺序为：保护接地，直流电源正与直流电源负，车辆端连接确认，低压辅助电源正与低压辅助电源负，充电通信与充电连接确认。在脱开的过程中，则顺序相反。直流充电接口的连接界面如图 4-7 所示。

表 4-2　直流充电接口端子的功能定义

触头编号/标识	额定电压和额定电流	功能定义
1—(DC+)	750 V 125 A/250 A	直流电源正，连接直流电源正与电池正极
2—(DC-)	750 V 125A/250A	直流电源负，连接直流电源与电池负极
3—(PE)	—	保护接地(PE)，连接供电设备和车辆车身地线
4—(S+)	30 V　2 A	充电通信 CAN-H，连接非车载充电机与电动汽车的通信线
5—(S-)	30 V　2 A	充电通信 CAN-L，连接非车载充电机与电动汽车的通信线
6—(CC1)	30 V　2 A	充电连接确认 1
7—(CC2)	30 V　2 A	充电连接确认 2
8—(A+)	30 V　20 A	低压辅助电源正，连接非车载充电机为电动汽车提供的低压辅助电源
9—(A-)	30 V　20A	低压辅助电源负，连接非车载充电机为电动汽车提供的低压辅助电源
非车载充电机控制装置和车辆控制装置应有 CAN 总线终端电阻，建议为 120 Ω。通信线宜采用屏蔽双绞线，非车载充电机端屏蔽层接地		

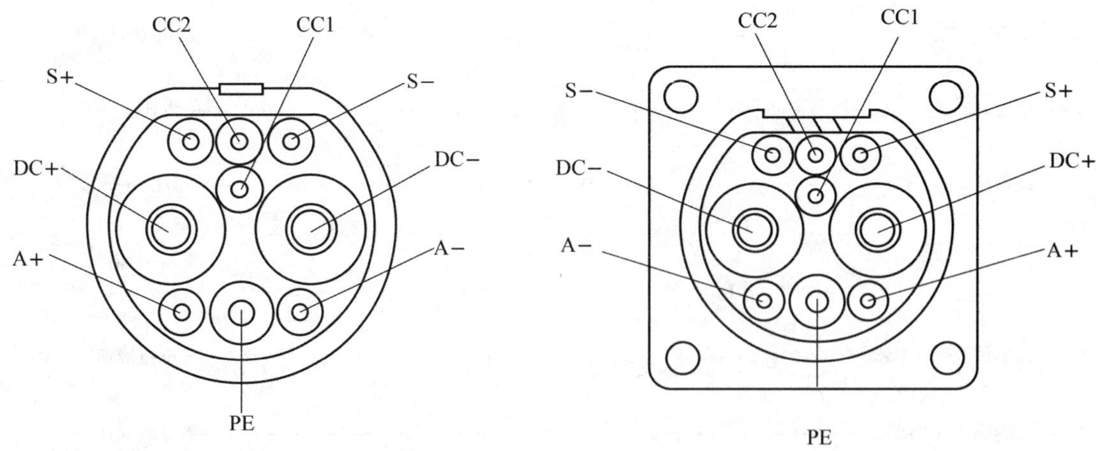

图 4-6　车辆/供电插座触头布置图

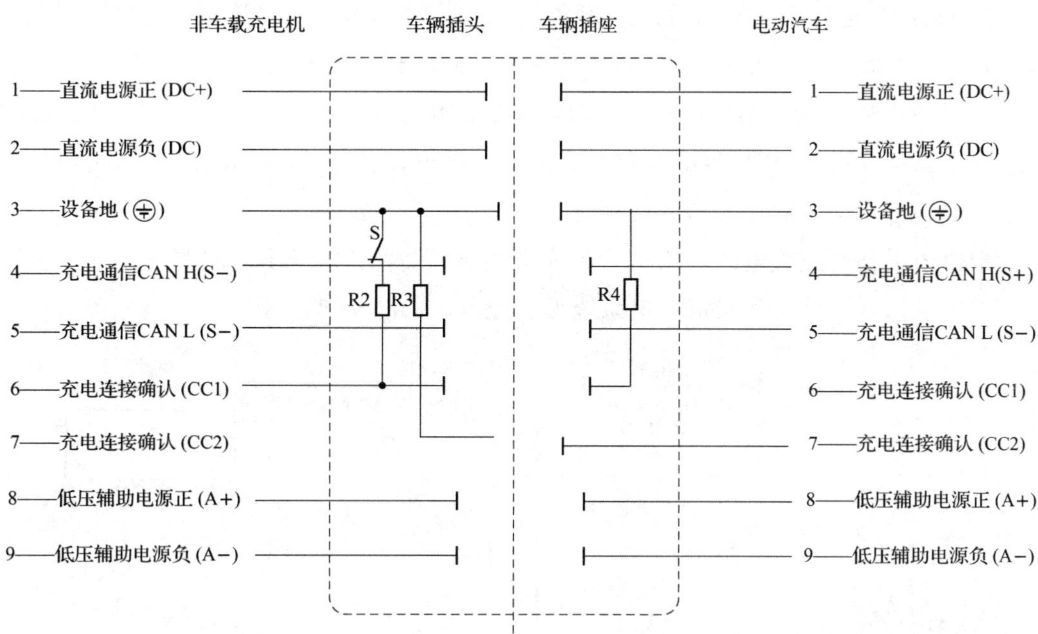

图 4-7　直流充电接口的连接界面示意图

二、充电系统控制原理

从图 4-8 电动汽车交流供电设备与车辆电路原理图上可以看出，在充电连接电缆连接到供电设备的时候，供电设备端的充电连接确认信号从连接前的高电平切换到连接后的低电平，在充电连接电缆连接到车辆充电口的过程中，车辆接口端的 CC 信号会发生如下变化：

(1)不插枪时，CC 信号为充电机充电导引装置的输出电压，一般为 10.71 V。

(2)插上连接电缆，按下 S3 开关(断开)，CC 信号通过充电枪内部的 RC 和 R4 与搭铁接通，导致线路(检测点 3)电压下降，其电平信号为 1.71 V 左右。

(3)接着松开 S3 开关(闭合)，CC 信号通过充电枪内部的 RC 和 S3 与搭铁接通，导致线路(检测点 3)电压进一步下降，其电平信号为 0.77 V 左右。充电引导装置接收到 0.77 V 左右电压时，即确认连接电缆和车辆已连接，车载充电机被激活。

(4)车载充电机收到 0.77 V 左右电压时被激活，通过检测点 3 检测的电压便可以知道 RC 阻值的大小，即可判定当前充电电缆及充电设备的供电电流，进而知道充电枪的型号。

(5)充电枪插入车辆充电口以后，12 V 电压通过 S1、R1，依次到达检测点 1 和检测点 2，然后通过 R3 接地构成回路，此时检测点 1 以及检测点 2 处的电压便不再是 12 V，由于 R1、R3 的分压，检测点电压拉低为 9 V。

(6)当检测到电压为 9 V 以后，S1 开关从 12 V 变到 PWM 信号连接，此时检测点 1 和 2 会出现一个从 9 V 变化到-12 V 的占空比信号，确认充电枪连接好，然后 S2 开关闭合反馈给充电设备。S2 闭合以后回路接入了 R1、R2 和 R3，回路电压从 9 V 变成 6 V，此时充电机就可以认可充电。CP 信号稳定在 6 V 以后，供电设备的 K1 和 K2 继电器闭合，交流电通过车辆充电口输入到充电机进行充电。

如果供电设备、连接电缆、OBC 中的充电引导装置 CC 信号出现问题，充电系统感应不到充电枪的插入，将导致交流充电系统无法充电，如图 4-8 所示。

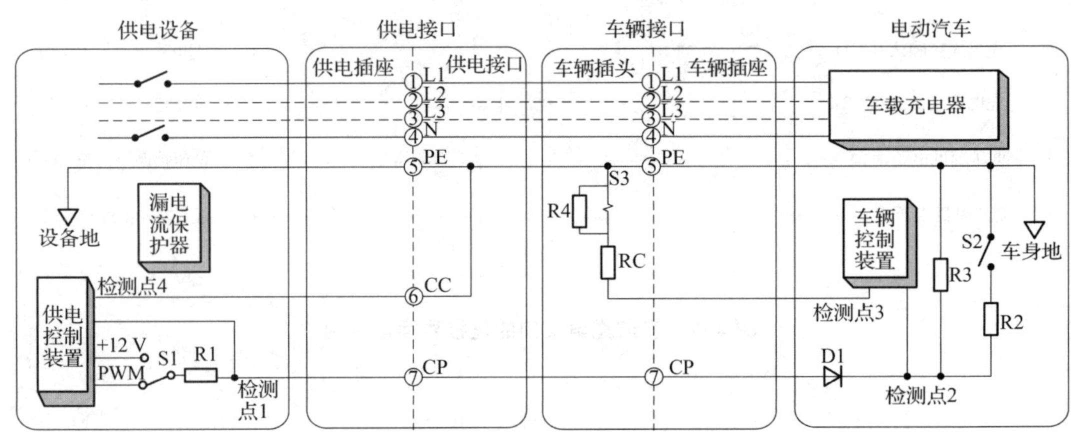

图 4-8　交流供电设备与车辆电路原理图

三、充电过程与事件触发

(一)车外引导机制

如图 4-9 所示，在充电过程中，所有的事件触发分为车内和车外，当两个最终事件完成后，充电桩才会对车辆的 OBC 进行供电，OBC 开始转化并充电。车外，事件均发生在车、充电桩和充电枪之间，在车、充电桩、充电枪的连接过程中，是以连接状态的确认为导向的，以满足整车的状态管理机制。而车内事件触发是以安全和需求为导向的，车外事件决定内部事件是否触发，而车内事件影响车外事件是否到达最终结果。

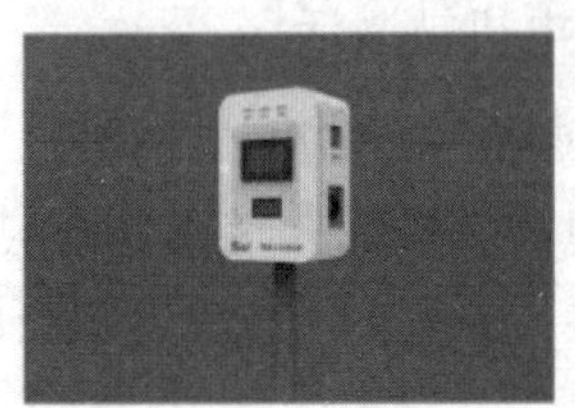 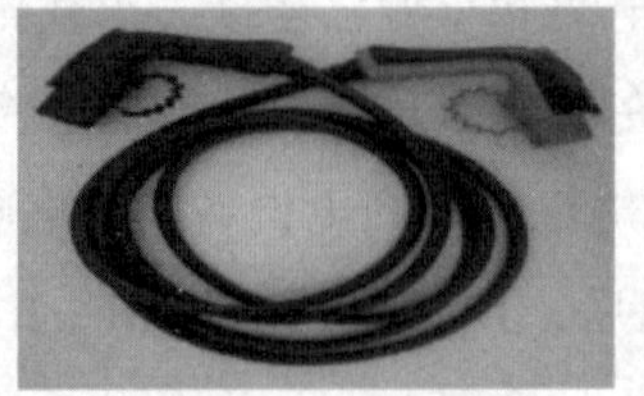 

图 4-9　充电桩、充电枪、充电口

充电枪连接过程中的事件触发即车外事件触发。具体的运行机制如下：

驾驶员将车辆停放到充电设备前，闭锁车辆、关闭车窗。此时，车辆通常已经进入休眠，充电的操作发生在车辆休眠后。充电的操作可能在充电枪的连接阶段被人为终止。充电设备(充电桩)确认连接到电动车上；车辆的 OBC 通过一根能够确定容量的连接线与一台能够确定功率的充电设备已经连接完毕充电即可开始。

基于充电设备(桩)的特点，在连接充电枪时有两种操作方式。

(1)先将充电枪与车连接，再将充电枪与充电设备(桩)连接，如图 4-10 所示：

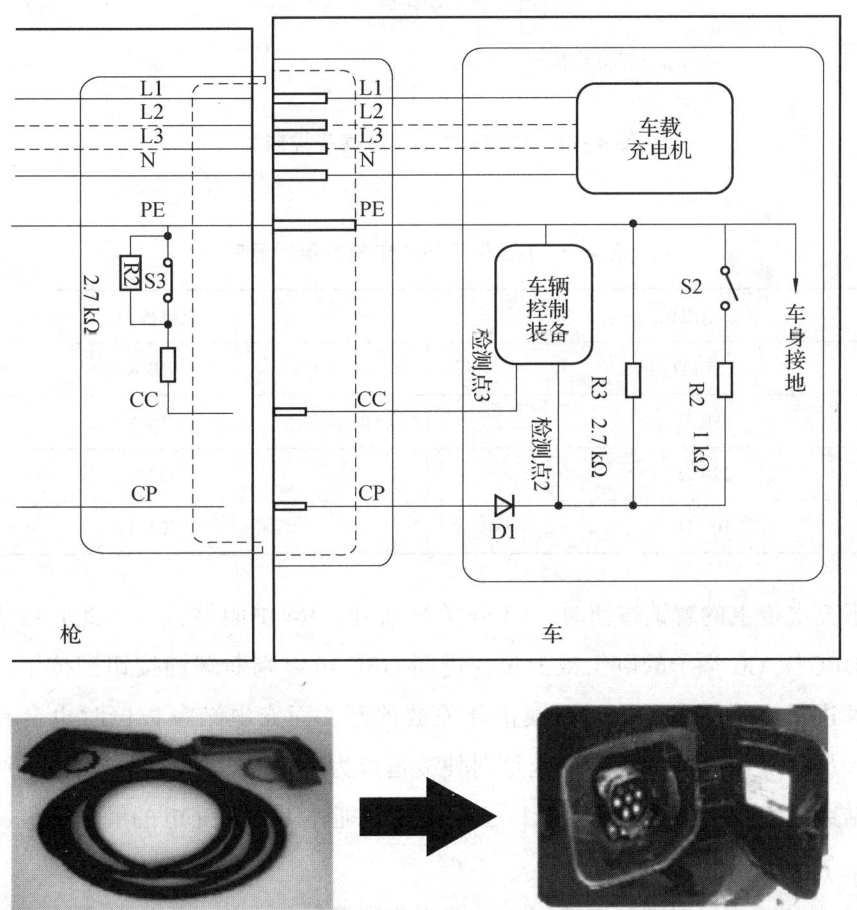

图 4-10　先连接充电枪与车，再连接充电枪与充电设备

在这个过程中，车载充电机 OBC 的 CC 端子会通过交流充电插座的 CC 端子，通过车端充电枪内部的 RC 电阻、S3 开关充电枪的 PE 端子，最终实现与车身负极连接的目的，如图 4-11 所示。

OBC 的 CC 端子输出的高电位(通常为+B)会通过这一路径被下拉，由于 RC 电阻的大小及规格和充电枪的容量有关，如表 4-3 所示，所以 CC 电位会被拉低成不同的电位值。通过对电位的判断，OBC 可以明确知道连接好了一把什么样的充电枪，是多大的容量。

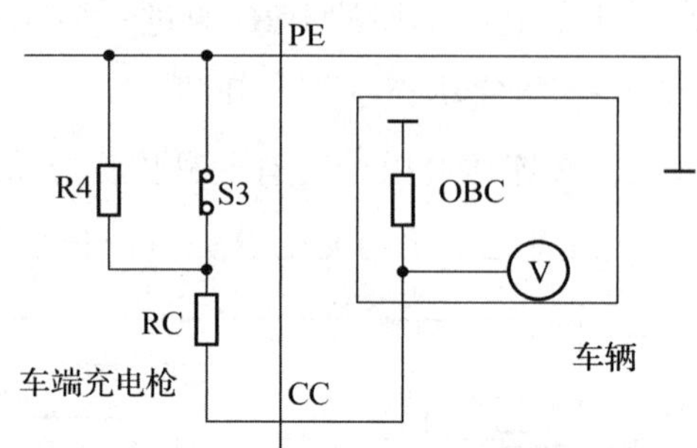

图 4-11　车载充电机 CC 端子控制关系

表 4-3　RC 电阻与充电枪容量对照表

RC 电阻值	充电枪容量
1. 5 kΩ	10 A
680 Ω	16 A
220 Ω	32 A
100 Ω	63 A

当按下充电枪上的解锁按钮时，S3 开关被断开，R4 电阻被接入，此时由于总电阻变大，使得 OBC 上 CC 端子的电位被上拉，进而 OBC 可以判断解锁按钮被按下，从而影响车内的事件进程。但是在插枪时，锁止开关被顶开，而充电结束拔枪时也会有同样的操作。对于人员的操作，OBC 不能确定是驾驶员是因为害怕充电枪没有插到位继续向里插枪还是希望结束充电要拔除充电枪，所以这个操作只能作为终止充电的触发条件，而不能作为满足充电的触发条件。

当 OBC 的 CC 信号识别到连接好了一把明确容量的充电枪，这一结果应该反映到仪表上。不同的车型这一信息到达仪表的路径可能不同，或者通过总线传递，或者通过其他模块传递。也有车型需要 OBC 更多的信息，在实践中应加以区别。

(2)先将充电枪与充电桩连接，再将充电枪与车辆连接，如图 4-12 所示。

图示适用的是桩自身不配备充电枪的情况。如果充电设备为便携式充电器，充电桩内部控制器的 CC 端子一直提供一个高电位(通常为+B)，当桩端充电枪被插入后，这个高电位会通过桩端的 CC 与 PE 的连接线与充电桩的接地线被下拉为 0 V，控制装置的检测点 4，

通过检测这一点的点位变化，可以判断充电桩上连接了一把充电枪，同时这个信号被下拉也意味着充电桩的接地良好，保护接地能够起作用。从桩的角度意味着事件发生。如果这个信号没有被下拉到一个正确的值，意味着充电桩的接地线是不能到达要求的，在连接车辆后，车辆的外壳也要通过充电枪的 PE 线连接到设备的接地端。这样，在充电过程中车辆外壳能够实现接地，确保充电安全。否则，充电过程中有较高的风险。通常按照国标 GB/T20234—1/2 和 GB/T18487—2015 要求，充电桩这类输出功率较高的设备是允许给电动汽车进行充电的，对于便携式充电器大多也采用这种做法，但并不绝对。有些车型为了保证基本的客户体验，避免出现过多的问题，比如帝豪 EV450 配备的便携式充电器在 PE 线路不能满足要求的情况下，就不会单纯地禁止充电，而是使用最低输出的方式，允许给车辆充电，但充电功率最小，保证车辆能有最低速度的电能补充。

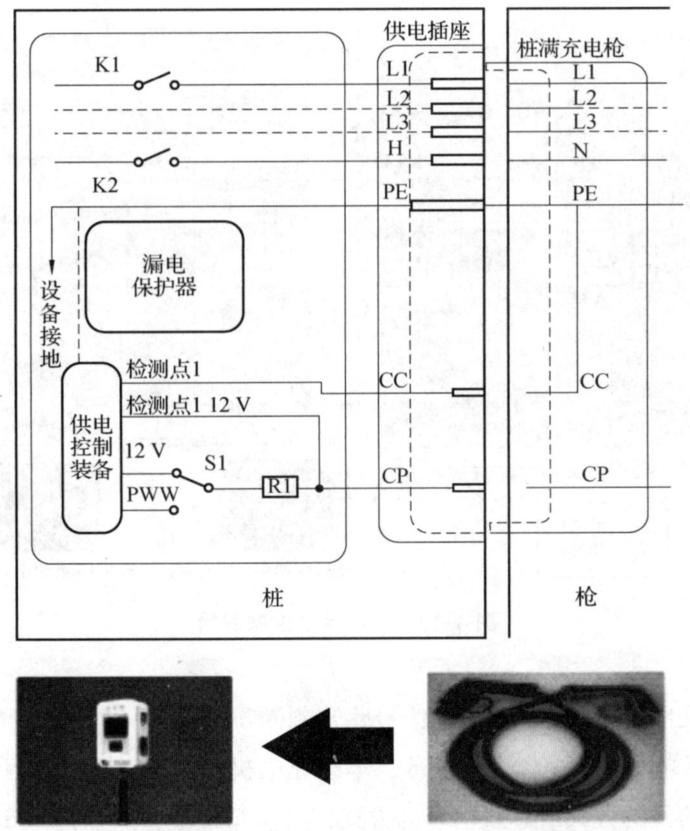

图 4-12　先将充电枪与充电桩连接，再将充电枪与车辆连接

需要注意的是，充电桩控制器上的 CC 事件触发，仅能反映充电枪连接了充电桩以及接地状况，与是否连接了车辆不是同一事件。而充电设备中还有一种枪和充电设备一体式的设计，比如一些桩带枪的充电桩(常在公共充电桩上采用)以及便携式充电器，通常没有

设计外部的 CC 端子引出，而仅仅对 PE 做内部检测，由于不存在先连接桩还是先连接枪的问题，所以不存在这一环节，仅需要进行车辆连接的事件确认就可以。车辆的连接确认要通过充电桩的控制器的 CP 端子信号反映。

当连接好充电桩后，将枪连接到车辆充电口上；或者先将枪与车辆充电口连接，再将枪与充电桩相连，此时充电桩的 CP 端子内壁输出的 12 V 电压由于通过充电线缆与车端 CP 端子相连(见图 4-13)，通过车辆的 R3 电阻被下拉到车身地与充电桩的 PE 地，此时充电桩内部的检测点 1 即桩内的 CP 将检测到这一电压变化，认定事件发生即充电桩与一辆车相连接。由于充电线缆将车的 CP 与桩的 CP 连接到一起，在忽略充电线缆与连接接触电阻的前提下，桩的检测点 1 与车内车载充电机 CE 端子即检测点 2 反映的是同一电位，车载充电机控制引导装置通过检测点 2 的电位变化也可以认知到一个事件，即连接了一台充电桩。

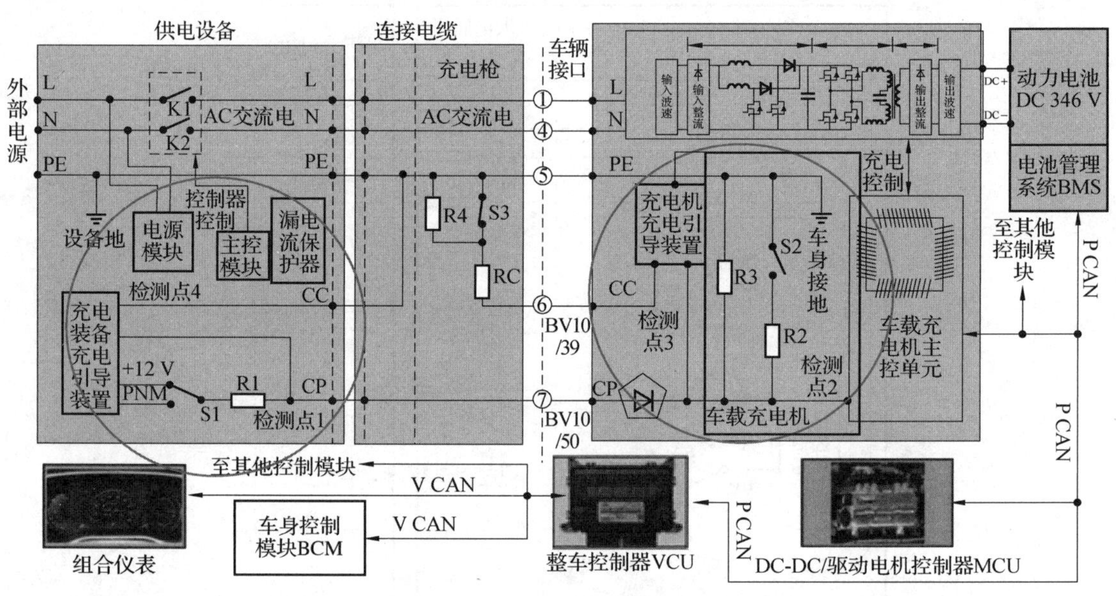

图 4-13　充电系统控制逻辑

不论是车载充电机通过 CC 端子的信号感知判断出连接了一把可知容量的充电枪，还是通过 CP 端子感知连接了一台充电设备，车载充电机均可以被激活唤醒。这之后车载充电机将通过硬线信号的方式或总线信号的方式，将整车唤醒，进而进入车内事件。在充电设备上，充电设备控制部分通过检测点 1 也就是 CP 信号由 12 V 到 9 V 的下拉来判断连接了一台车。充电桩即要开始自检，待自检通过后，将直流电源切换为振荡器输出的振荡波的形式，如图 4-14 所示，向车辆发出充电桩准备就绪的信号。如不能切换则意味着充电设备的自检没有通过。充电桩未准备就绪。

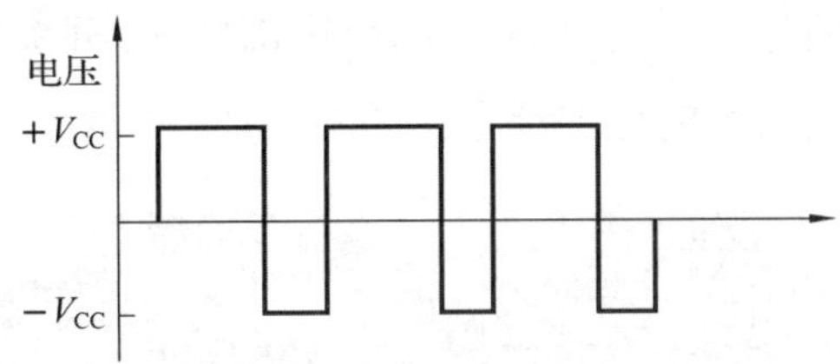

图 4-14 振荡器输出振荡波

当充电设备准备就绪后，其控制部分的 CP 信号则由直流完成向振荡信号的转换，为传递信息，依据国标 18483—2015 第一部分的定义，振荡信号的占空比作为充电设备最大输出能力的信号载体，不同输出能力的充电设备有不同的占空比信号输出，这个信号进入到车内车载充电机的 CP 端子，通过二极管整流转变为直流脉冲信号，即 9 V 占空比信号。车载充电机通过对检测点 2 的检测就可知道连接的充电设备属于哪种类型、有多大的输出能力，进而为车载充电机运行功率提供信息参考。充电设施占空比与充电电流关系见表 4-4。

表 4-4 充电设施产生的占空比与充电电流限制映射关系

PWM 占空比 D	最大充电电流 I_{max}/A
D=0%，连续的-12 V	充电桩不可用
D=5%	5%的占空比表示需要数字通信，且需在电能供应之前在充电桩和电动汽车间建立通信
10%≤D≤85%	$I_{max}=D\times100\times0.6$
85%<D≤90%	$I_{max}=(D\times100-64)\times2.5$ 且 $I_{max}\leq63$
90%<D≤97%	预留
D=100%，连续正电压	不允许

(二)车内引导机制

在车内，当车载充电机通过硬线信号或总线信号将整车唤醒后，VCU 完成自检，通过总线或硬线将 BMS 及系统上高压部件激活，比如 MCU。之后，事件将分为多个主线，以各高压部件为核心，并将事件上报给整车控制器 VCU、BMS 等，完成自检后，将对电池内部进行检测，判断高压继电器状态、电池的温度、绝缘、充电需求等信息以及电池包是否被打开等安全信息并上传至数据总线，MCU、高压空调等部件进行驱动电路复核及旋变复核以确认系统安全并上传至数据总线，而 VCU 自身要完成诸如高压互锁的检测，保证系统不处于高压暴露的状态，并核对 BMS、MCU 等高压部件上报的信息，确认高压部件复核结果。当系统上传输的数据被 VCU 接收并确认整车状态安全且有充电需求，电池内部符合充电条件，则完成车内检测事件。主线将切换为 VCU 主导，此时 VCU 在确认充电

需求后，且符合电池充电条件，则要求 OBC 闭合内部的 S2 开关，通过 S2 开关引发的 CP 端子信号变化向充电设备发出充电请求指令，如图 4-15 所示。

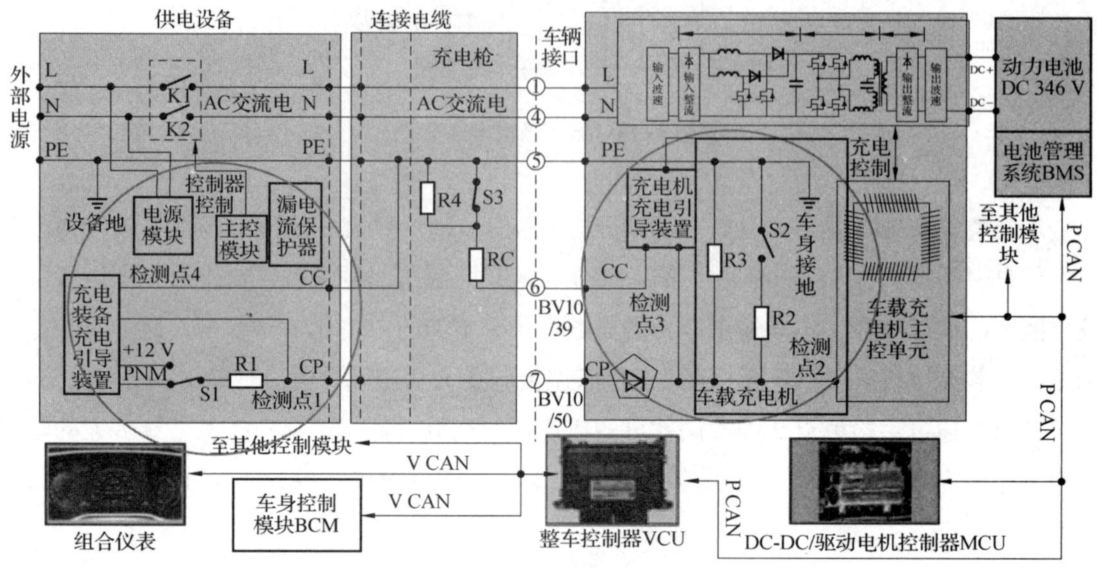

图 4-15 车内引导机制控制逻辑

由于 S2 开关的闭合使得原有的 CP 信号下拉路径改变，变为由 R3 和 R2 电阻共同下拉，使得 9 V 的占空比信号下拉为 6 V 占空比信号，如图 4-16 所示。

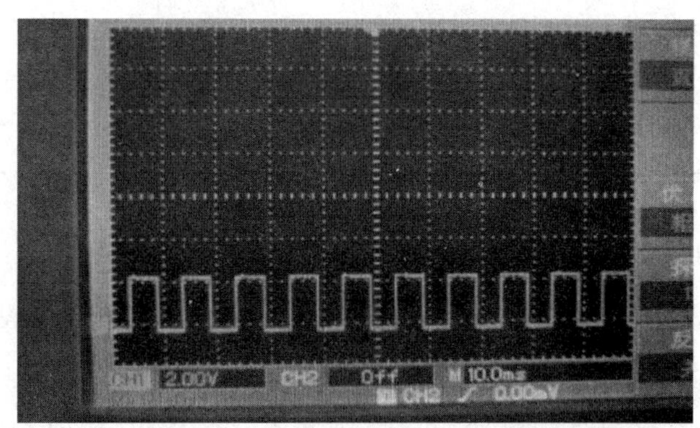

图 4-16 占空比信号

充电桩的检测点 1 识别到这一信号则明确事件，即车辆允许充电，则充电桩准备闭合 K1、K2 交流供电继电器。如果车辆配备有电子锁，按照国标要求，在确认高压充电前电子锁应当闭锁。大多数的车型，这一闭锁过程是由 OBC 来负责的，但需注意，电子锁是否成功闭锁并不是交流充电的必要条件。

在这期间，如果电池不符合充电温度的设定，比如电池温度过低则开始预热，待预热结束后闭合高压继电器，按照顺序闭合预充继电器、主正继电器。当K1、K2闭合后，交流供电给车载充电机OBC后，车载充电机OBC按照电池需求对动力电池进行充电，期间VCU或BMS通过对冷却系统的控制来对动力电池进行温度管理，这一点在不同的车型上是由不同的模块负责管理的，要加以区分。同时，VCU还对整个充电过程中的安全状况进行监控，如发现有安全隐患，则VCU将要求OBC断开S2开关，充电设备的CP信号将恢复到9 V占空比信号，断开K1、K2交流继电器，停止给OBC供电，充电终止。

使用放电功能时，如图4-17所示，使用专用放电枪与车辆充电口相连，CP信号由于没有占空比信号或直流信号，事件上车辆无法确认与充电设备连接。CC线路通过电阻RC和开关S与车身接地形成回路，并将CC线路上电压拉低至1.06 V左右，OBC检测到CC线路上检测点3电压降为1.06 V左右时，事件上确认外部专用放电枪已连接，OBC激活并启动，同时OBC激活CAN总线。

CAN总线激活后，VCU、BMS、DC-DC/MCU等其他模块被激活并自检，同时通过CAN总线将信息发送。自检完成后，如果没有故障信息，动力电池控制开始执行上电流程，上电完成后，OBC通过内部DC-AC转换器输出AC 220 V交流电至专用放电枪插座上。

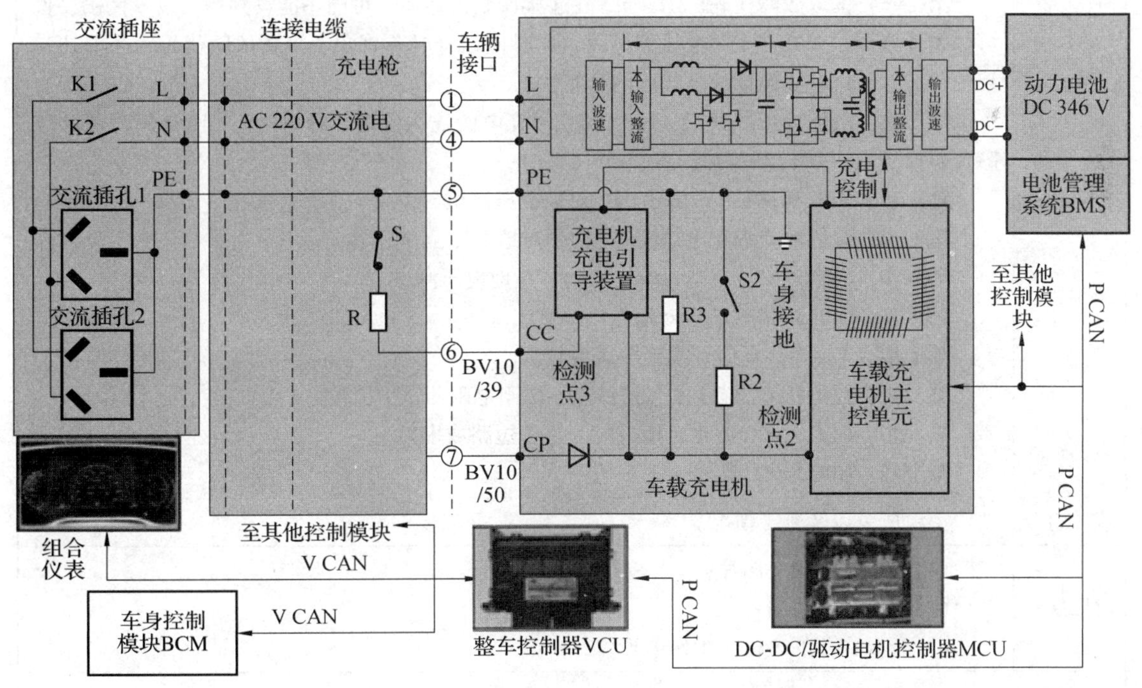

图4-17　专用放电枪

任务一　充电确认信号故障导致无法充电

任务单	任务一　CC 信号故障导致无法充电
任务名称	CC 信号故障导致无法充电
任务描述	对充电连接确认(CC)信号故障导致车辆无法充电的故障诊断与排除
任务分析	由于仪表上充电连接指示灯、OBC 启动充电模式，以及判断外部设备供电能量，主要由充电引导信号 CC 决定。根据充电过程中仪表上的充电连接指示灯不亮，说明充电连接电缆、车辆接口、OBC、VCU、组合仪表的控制流程存在故障。而整车运行正常，说明 VCU、OBC、组合仪表等都工作正常，可以排除这些故障。所以，可能为 OBC 没有接收到正确的 CC 信号或对 CC 信号没有做出正确的反应，具体可能为： (1)充电线缆中 CC 信号线路(断路、虚接、短路)故障。 (2)充电枪锁止开关故障。 (3)OBC 及其到车辆接口之间线路故障。
学习任务	为了进一步确认及缩小故障部位，借用诊断仪器读取 OBC 内故障代码和数据流，对故障部位做进一步解析。 第一步：读取故障代码(DTC)。在连接诊断仪器后，可能不能读到相关故障代码，也可能能读取到一个或多个相关故障代码，此时应结合当前现象，分析故障代码为当前还是历史信息，并进一步验证故障代码的真实性。 第二步：故障诊断数据流。在对 OBC 不充电的数据流进行分析时，结合故障现象和故障代码信号确认 OBC 数据流内容。 第三步：OBC 插座端 CC 输出信号对地电压测试。 第四步：车辆侧交流充电口端 CC 信号对地电压测试。 第五步：车辆侧交流充电口端搭铁信号对地电压测试。 第六步：OBC 端搭铁信号对地电压测试。 第七步：车辆侧 CC 信号线路导通性测试。 第八步：充电枪 CC 端子 5 与搭铁点 6 之间电阻测试。 第九步：OBC 端 CC 线路对地或电源是否短路或虚接。 第十步：OBC 端 CC 信号对地阻值测试。
劳动组合	小组成员以及分工情况。
成果展示	(1)过程的视频、图片； (2)思维导图总结； (3)记录作业的表格、工作单等。
学习小结	

<table>
<tr><td rowspan="7">评价标准</td><td>项目</td><td>自评</td><td>小组互评</td><td>教师评价</td><td>总评</td></tr>
<tr><td>知识目标</td><td></td><td></td><td></td><td rowspan="6"></td></tr>
<tr><td>技能目标</td><td></td><td></td><td></td></tr>
<tr><td>素质目标</td><td></td><td></td><td></td></tr>
<tr><td>素质</td><td></td><td></td><td></td></tr>
<tr><td>创新点</td><td></td><td></td><td></td></tr>
</table>

工　单

<table>
<tr><td>工单</td><td>任务一　CC 信号故障导致无法充电</td></tr>
<tr><td>任务实施</td><td>本任务以比亚迪秦 EV 整车故障检测实训台进行任务实施</td></tr>
<tr><td colspan="2">实训目的：
• 掌握充配电总成诊断思路和方法。
• 能独立诊断充电连接确认 CC 信号故障。</td></tr>
<tr><td colspan="2">一、安全准备工作
(1)整车或实训台架进入工位前，将工位清理干净。
(2)做好个人防护。要求使用符合要求的绝缘手套、护目镜、绝缘鞋、工作服等。
(3)做好车辆防护。车内三件套(方向盘套、座椅套、脚垫)。
(4)维修手册、绝缘工具。
二、设备设施(见图 1)
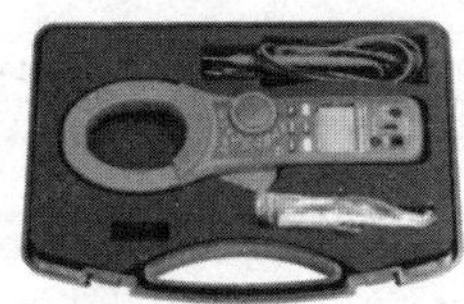
万用表

耐磨手套、绝缘手套

解码仪

秦 EV 整车故障检测实训台
图 1　设备设施
三、CC 信号故障诊断
车辆发生充电异常时，一般按照由外到内、由简到繁的诊断流程。注意，首先判断车辆是否有绝缘故障，没有绝缘故障再进行后续检查。排故时要判断故障在车外还是车辆自身，因此先要检查车辆外部充电设备，若正常，再检查车辆自身。
1. 故障现象
启动车辆，仪表显示正常，OK 灯点亮，能正常上高压，车辆正常行驶，将汽车下电。进行充电时，连接充电设备至外部交流插座，按压充电枪锁止开关，连接至车辆慢充接口，充电时发现仪表充电指示灯没有点亮(见图 2)。</td></tr>
</table>

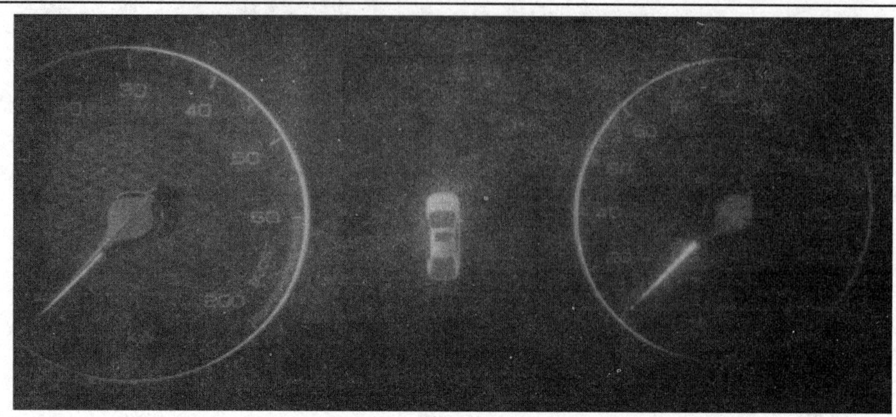

图 2　仪表显示

2. 外部充电设施检查

对车辆外部充电设备进行检查，若利用充电桩充电，检查充电桩是否正常工作，观察充电面板或指示灯是否正常。若利用家用 220 V 交流充电，确认 220 V 电网插座是否正常，地线是否接好。遇到用电高峰电网波动较大也会影响充电，因此在排除外部设备故障后，检查充电线和充电枪。

3. 充电枪检查

检查充电线缆有无破损，检查充电枪有无损坏，若无问题，用万用表检测充电接口 CC 与 PE 电阻，阻值会随电缆容量不同而不同，具体可参考车辆维修手册。测量 CC 与 CP 电压应为 12 V，按下充电枪微动按钮电压应为 0 V，当充电枪与车辆正常充电应在 2 V 以下；测量 CP 与 PE 电压应低于 2 V，当充电枪与车辆正常充电应在 8 V 以上；检查 PE 端子电压应为 0 V，以上检测可判断充电枪是否正常。若有需要，更换充电枪，否则进行车辆自身检查。

4. 车辆基本功能检查

启动车辆，检查车辆蓄电池、仪表、空调、制动、充电机、挡位、娱乐系统等功能是否异常。

5. 车辆初步检查

关闭启动开关，断开蓄电池负极并做好绝缘处理，穿戴防护用具，主要检查充电系统高压、低压等插接件有无松动、破损等现象。

6. 连接故障诊断仪检查

将故障诊断仪连接至车辆，看能否正常进入，读取故障码和数据流进行初步判断。

7. 故障原因分析

根据充配电总成控制原理图推断，分析故障范围：

(1)充电枪 CC 故障。

(2)充电连接确认 CC 故障。

(3)充电连接信号故障。

8. 排故步骤

启动车辆，使用解码仪扫描故障，无故障显示。接下来就要使用检测工具对车辆充电系统的电路进行测试来验证。

测试前工作：检查并将万用表校表。

步骤 1：将万用表调至直流电阻挡(见图 3)。

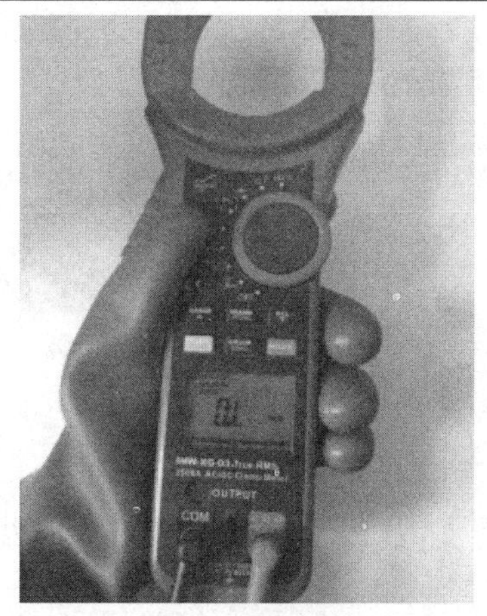

图 3　万用表

步骤 2：测量充电枪 CC 与 PE 值，测量值为 220.3 Ω(标准 220 Ω)，正常(见图 4)。

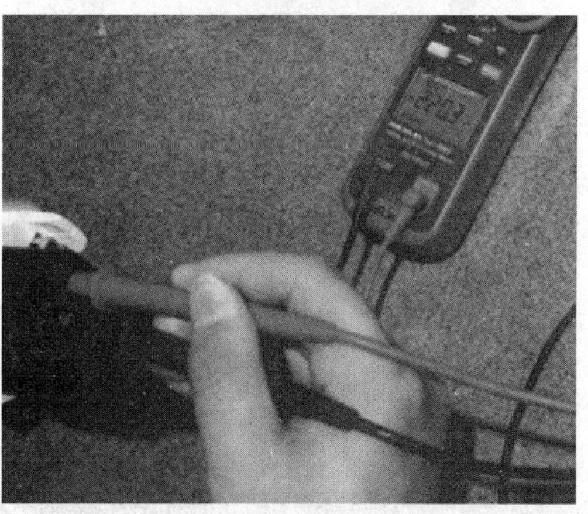

图 4　测量值(一)

步骤 3：将汽车下电并断开低压蓄电池负极，查阅电路图，测量充配电总成中 BK46/04 号端子与交流充电口 CC 端口 KB53B-2 之间线束电阻值，测量值为无穷大(标准 1 Ω)，异常(见图 5)。

图 5　测量值(二)

步骤 4：综合以上检验结果可推断，无法交流充电是因为充配电总成中 BK46/04 号端子与交流充电口 KB53B-2 号端口之间线束故障导致(见图 6)。

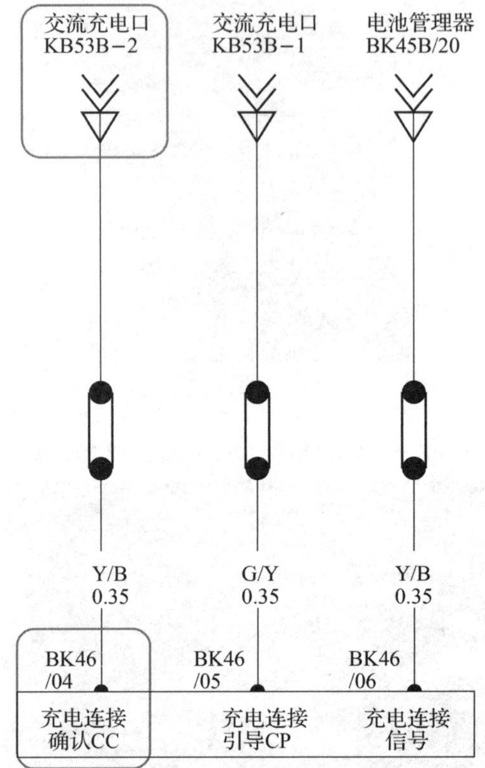

图 6　故障线束

步骤 5：将故障修复，重新启动车辆，仪表显示正常，汽车正常上电，故障排除(见图 7)。

图 7　仪表显示

9. 故障机理分析

若 CC 信号存在故障，将造成车载充电机没有接收到充电连接信号 CC，从而无法确认充电枪连接状态，因此无法完成充电控制引导程序，造成车载充电机无法启动，车辆无法充电。

10. 任务测评

考核模块	新能源汽车充电系统 CC 信号故障导致无法充电			
班级		学号		
团队名称		考核日期		
考核评分项	内容	评分标准	配分	得分
安全准备	安全隔离带是否拉起	未完成 1 项扣 1 ~ 3 分，扣分不得超 15 分	15	
	安全警示牌是否摆放			
	工装是否穿戴			
	手套是否佩戴			
	车挡块是否放好			
	翼子板布围挡是否铺好			
	车内三件套是否铺好			
车辆仪表及功能检查	车辆启动是否正确	未完成 1 项扣 1 ~ 3 分，扣分不得超 15 分	15	
	仪表指示灯描述			
	车辆挡位功能检查			
	空调功能检查			
	制动功能检查			
	充电功能检查			
	其他功能检查			
车辆初步检查	检查低压控制端有无松动、破损	未完成 1 项扣 2 ~ 5 分，扣分不得超 10 分	10	
	检查车载充电机指示灯			
工具及仪器的使用	诊断仪使用是否正确	未完成 1 项扣 3 ~ 5 分，扣分不得超 25 分	25	
	数据流分析过程			
	故障码读取过程			
	示波器是否正确使用			
	示波器检测波形是否正确			
资料、信息查询能力	维修资料、手册查询	未完成 1 项扣 1 ~ 3 分，扣分不得超 15 分	15	
	电路图分析			
数据、判读和分析	原因分析过程	未完成 1 项扣 3 ~ 5 分，扣分不得超 20 分	20	
	是否下电操作			
	数据检测是否正确			
	故障点确定			
	故障修复			
互评成绩		成绩	教师签字	

学习成果

通过任务的学习和训练，学生能够正确描述故障现象，正确使用诊断测试工具；能根据车辆充电系统充电异常分析故障原因；能根据故障现象进行初步分析并制定诊断流程，按步骤进行故障排除，并完成任务工单的填写。学生分析问题、解决问题的能力得到了提高，职业素养和技能水平也得以提升。

拓展与提升

在秦 EV 整车故障检测实训台给学生设置其他常见充电故障，让学生独立或分组完成排故，并填写诊断报告及相应工单，以考核学生掌握水平。

任务单

任务二　交流高压互锁输出故障诊断与检测

任务单	任务二　交流高压互锁输出故障诊断与检测
任务名称	交流高压互锁输出故障诊断与检测
任务描述	充电连接信号故障，车辆正常运行可以上高压电但是无法充电
任务分析	当车载充电机通过硬线信号或总线信号将整车唤醒后，VCU 完成自检，通过总线或硬线将 BMC 及系统上高压部件激活。之后，事件将分为多个主线，以各高压部件为核心，并将事件上报给整车控制器、BMC 等，完成自检后，将对电池内部进行检测，判断高压继电器状态、电池的温度、绝缘、充电需求等信息以及电池包是否被打开等安全信息并上传至数据总线，MCU、高压空调等部件进行驱动电路复核及旋变复核以确认系统安全并上传至数据总线，而整车控制器自身要完成诸如高压互锁的检测，保证系统不处于高压暴露的状态，并核对 BMC、MCU 等高压部件上报的信息，确认高压部件复核结果。当系统上传输的数据被 VCU 接收并确认整车状态安全且有充电需求，电池内部符合充电条件，则完成车内检测事件。主线将切换为 VCU 主导，此时 VCU 在确认充电需求后，且符合电池充电条件，则要求 OBC 闭合内部的开关，通过开关引发的 CP 端子信号变化向充电设备发出充电请求指令。根据控制原理图推断，可能出现的原因有： (1)充电连接确认 CC 故障。 (2)充电控制确认 CP 故障。 (3)充电连接信号故障。

<table>
<tr><td>学习任务</td><td colspan="5">为了进一步确认及缩小故障部位，借用诊断仪器读取故障代码和数据流，对故障部位做进一步解析。
第一步：读取故障代码（DTC）。在连接诊断仪器后，可能不能读到相关故障代码，也可能能读取到一个或多个相关故障代码，此时应结合当前现象，分析故障代码为当前还是历史信息，并进一步验证故障代码的真实性。
第二步：故障诊断数据流。在对高压不上电的数据流进行分析时，结合故障现象和故障代码信号确认数据流内容。
第三步：查阅电路图维修手册找到充配电部分。
第四步：关闭点火开关到 OFF 位置，断开蓄电池负极 5 分钟。
第五步：使用万用表测量交流高压互锁输出端子 BK46/15 与电池管理器中 BK45B/10 之间的电压值。
第六步：使用万用表测量交流高压互锁输入端子 BK46/14 电池管理器 BK45B/11 之间的电阻值。</td></tr>
<tr><td>劳动组合</td><td colspan="5">小组成员以及分工情况。</td></tr>
<tr><td>成果展示</td><td colspan="5">（1）过程的视频、图片；
（2）思维导图总结；
（3）记录作业的表格、工作单等。</td></tr>
<tr><td>学习小结</td><td colspan="5"></td></tr>
<tr><td rowspan="6">评价标准</td><td>项目</td><td>自评</td><td>小组互评</td><td>教师评价</td><td>总评</td></tr>
<tr><td>知识目标</td><td></td><td></td><td></td><td rowspan="5"></td></tr>
<tr><td>技能目标</td><td></td><td></td><td></td></tr>
<tr><td>素质目标</td><td></td><td></td><td></td></tr>
<tr><td>素质</td><td></td><td></td><td></td></tr>
<tr><td>创新点</td><td></td><td></td><td></td></tr>
</table>

工　单

<table>
<tr><td>工单</td><td>任务二　交流高压互锁输出故障诊断与检测</td></tr>
<tr><td>任务实施</td><td>本任务以比亚迪秦 EV 整车故障检测实训台进行任务实施</td></tr>
<tr><td colspan="2">实训目的：
● 掌握充配电总成的诊断思路与方法。
● 能够独立诊断交流高压互锁输出故障。</td></tr>
<tr><td colspan="2">一、安全准备工作
（1）整车或实训台架进入工位前，将工位清理干净。
（2）做好个人防护。要求使用符合要求的绝缘手套、护目镜、绝缘鞋、工作服等。</td></tr>
</table>

(3)做好车辆防护。车内三件套(方向盘套、座椅套、脚垫)。

(4)维修手册、绝缘工具。

二、设备设施(见图 1)

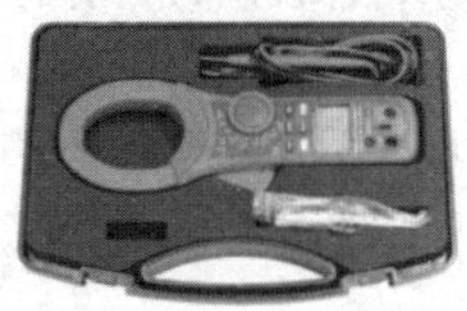

万用表

耐磨手套、绝缘手套

解码仪

秦 EV 整车故障检测实训台

图 1 设备设施

三、故障诊断

车辆发生充电异常时，一般按照由外到内、由简到繁的诊断流程。注意，首先判断车辆是否有绝缘故障，没有绝缘故障再进行后续检查。排故时要判断故障在车外还是车辆自身，因此先要检查车辆外部充电设备是否存在故障，若正常，再检查车辆自身。

1. 故障现象

启动车辆，主告警灯点亮，OK 灯未亮，EV 功能受限(见图 2)。

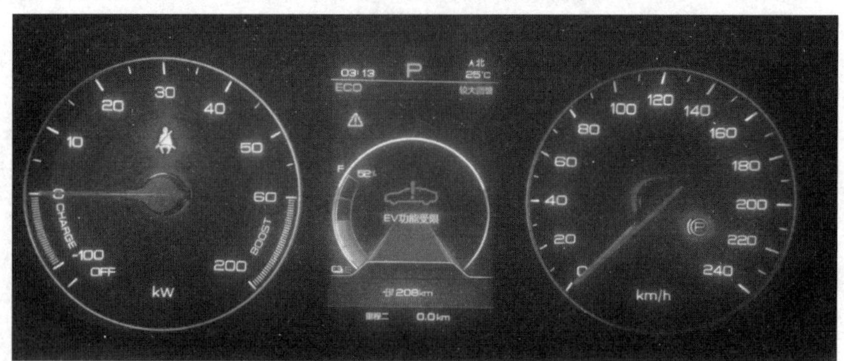

图 2 仪表显示

2. 车辆基本功能检查

启动车辆，检查车辆蓄电池、仪表、空调、制动、充电机、挡位、娱乐系统等功能是否异常。

3. 车辆初步检查

关闭启动开关，断开蓄电池负极并做好绝缘处理，穿戴防护用具，主要检查高压、低压等插接件有无松动、破损等现象。

4. 连接故障诊断仪检查

将故障诊断仪连接至车辆，看能否正常进入，读取故障码和数据流进行初步判断。

5. 故障原因分析

根据控制原理图推断，可能出现的原因有：

(1)高压互锁输入故障；

(2)高压互锁输出故障；

(3)交流高压互锁输出故障；

(4)交流高压互锁输入故障。

6. 排故步骤

启动车辆，使用解码仪扫描故障，电池管理器显示故障，读取故障码，故障码 P1AC200，显示高压互锁 2 故障。接下来就要使用检测工具对充配电总成电路进行测试来验证。

测试前工作：检查并将万用表校表。

步骤 1：将万用表调至电阻挡(见图 3)。

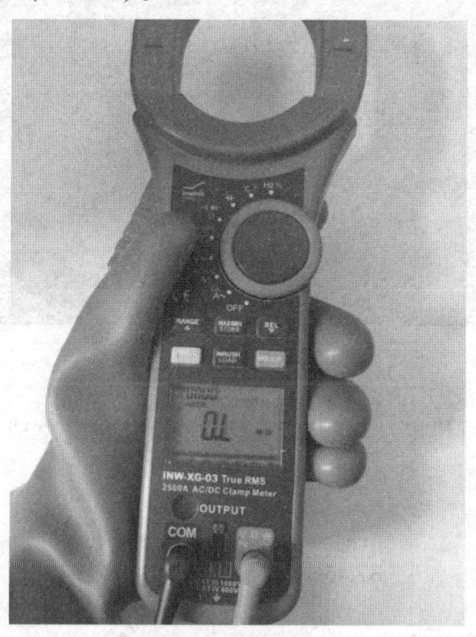

图 3　万用表

步骤 2：关闭点火开关到 OFF 位置，断开蓄电池负极 5 分钟。

步骤 3：使用万用表测量交流高压互锁输出端子 BK46/15 与电池管理器中 BK45B/10 之间的电压值，测量值为无穷大(标准小于 1 Ω)，异常(见图 4)。

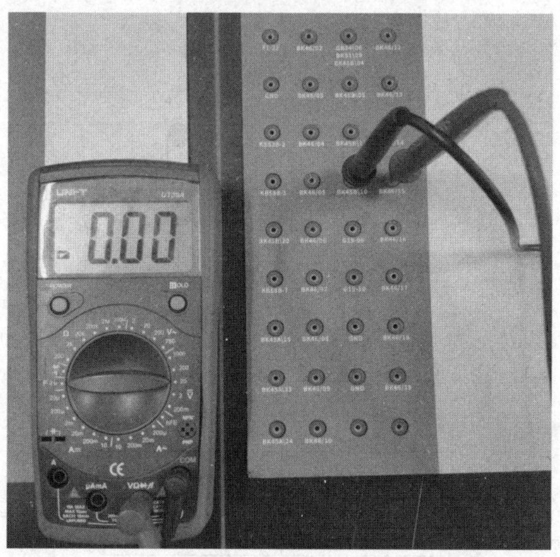

图 4　测量值(一)

步骤 4：使用万用表测量交流高压互锁输入端子 BK46/14 与电池管理器 BK45B/11 之间的电阻值，测量值为 0.6 Ω(标准小于 1 Ω)，正常(见图 5)。

图 5　测量值(二)

步骤 5：综合以上检验结果可推断，OK 灯不亮是因为充配电总成中 BK46/15 号端子与电池管理器中 BK45B/10 号端口之间线束故障导致(见图 6)。

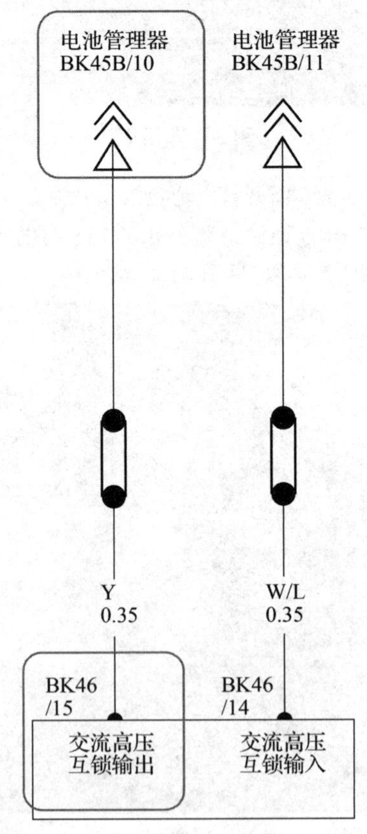

图 6　故障线束

步骤 6：将故障修复，重新启动车辆，仪表显示正常，汽车正常上电，解码仪扫描故障，显示无故障，充电故障排除(见图 7)。

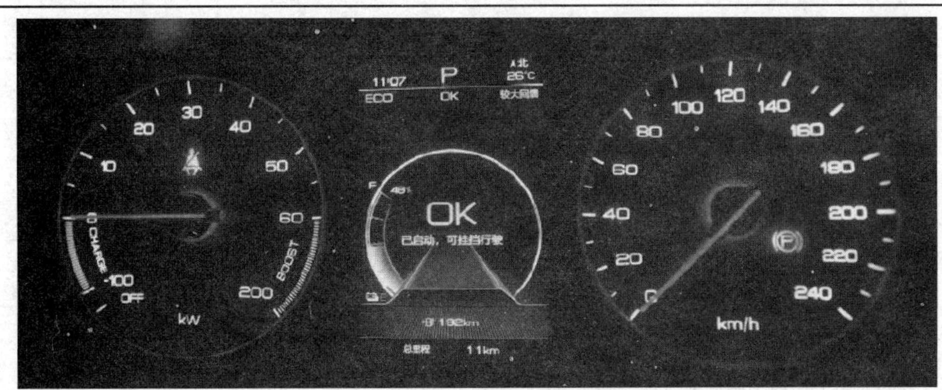

图 7　仪表显示

7. 故障机理分析

若交流高压互锁输出存在故障，将造成整车控制器高压互锁的检测不通过，不能确定系统高压暴露的状态，不能要求 OBC 闭合内部的开关，引发充电故障，因此无法完成充电控制引导程序，造成车载充电机无法启动，车辆无法充电，仪表显示故障信息。

8. 任务测评

考核模块	交流高压互锁输出故障诊断与检测			
班级		学号		
团队名称		考核日期		
考核评分项	内容	评分标准	配分	得分
安全准备	安全隔离带是否拉起	未完成 1 项扣 1 ~ 3 分，扣分不得超 15 分	15	
	安全警示牌是否摆放			
	工装是否穿戴			
	手套是否佩戴			
	车挡块是否放好			
	翼子板布围挡是否铺好			
	车内三件套是否铺好			
车辆仪表及功能检查	车辆启动是否正确	未完成 1 项扣 1 ~ 3 分，扣分不得超 15 分	15	
	仪表指示灯描述			
	车辆挡位功能检查			
	空调功能检查			
	制动功能检查			
	充电功能检查			
	其他功能检查			

续　表

考核评分项	内容	评分标准		配分	得分
车辆初步检查	检查低压控制端有无松动、破损	未完成 1 项扣 2 ~ 5 分，扣分不得超 10 分		10	
	检查车载充电机指示灯				
工具及仪器的使用	诊断仪使用是否正确	未完成 1 项扣 3 ~ 5 分，扣分不得超 25 分		25	
	数据流分析过程				
	故障码读取过程				
	示波器是否正确使用				
	示波器检测波形是否正确				
资料、信息查询能力	维修资料、手册查询	未完成 1 项扣 1 ~ 3 分，扣分不得超 15 分		15	
	电路图分析				
数据、判读和分析	原因分析过程	未完成 1 项扣 3 ~ 5 分，扣分不得超 20 分		20	
	是否下电操作				
	数据检测是否正确				
	故障点确定				
	故障修复				
互评成绩		成绩		教师签字	

学习成果

通过任务的学习和训练，学生能够正确描述故障现象，正确使用诊断测试工具；能根据交流高压互锁输出故障导致的无法充电问题，分析故障原因；能根据故障现象进行初步分析并制定诊断流程，按步骤进行故障排除，并完成任务工单的填写。学生分析问题、解决问题的能力得到了提高，职业素养和技能水平也得以提升。

拓展与提升

在秦 EV 整车故障检测实训台给学生设置其他常见充电故障，让学生独立或分组完成排故，并填写诊断报告及相应工单，以考核学生掌握水平。

任务单

任务三　充电连接信号故障导致无法充电

任务单	任务三　充电连接信号故障导致无法充电
任务名称	充电连接信号故障导致无法充电诊断与检测
任务描述	充电连接信号故障，车辆正常运行，可以上高压电但是无法充电
任务分析	当车载充电机通过硬线信号或总线信号将整车唤醒后，VCU 完成自检，通过总线或硬线将 BMC 及系统上高压部件激活。之后，事件将分为多个主线，以各高压部件为核心，并将事件上报给整车控制器，BMC 等完成自检后，将对电池内部进行检测，判断高压继电器状态、电池的温度、绝缘、充电需求等信息以及电池包是否被打开等安全信息并上传至数据总线，BMC 与 OBC 交换数据信息，主线将切换为 VCU 主导，此时 VCU 在确认充电需求后，且符合电池充电条件，则要求 OBC 闭合内部的开关，通过开关引发的 CP 端子信号变化向充电设备发出充电请求指令。根据控制原理图推断，可能出现的原因有： (1)充电连接确认 CC 故障。 (2)充电控制确认 CP 故障。 (3)VCU 故障。 (4)充电连接信号故障。
学习任务	为了进一步确认及缩小故障部位，借用诊断仪器读取故障代码和数据流，对故障部位做进一步解析。 第一步：读取故障代码(DTC)。在连接诊断仪器后，可能不能读到相关故障代码，也可能能读取到一个或多个相关故障代码，此时应结合当前现象，分析故障代码为当前还是历史信息，并进一步验证故障代码的真实性。 第二步：故障诊断数据流。在对高压不上电的数据流进行分析时，结合故障现象和故障代码信号确认数据流内容。 第三步：查阅电路图维修手册找到充配电部分。 第四步：关闭点火开关到 OFF 位置，断开蓄电池负极 5 分钟。 第五步：使用万用表测量充电连接确认 CC 端子 BK46/04 与交流充电口 KB53B-2 之间的电阻值。 第六步：使用万用表测量充电连接信号端 BK46/06 与电池管理器 BK45B/20 之间的电阻值。
劳动组合	小组成员以及分工情况。
成果展示	(1)过程的视频、图片； (2)思维导图总结； (3)记录作业的表格、工作单等。

学习小结					
评价标准	项目	自评	小组互评	教师评价	总评
	知识目标				
	技能目标				
	素质目标				
	素质				
	创新点				

工单	任务三　充电连接信号故障导致无法充电
任务实施	本任务以比亚迪秦 EV 整车故障检测实训台进行任务实施

实训目的：

- 掌握充配电总成的诊断步骤与方法。
- 能够独立诊断充电连接信号故障。

一、安全准备工作

(1) 整车或实训台架进入工位前，将工位清理干净。

(2) 做好个人防护。要求使用符合要求的绝缘手套、护目镜、绝缘鞋、工作服等。

(3) 做好车辆防护。车内三件套(方向盘套、座椅套、脚垫)。

(4) 维修手册、绝缘工具。

二、设备设施(见图 1)

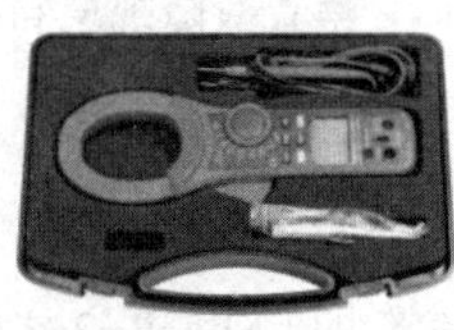

万用表

耐磨手套、绝缘手套

解码仪

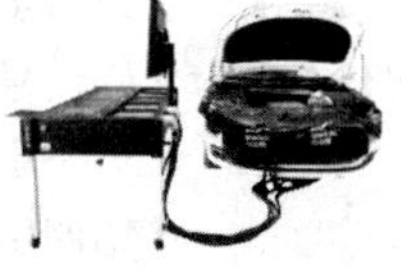

秦 EV 整车故障检测实训台

图 1　设备设施

三、故障诊断

车辆发生充电异常时，一般按照由外到内、由简到繁的诊断流程。注意，首先判断车辆是否有绝缘故障，没有绝缘故障再进行后续检查。排故时要判断故障在车外还是车辆自身，因此先要检查车辆外部充电设备，若正常，检查车辆自身。

1. 故障现象

启动车辆，仪表显示正常，OK 灯点亮，正常上高压，将汽车下电，进行充电时，连接充电枪，发现仪表充电指示灯无显示(见图 2)。

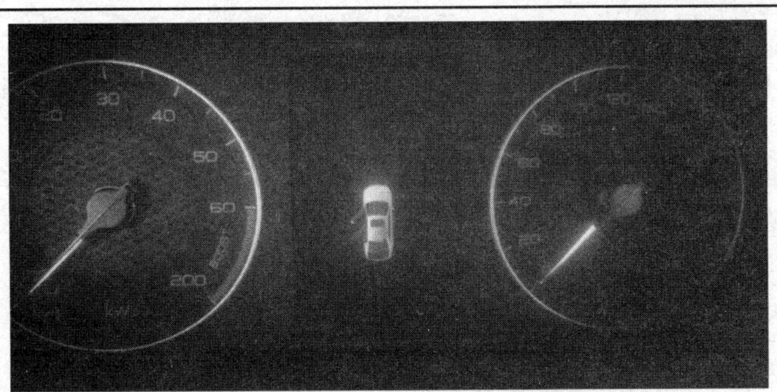

图 2　仪表显示

2. 车辆基本功能检查

启动车辆，检查车辆蓄电池、仪表、空调、制动、充电机、挡位、娱乐系统等功能是否异常。

3. 车辆初步检查

关闭启动开关，断开蓄电池负极并做好绝缘处理，穿戴防护用具，主要检查高压、低压等插接件有无松动、破损等现象。

4. 连接故障诊断仪检查

将故障诊断仪连接至车辆，看能否正常进入，读取故障码和数据流进行初步判断。

5. 故障原因分析

根据控制原理图推断，可能出现的原因有：

(1)高压互锁输入故障；

(2)高压互锁输出故障；

(3)交流高压互锁输出故障；

(4)交流高压互锁输入故障。

6. 排故步骤

启动车辆，使用解码仪扫描故障，无故障显示。接下来就要使用检测工具对车辆充电系统的电路进行测试来验证。

测试前工作：检查并将万用表校表。

步骤 1：将万用表调至电阻挡(见图 3)。

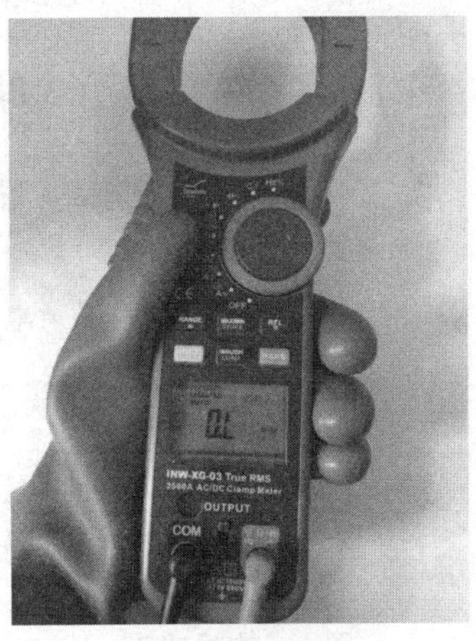

图 3　万用表

步骤 2：关闭点火开关到 OFF 位置，断开蓄电池负极 5 分钟。

步骤 3：使用万用表测量充电连接确认 CC 端子 BK46/04 与交流充电口 KB53B-2 之间的电阻值，测量值为 0 Ω(标准 1 Ω)，正常。

步骤 4：使用万用表测量充电连接信号端 BK46/06 与电池管理器 BK45B/20 之间的电阻值，测量值为 4.04 Ω(标准小于 1 Ω)，异常(见图 4)。

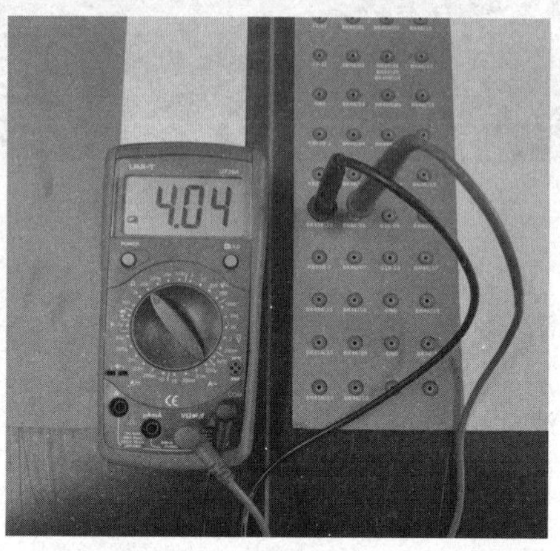

图 4　测量值

步骤 5：综合以上检验结果可推断，无法进行交流充电是因为充配电总成中 BK46/06 号端子与电池管理器中 BK45B/20 号端口之间线束故障导致(见图 5)。

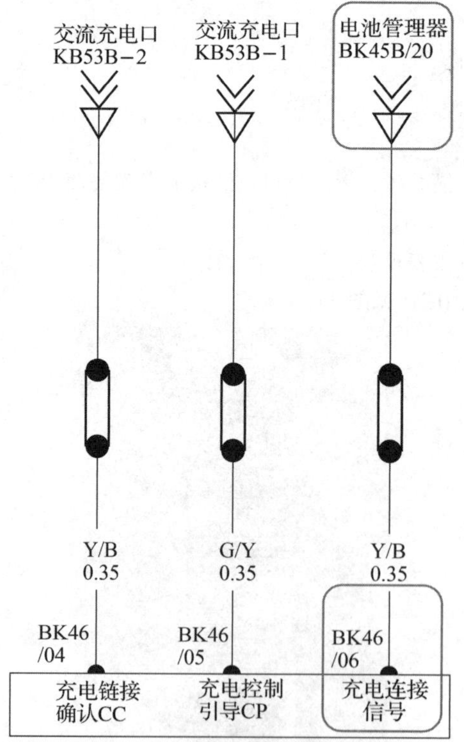

图 5　故障线束

步骤6：将故障修复，重新启动车辆，仪表显示正常，汽车正常上电，解码仪扫描故障，显示无故障，对车辆进行充电，故障排除(见图6)。

图6　仪表显示

7. 故障机理分析

若充电连接信号故障，将造成车BMC与OBC无法进行数据交换，从而无法确认动力电池状态，因此无法完成充电控制引导程序，造成车载充电机无法启动，车辆无法充电，仪表显示故障信息。

8. 任务测评

考核模块	充电连接信号故障导致无法充电			
班级		学号		
团队名称		考核日期		
考核内容：故障诊断工具使用				
考核评分项	内容	评分标准	配分	得分
安全准备	安全隔离带是否拉起	未完成1项扣1～3分，扣分不得超15分	15	
	安全警示牌是否摆放			
	工装是否穿戴			
	手套是否佩戴			
	车挡块是否放好			
	翼子板布围挡是否铺好			
	车内三件套是否铺好			
车辆仪表及功能检查	车辆启动是否正确	未完成1项扣3～5分，扣分不得超25分。	20	
	仪表指示灯描述			
	车辆挡位功能检查			
	空调功能检查			
	制动功能检查			
	充电功能检查			

续 表

考核评分项	内容	评分标准		配分	得分
车辆初步检查	检查低压控制端有无松动、破损	未完成 1 项扣 3 ~ 5 分，扣分不得超 10 分。		10	
	检查车载充电机指示灯				
工具及仪器的使用	诊断仪使用是否正确	未完成 1 项扣 3 ~ 5 分，扣分不得超 25 分		25	
	数据流分析过程				
	故障码读取过程				
	示波器是否正确使用				
	示波器检测波形是否正确				
资料、信息查询能力	维修资料、手册查询	未完成 1 项扣 1 ~ 5 分，扣分不得超 10 分。		10	
	电路图分析				
数据、判读和分析	原因分析过程	未完成 1 项扣 3 ~ 5 分，扣分不得超 25 分。		20	
	是否下电操作				
	数据检测是否正确				
互评成绩		成绩		教师签字	

学习成果

通过任务的学习和训练，学生能够正确描述故障现象，正确使用诊断测试工具；能根据充电连接信号故障导致的车辆无法充电这一故障分析故障原因；能根据故障现象进行初步分析并制定诊断流程，按步骤进行故障排除，并完成任务工单的填写。学生分析问题、解决问题的能力得到了提高，职业素养和技能水平也得以提升。

拓展与提升

在秦 EV 整车故障检测实训台给学生设置其他常见充电故障，让学生独立或分组完成排故，并填写诊断报告及相应工单，以考核学生掌握水平。

任务单

任务四　CAN 通信故障导致无法充电

任务单	任务四　CAN 通信故障导致无法充电
任务名称	CAN 通信故障导致无法充电
任务描述	充电连接信号故障，车辆正常运行，可以上高压电，但是无法充电
任务分析	整车控制器、电机控制器、车载充电机、诊断接口、电池管理控制单元、变速器变速杆、变速器控制器等单元通过 CAN 总线连接组成了一个局域网。在这个局域网中，所有系统数据的格式和速率是一样的，可以互相传输。如果 CAN 总线出现故障，可能会引起部分或所有单元失去通信，因而导致部分或系统整体功能失效。 根据控制原理图推断，可能出现的原因有： (1)动力网 CAN-H 故障； (2)动力网 CAN-L 故障； (3)IG3 电源故障。
学习任务	为了进一步确认及缩小故障部位，借用诊断仪器读取故障代码和数据流，对故障部位做进一步解析。 第一步：读取故障代码(DTC)。在连接诊断仪器后，可能不能读到相关故障代码，也可能能读取到一个或多个相关故障代码，此时应结合当前现象，分析故障代码为当前还是历史信息，并进一步验证故障代码的真实性。 第二步：故障诊断数据流。在对高压不上电的数据流进行分析时，结合故障现象和故障代码信号确认数据流内容。 第三步：查阅电路图维修手册找到充配电部分。 第四步：关闭点火开关到 OFF 位置，断开蓄电池负极 5 min。 第五步：使用万用表电阻挡测量动力网 CAN-H 端子 B30//9 与网关 G19-09 之间的电阻值。 第六步：使用万用表电阻挡测量动力网 CAN-L 端子 B30//14 与网关 G19-10 之间的电阻值。
劳动组合	小组成员以及分工情况。
成果展示	(1)过程的视频、图片； (2)思维导图总结； (3)记录作业的表格、工作单等。
学习小结	

<table>
<tr><td rowspan="6">评价标准</td><td>项目</td><td>自评</td><td>小组互评</td><td>教师评价</td><td>总评</td></tr>
<tr><td>知识目标</td><td></td><td></td><td></td><td rowspan="5"></td></tr>
<tr><td>技能目标</td><td></td><td></td><td></td></tr>
<tr><td>素质目标</td><td></td><td></td><td></td></tr>
<tr><td>素质</td><td></td><td></td><td></td></tr>
<tr><td>创新点</td><td></td><td></td><td></td></tr>
</table>

工 单

工单	任务四　CAN 通信故障导致无法充电
任务实施	本任务以比亚迪秦 EV 整车故障检测实训台进行任务实施

实训目的：

- 掌握充配电总成的诊断思路与方法。
- 能够独立诊断动力网 CAN 故障。

一、安全准备工作

(1)整车或实训台架进入工位前，将工位清理干净。

(2)做好个人防护。要求使用符合要求的绝缘手套、护目镜、绝缘鞋、工作服等。

(3)做好车辆防护。车内三件套(方向盘套、座椅套、脚垫)。

(4)维修手册、绝缘工具。

二、设备设施(见图 1)

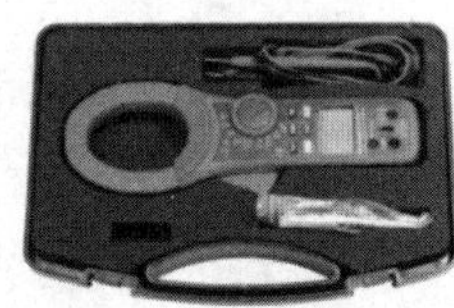

万用表

耐磨手套、绝缘手套

解码仪

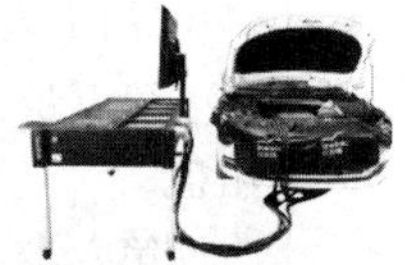

秦 EV 整车故障检测实训台

图 1　设备设施

三、故障诊断

车辆发生充电异常时，一般按照由外到内、由简到繁的诊断流程。注意，首先判断车辆是否有绝缘故障，没有绝缘故障再进行后续检查。排故时要判断故障在车外还是车辆自身，因此先要检查车辆外部充电设备，若正常，检查车辆自身。

1. 故障现象

启动车辆，OK 灯未亮，仪表有报警音，仪表报低压供电系统故障，DC/DC 故障灯点亮(见图 2)。

图 2　仪表显示

2. 车辆基本功能检查

启动车辆，检查车辆蓄电池、仪表、空调、制动、充电机、挡位、娱乐系统等功能是否异常。

3. 车辆初步检查

关闭启动开关，断开蓄电池负极并做好绝缘处理，穿戴防护用具，主要检查高压、低压等插接件有无松动、破损等现象。

4. 连接故障诊断仪检查

将故障诊断仪连接至车辆，看能否正常进入，读取故障码和数据流进行初步判断。

5. 故障原因分析

根据控制原理图推断，可能出现的原因有：

(1)动力网 CAN-H 故障；

(2)动力网 CAN-L 故障；

(3)IG3 电源故障。

6. 排故步骤

启动车辆，使用解码仪扫描故障，电池管理器显示故障，读取故障码，显示与预充失败故障、与整车控制器故障、与主动泄放模块通信故障和与 BMC 通信故障。接下来就要使用检测工具对充配电总成电路进行测试来验证。

测试前工作：检查并将万用表校表。

步骤 1：将万用表调至电阻挡(见图 3)。

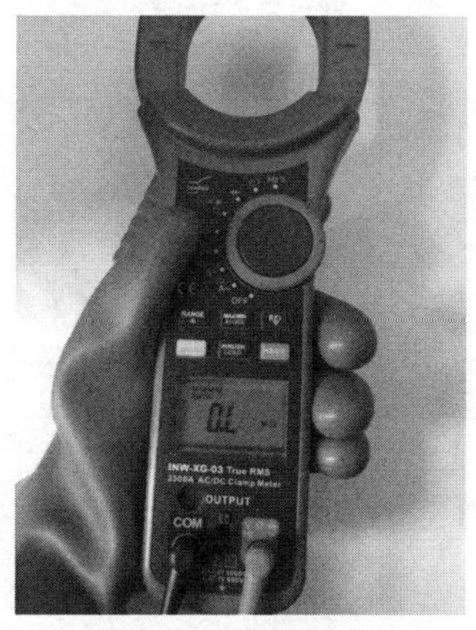

图 3　万用表

步骤 2：关闭点火开关到 OFF 位置，断开蓄电池负极 5 min。

步骤 3：使用万用表电阻挡测量动力网 CAN-H 端子 BK46/16 与网关 G19-09 之间的电阻值，测量值为无穷大(标准 1 Ω)，异常(见图 4)。

步骤 4：使用万用表电阻档测量动力网 CAN-L 端子 BK46/17 与网关 G19-10 之间的电阻值，测量值为 0.7 Ω(标准 1 Ω)，正常(见图 5)。

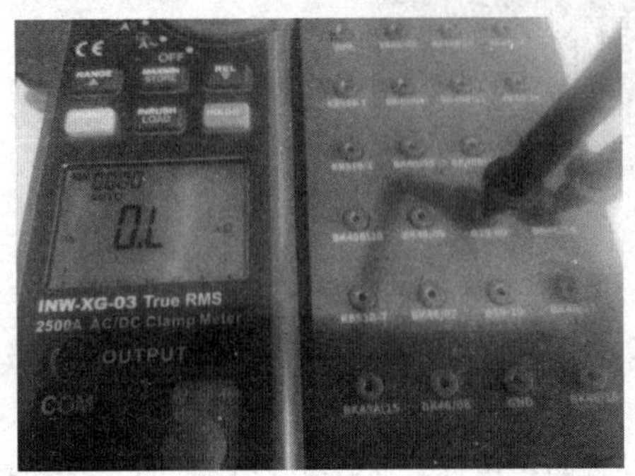

图 4　测量值(一)

图 5　测量值(二)

步骤 5：综合以上检验结果可推断，OK 灯不亮是因为充配电总成中 BK46/16 号端子与网关 G19-09 号端口之间线束故障导致(见图 6)。

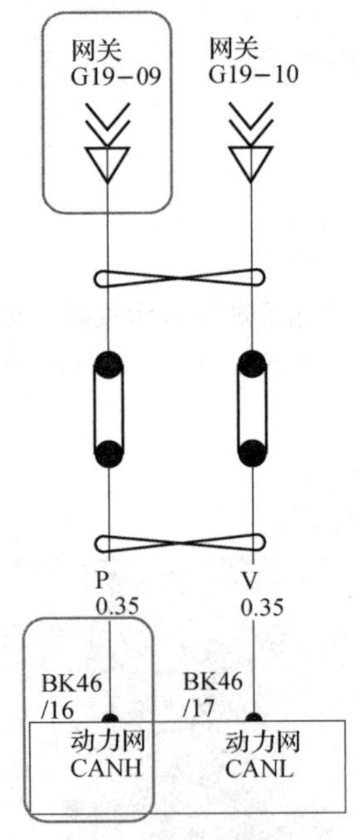

图 6　故障线束

步骤 6：将故障修复，重新启动车辆，仪表显示正常，汽车正常上电，可以正常充电，故障排除(见图 7)。

图 7　仪表显示

7. 故障机理分析

OBC 的数据通信动力 CAN 总线如果出现故障，将导致 OBC 无法与外界进行数据交换，从而导致其余系统认为 OBC 存在故障，点亮系统故障灯，不能充电，动力输出受限。

8. 任务测评

考核模块	CAN 通信故障导致无法充电			
班级		学号		
团队名称		考核日期		
考核评分项	内容	评分标准	配分	得分
安全准备	安全隔离带是否拉起	未完成 1 项扣 1 ~ 3 分，扣分不得超 15 分	15	
	安全警示牌是否摆放			
	工装是否穿戴			
	手套是否佩戴			
	车挡块是否放好			
	翼子板布围挡是否铺好			
	车内三件套是否铺好			
车辆仪表及功能检查	车辆启动是否正确	未完成 1 项扣 1 ~ 3 分，扣分不得超 15 分	15	
	仪表指示灯描述			
	车辆挡位功能检查			
	空调功能检查			
	制动功能检查			
	充电功能检查			
	其他功能检查			
车辆初步检查	检查低压控制端有无松动、破损	未完成 1 项扣 2 ~ 5 分，扣分不得超 10 分	10	
	检查车载充电机指示灯			

续 表

考核评分项	内容	评分标准		配分	得分
工具及仪器的使用	诊断仪使用是否正确	未完成 1 项扣 3～5 分，扣分不得超 25 分		25	
	数据流分析过程				
	故障码读取过程				
	示波器是否正确使用				
	示波器检测波形是否正确				
资料、信息查询能力	维修资料、手册查询	未完成 1 项扣 1～3 分，扣分不得超 15 分		15	
	电路图分析				
数据、判读和分析	原因分析过程	未完成 1 项扣 3～5 分，扣分不得超 20 分		20	
	是否下电操作				
	数据检测是否正确				
	故障点确定				
	故障修复				
互评成绩		成绩		教师签字	

学习成果

通过任务的学习和训练，学生能够正确描述故障现象，正确使用诊断测试工具；能根据 CAN 通信故障导致充电异常分析故障原因；能根据故障现象进行初步分析并制定诊断流程，按步骤进行故障排除，并完成任务工单的填写。学生分析问题、解决问题的能力得到了提高，职业素养和技能水平也得以提升。

拓展与提升

在秦 EV 整车故障检测实训台给学生设置其他常见充电故障，让学生独立或分组完成排故，并填写诊断报告及相应工单，以考核学生掌握水平。

课后习题

一、填空题

1. 充电系统可分为常规充电和________两种方式。

2. 常规充电模式为交流充电方式，由外部电网提供________民用单相交流电源或家用16A供电插座提供的交流电给电动汽车车载充电机，由________整流、滤波、升压，转换为高压直流电，通过高压控制盒连接到动力蓄电池，充满电一般需要5~8 h。

3. 快速充电为________方式。充电电流要大一些，这就需要建设快速充电站，它并不要求把动力电池完全充满，只满足继续行驶的需要就可以了。

4. 在充电连接电缆连接到供电设备的时候，供电设备端的充电枪连接确认________从连接前的高电平切换到连接后的低电平，在充电连接电缆连接到车辆充电口的过程中。

5. 充电孔分两种：________和直流快充口两种。

6. 交流供电，将充电枪连接到交流充电桩或家用16 A供电插座，充电桩经充电枪向电动汽车输入________。

7. 充电唤醒充电枪通过________连接确认后，车载充电机向整车控制器(VCU)、蓄电池管理系统(BMS)发出连接确认信号和________，整车控制器(VCU)唤醒仪表显示连接状态。

8. 停止充电蓄电池管理系统(BMS)检测到充电完成后，给车载充电机发送指令，车载充电机停止工作，蓄电池________、________断开，充电结束。

9. 直流供电充电枪连接到直流充电桩，直流充电桩通过充电枪为电动汽车提供________。

10. 快速充电的优点：________，充电车辆流动快，节省加电站停车场面积。

二、选择题

1. (　　)警告标记用于指明可能出现高压电的位置，在执行高压禁用程序前，贴有这些标记的元件可能有高压电。

A. 橙色　　B. 黄色

C. 红色　　D. 手动分离标记

2. 慢充是指使用(　　)，借助车载充电机，通过整流和升压，将交流电变换为高压直流电给动力电池进行充电。

A. 直流220 V单相电　　B. 交流220 V单相电

C. 交流380 V三相电　　D. 直流380 V三相电

3. 快充系统一般使用(　　)，通过快充桩进行整流、升压和功率变换后，将高压大电流通过高压母线直接给动力电池进行充电。

A. 交流 380 V 三相电　　B. 直流 380 V 三相电

C. 直流 220 V 单相电　　D. 交流 220 V 单相电

4. 预充电阻的作用是(　　)。

A. 为电池充电之前的检测电阻　　B. 车辆高压上电时降低冲击电流

C. 交流充电时的安全保护电阻　　D. 不是车辆上必需的结构

5. 缺少预充电阻会造成的后果是(　　)。

A. 烧毁主继电器　　B. 损坏车载充电机

C. 电池管理系统不能运行　　D. 车辆仍然可以行驶

6. 电动汽车充电时，连接电动汽车和电动汽车供电设备的组件，除电缆外，还可能包括(　　)、车辆接口、缆上控制保护装置和帽盖等部件。

A. 供电接口　　B. 充电接口

C. 供电插头　　D. 车辆插头

7. 对于直流充电的车辆接口，应在车辆插头上安装(　　)装置，防止车辆接口带载分断。

A. 气压锁止　　B. 液压锁止

C. 电子锁止　　D. 机械锁止

8. 电动汽车充电时，充电枪在锁止状态下，施加(　　)的拔出外力时，连接不应断开，且锁止装置不得损坏。

A. 200 N　　B. 250 N

C. 150 N　　D. 300 N

9. 电动汽车充电时，当插入供电插头或车辆插头时，(　　)应最先连接。

A. 接地端子　　B. 相线端子

C. 中性端子　　D. 控制导引端子

10. 供电插头和供电插座、车辆插头和车辆插座插合后，其防护等级应分别达到(　　)。

A. IP54　　B. IP55

C. IP67　　D. IP56

11. 电动汽车交流充电车辆接口和供电接口分别包含(　　)对触头。

A. 7　　B. 8

C. 9　　D. 10

12. 电动汽车交流充电车辆接口和供电接口分别包含7对触头，分别是CC、(　　)、N、L1、L2、L3和PE。

A. CA　　B. AP

C. DC　　D. CP

13. 固定安装在电动汽车上，将公共电网的电能变换为车载储能装置所要求的直流电，并给车载储能装置充电的设备叫作(　　)。

A. DC/DC变换器　　B. 车载充电机

C. 高压控制盒　　D. 电机控制器

14. 电动汽车的电池处于充满电状态时，仍然与充电装置连接，由充电装置向电池提供少量电流来补偿电池的局部损耗，这种现象叫作(　　)。

A. 过充　　B. 浮充

C. 恒压充　　D. 恒流充

15. 充电是指将交流或直流电网(电源)调整为校准的电压/电流，为电动汽车动力电池提供(　　)，也可额外地为车载电器设备供电。

A. 热能　　B. 化学能

C. 机械能　　D. 电能

16. (　　)是指通过电子或机械的方式，反映车辆插头连接到车辆和/或供电插头连接到充电设备上的状态的功能。

A. 连接确认功能　　B. 控制引导功能

C. 过压断路功能　　D. 过流断路功能

17. (　　)是指用于监控电动汽车和电动汽车供电设备之间交互的功能。

A. 连接确认功能　　B. 控制引导功能

C. 过压断路功能　　D. 过流断路功

18. 在电动汽车整个充电阶段，(　　)实时向充电机发送电池充电需求，充电机根据电池充电需求来调整充电电压和充电电流以保证充电过程正常进行。

A. VCU　　B. BMS

C. MCU　　D. CHG

19. 在电动汽车进行充电时，BMS根据充电过程是否正常、电池状态是否达到BMS本身设定的充电结束条件以及是否收到(　　)终止充电报文(包括具体终止原因、报文参数值全为0和不可信状态)来判断是否结束充电。

A. 充电机　　B. 电机控制器

C. 动力电池　　D. 整车控制器

20. 北汽新能源纯电动汽车 EV200 快速充电时高压控制盒内(　　)。

A. 快充正负极继电器由 VCU 控制

B. 快充正负极继电器由 BMS 控制

C. 快充正极继电器由 VCU 控制，负极继电器由 BMS 控制

D. 快充正极继电器由 BMS 控制，负极继电器由 VCU 控制

三、简答题

1. 简述新能源汽车交流充电的工作过程。

2. 简述新能源汽车直流充电的工作过程。

项目五

其他系统故障检测与诊断

项目描述

新能源汽车其他系统主要有空调系统、能量回收系统、真空助力系统、制动系统、转向系统等。本项目对新能源汽车空调、制动等系统原理进行介绍，通过工单式任务实操训练，学生可掌握新能源汽车其他系统常见故障特征及诊断排障思路和方法。本项目主要以空调制冷系统故障、制动系统故障、高压不上电故障等案例进行介绍。这些都是新能源汽车检修中最常见的故障，也是1+X汽车运用与维修(含智能新能源汽车)领域“新能源汽车电子电气空调舒适技术”“新能源汽车悬挂转向制动安全技术”模块中的空调系统和转向系统检测维修任务。该模块需要具备熟练的专业技能和职业素养。

项目要求

本项目共三个学习任务，分别是：

任务一　空调制冷系统故障诊断与检测；

任务二　制动系统故障诊断与检测；

任务三　高压不上电故障诊断与检测。

通过三个任务的学习，学生可掌握新能源汽车空调系统作用、组成、特点及工作原理；掌握制动系统作用、组成和工作原理；掌握车辆高压不上电故障诊断与检测及故障排除方法；会查阅维修资料、电路原理图识读；能对新能源汽车其他系统常见故障进行检测与排除。

学习目标

1. 知识目标

(1)了解新能源汽车其他系统作用、组成、原理；

(2)理解系统工作流程；

(3)熟悉诊断仪器、仪表及工具的使用；

(4)掌握空调、制动等系统故障诊断思路；

(5)掌握新能源汽车其他系统常见故障及检修方法。

2. 能力目标(技能)

(1)具备正确使用空调系统功能，确认空调面板显示情况的能力；

(2)具备依据维修手册，对空调系统进行故障诊断与排除的能力；

(3)能够检测新能源汽车制动助力系统的真空度；

(4)能够依据故障诊断仪对数据流故障码进行解读分析；

(5)能够规范地对新能源汽车无法高压上电故障进行诊断与排除；

(6)能够按照 1+X 标准的技能要求进行各系统检测维修。

3. 素质目标

(1)及时了解国家政策、法规，熟练掌握行业规程，增强安全意识，加强技术学习；

(2)重视小组分工协作，培养学生的团队合作精神；

(3)培养学生良好的自我管理能力，做好自己的职业发展规划。

任务一　空调制冷系统故障诊断与检测

学习载体

一辆北汽 EV160 电动汽车，如图 5-1 所示，可以正常行驶，在行驶中打开空调开关及鼓风机开关，风量调到最大，运行一段时间发现冷气口无冷风吹出，为确保空调系统能够正常使用，请按照正确规范操作流程进行故障排查与修复。

图 5-1　北汽 EV160 纯电动汽车

相关知识

一、空调系统概述

(一)空调系统作用

汽车空调系统的作用如下：

(1)可以提高车内环境舒适性，将车室内空气温度、湿度、流速、洁净度、噪声和余压等控制在舒适的标准范围，有利于保护司乘人员的身心健康，提高其工作效率和生活质量；

(2)对车厢内空气进行制冷、加热、换气和空气净化，为乘车人员提供舒适的乘车环境，降低驾驶员的疲劳强度，提高行车安全。

(3)可以排出空气中的湿气，吸入新风，具有通风功能，干燥空气吸收人体汗液，营造更舒适的环境，使驾驶员和乘客在夏季乘坐舒适，保持清醒。

(4)过滤空气，排除空气中的灰尘和花粉。

(二)汽车空调系统特点及组成

纯电动汽车空调系统与传统燃油汽车组成基本相同，主要由压缩机、冷凝器、蒸发器、冷却风扇风机、膨胀阀及高低压管路附件等组成。区别在于：新能源纯电动汽车空调系统所使用的核心部件——压缩机没有了传统燃油车上的动力来源，所以只能由电动汽车自己的动力电池来驱动。图 5-2 为北汽 EV160 汽车空调系统组成，北汽 EV160 汽车空调系统组成主要由制冷系统、供暖系统、送风系统和控制系统四部分组成，其中制冷系统主要由电动压缩机、冷凝器、压力开关、储液干燥罐、膨胀阀及管路等组成；供暖系统主要由 PTC 盖板、PTC 加热器等组成；送风系统主要由鼓风机、风道、内外转换风门、空调滤芯及出风口等组成；控制系统主要由控制面板、空调控制器等组成。

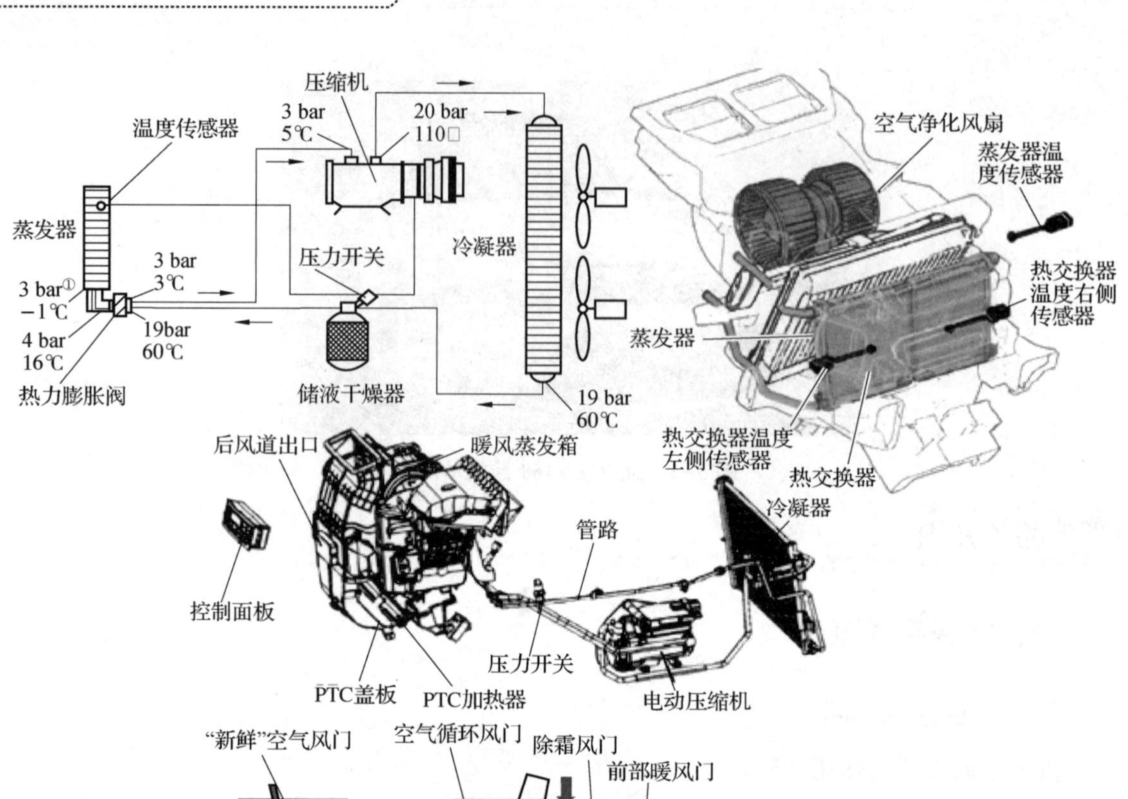

图 5-2　北汽 EV160 汽车空调系统组成

(三)新能源汽车空调系统工作原理

新能源汽车空调系统和传统燃油汽车空调系统工作原理相同，只是空调压缩机的驱动方式及暖风产生力有所不同。新能源汽车采用高压电动空调压缩机，由动力电池驱动。暖风通常采用电加热方式，电加热方式有两种：一种是加热冷却液，再经过循环为整车提供热量；另一种是直接加热经过蒸发箱的空气产生暖风。

新能源汽车空调制冷系统的工作原理：制冷系统通过冷凝剂状态的变化，即"蒸发制冷"的物理原理，利用制冷剂蒸发时吸收空气中的热量达到降温的目的。图 5-3 所示为制冷系统组成示意图，在制冷系统工作时，制冷剂在蒸发箱、鼓风机、膨胀阀、压缩机、冷

① 1 bar = 10^5 Pa。

凝器、散热风扇以及储液干燥罐中以不同的状态在这个空间内部循环流动。汽车空调在工作中大致可以分为 4 个过程。

(1)压缩过程。压缩机吸入蒸发器出口处低温低压的制冷剂气体，把它压缩成高温高压的气体排出压缩机。

(2)散热过程。高温高压的过热制冷剂气体进入冷凝器，由于压力及温度的降低，制冷剂气体冷减成液体，并释放出大量的热量。

(3)节流过程。温度和压力较高的制冷剂液体通过膨胀装置后体积变大，压力和温度急剧下降，以雾状(细小液滴)排出膨胀装置。

(4)吸热过程。雾状制剂液体进入蒸发器，由于此时制冷剂沸点远低于蒸发器内温度，故制冷液体蒸发成气体，在蒸发过程中大量吸收周围的热量，而后低温低压的制冷剂蒸气又进入压缩机。上述过程周而复始地进行，从而达到降低蒸发器周围空气温度的目的。

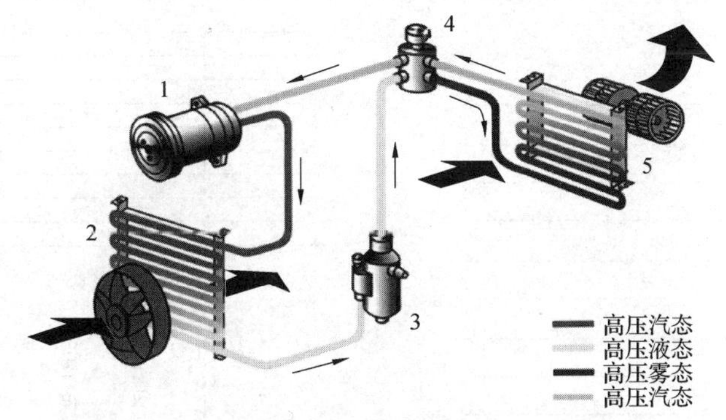

图 5-3　北汽 EV160 汽车空调制冷系统组成

1—压缩机；2—冷凝器；3—干燥瓶；4—膨胀阀；5—蒸发箱

新能源汽车空调制冷系统电动压缩机工作原理：通过高压电驱动电动空调压缩机，通过压缩来自蒸发器的低压、低温蒸汽，并将其加压成高压、高温蒸汽，使制冷剂环绕系统循环。新能源汽车空调系统电动压缩机如图 5-4 所示。

纯电动汽车没有传统汽车的发动机，因此需要靠 PTC 加热器的热能来采暖。PTC 加热器是采用 PTC 热敏电作为发热源的一种加热器，由若干单片组合后与波纹散热铝条经高温胶黏结而成，具有热阻小、换热效率高的显著优点，如图 5-5 所示。

图 5-4　新能源汽车空调系统电动压缩机

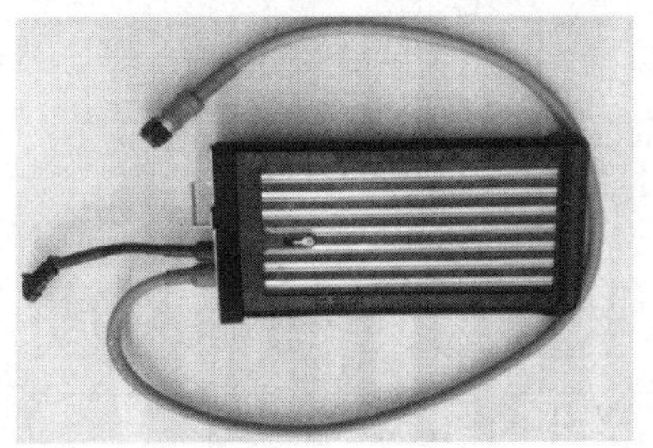

图 5-5　新能源汽车空调系统 PTC 加热器

(四)新能源汽车空调系统控制原理

电动汽车空调系统的控制原理：整车控制器 VCU 采集到空调 AC 开关信号、空调压力开关信号、蒸发器温度信号、风速信号以及环境温度信号，经过计算处理形成控制信号，通过 CAN 总线传输给空调控制器，由空调控制器控制空调压缩机高压电路的通断。下面以北汽 EV160 纯电动汽车空调控制系统原理为例，由图 5-6、图 5-7、图 5-8 可知，北汽 EV160 纯电动汽车空调系统是根据驾驶人对空调开关操作进行的，VCU 接收到空调开关信号，空调系统继电器吸合，为驱动空调压缩机的电机及空调控制器等设备供电，空调控制器可以控制压缩机和 PTC 加热器工作，同时接收来自温度、环境等传感器以及空调控制开关信息，经过处理后，通过新能源汽车 CAN 总线向空调压缩机以及 PTC 加热器等执行部件发送指令，完成空调系统的正常运行。

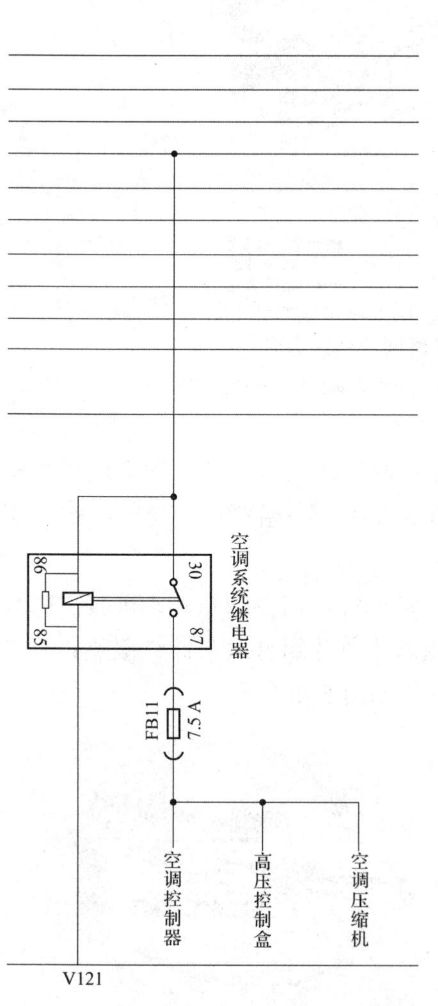

图 5-6　空调系统继电器电路原理图

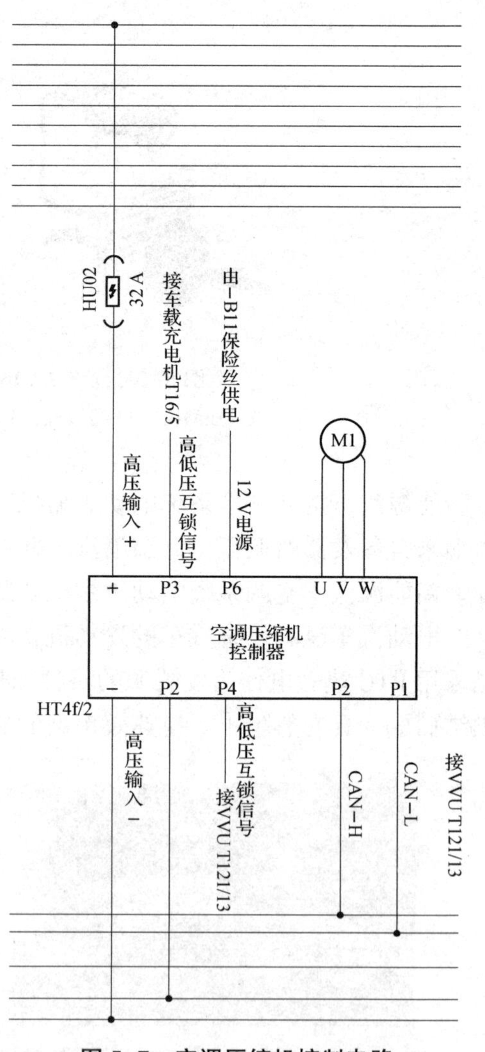

图 5-7　空调压缩机控制电路

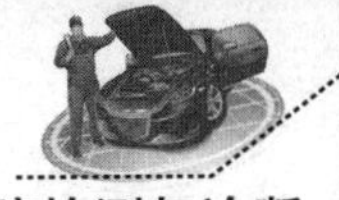

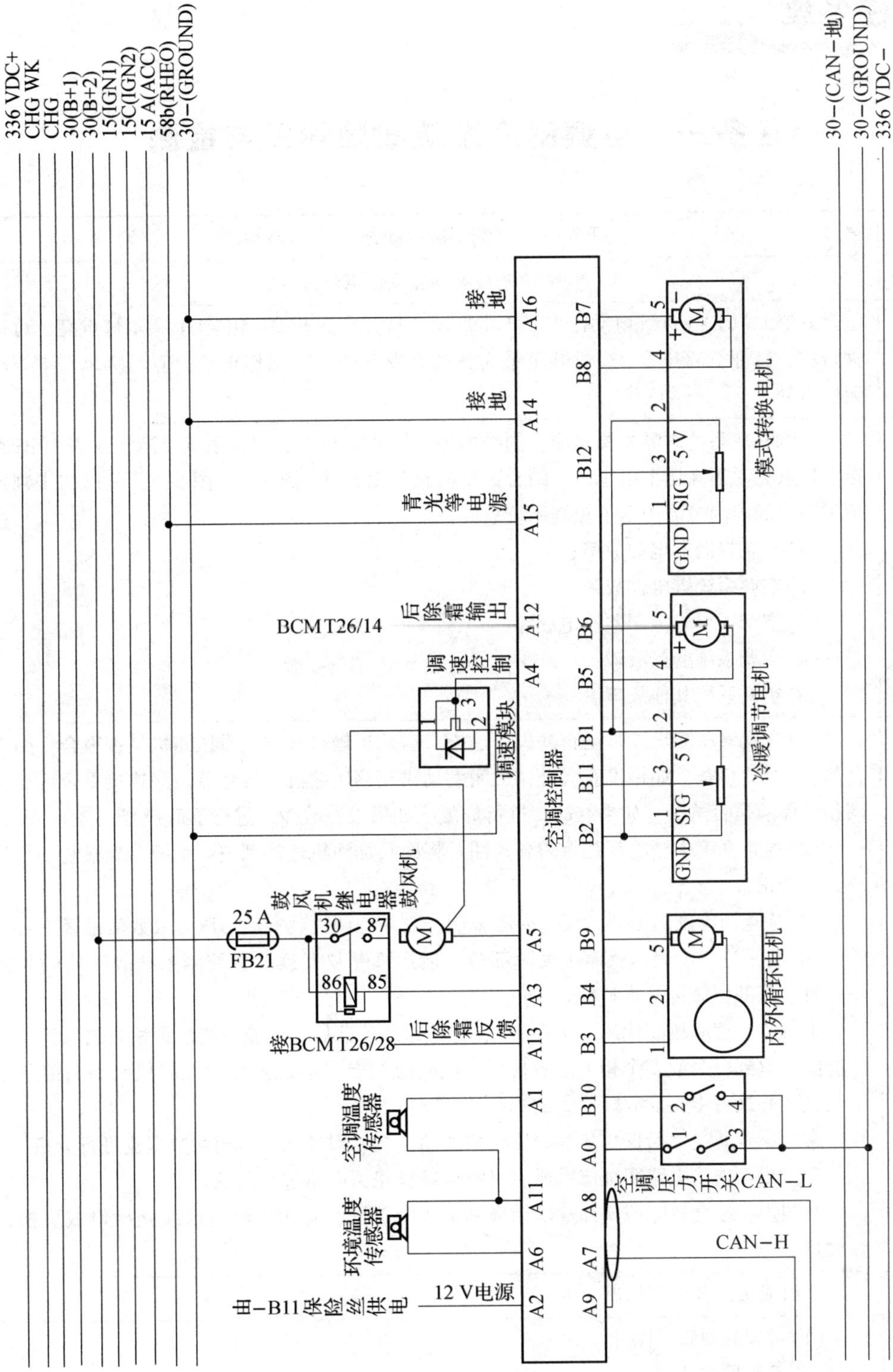
336 VDC+
CHG WK
CHG
30(B+1)
30(B+2)
15(IGN1)
15C(IGN2)
15 A(ACC)
58b(RHEO)
30−(GROUND)
30−(CAN−地)
30−(GROUND)
336 VDC−
空调控制器
接地
青光等电源
后除霜输出
BCM T26/14
调速控制
调速模块
25 A
FB21
鼓风机继电器
鼓风机
后除霜反馈
接BCM T26/28
空调温度传感器
环境温度传感器
由−B11保险丝供电
12 V电源
空调压力开关
CAN−L
CAN−H
模式转换电机
冷暖调节电机
内外循环电机

图5-8 空调控制器电路

任务单

任务一　空调制冷系统故障诊断与检测

任务单	任务一　空调制冷系统故障诊断与检测
任务名称	空调制冷系统故障诊断与检测
任务描述	一辆北汽 EV160 纯电动汽车，正常启动，打开点火开关，READY 指示灯点亮，可以正常行驶，打开空调开关，风量开至最大，观察发现鼓风机工作正常，但无冷风，空调功能无法启动
任务分析	空调制冷系统故障主要原因：制冷循环系统故障和电子控制系统故障。仪表上 READY 指示灯点亮说明高压上电正常，结合试车信息和图 5-3、图 5-4、图 5-5，可以初步判定空调不制冷的原因可能为电子控制系统故障： (1)空调控制器电源故障； (2)空调系统继电器故障； (3)空调压缩机控制器供电故障； (4)空调系统通信故障； (5)空调系统其他故障。
学习任务	(1)先观察压缩机皮带是否缺失、过松，启动车辆打开空调看压缩机是否吸合，如果吸合从(2)开始检查，如果没有吸合，关闭发动机观察压缩机、传感器线路连接是否可靠，空调相关保险是否熔断。如果有故障进行修复。如果没有故障，进行下面检查。 (2)检查系统中制冷剂是否需要加注。将回收加注机连接到空调系统，观察制冷剂静态压力是否正常。 (3)检查制冷剂的循环状况。启动车辆、打开空调，观察动态压力表数值是否正常。 (4)为了进一步确认及缩小故障部位，借用诊断仪器读取各控制系统故障代码和数据流，对故障部位做进一步解析。 第一步：读取故障代码(DTC)。在连接诊断仪器后，可能不能读到相关故障代码，也可能能读取到一个或多个相关故障代码，此时应结合当前现象分析故障代码为当前还是历史信息，并进一步验证故障代码的真实性。 第二步：通过诊断仪与各控制器模块通信连接，对读取故障码和数据流进行分析。 第三步：查阅电路图维修手册，对空调系统相关电路进行测试。 第四步：结合故障现象和诊断结果判定故障范围，对相应部件或线路检修或更换，排除故障。
劳动组合	小组成员以及分工情况。
成果展示	(1)过程的视频、图片； (2)思维导图总结； (3)记录作业的表格、工作单等。

<table>
<tr><td>学习小结</td><td colspan="5"></td></tr>
<tr><td rowspan="6">评价标准</td><td>项目</td><td>自评</td><td>小组互评</td><td>教师评价</td><td>总评</td></tr>
<tr><td>知识目标</td><td></td><td></td><td></td><td rowspan="5"></td></tr>
<tr><td>技能目标</td><td></td><td></td><td></td></tr>
<tr><td>素质目标</td><td></td><td></td><td></td></tr>
<tr><td>素质</td><td></td><td></td><td></td></tr>
<tr><td>创新点</td><td></td><td></td><td></td></tr>
</table>

工　单

<table>
<tr><td>工单</td><td>任务一　空调制冷系统故障诊断与检测</td></tr>
<tr><td>任务实施</td><td>本任务以北汽 EV160 整车故障检测实训台进行任务实施</td></tr>
<tr><td colspan="2">实训目的：
• 掌握空调系统故障诊断步骤和方法。
• 能独立对空调系统相关线路进行检测及故障修复。</td></tr>
<tr><td colspan="2">一、安全准备工作
(1)整车或实训台架进入工位前，将工位清理干净。
(2)做好个人防护。要求使用符合要求的绝缘手套、护目镜、绝缘鞋、工作服等。
(3)做好车辆防护。车内三件套(方向盘套、座椅套、脚垫)。
(4)维修手册、绝缘工具。
二、设备设施(见图 1)
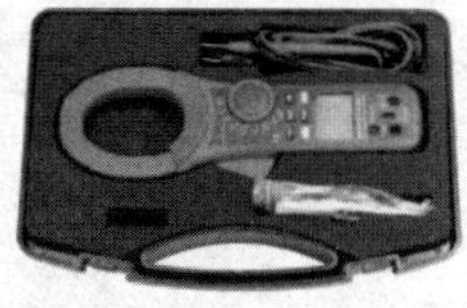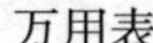 万用表　 耐磨手套、绝缘手套　 解码仪　 北汽 EV160 整车故障检测实训台
图 1　设备设施
三、空调制冷系统故障诊断
汽车空调系统故障诊断时，一般按照由外到内、先易后难的诊断原则。注意，首先判断车辆是否有绝缘故障，没有绝缘故障再进行后续检查；然后对空调系统表面进行检查，对容易检测的部件检查</td></tr>
</table>

诊断，再通过故障现象及故障码结合电路图分析，确定故障范围，并进行相关线路检测逐一排除；最后确定故障点并修复故障试车验证。

1. 故障现象

启动车辆，仪表显示正常，READY 灯点亮，能正常上高压，车辆能正常行驶，打开空调开关，控制风量开至最大，温度设定为最低出风温度，发现鼓风机工作，但无冷风(见图 2)。

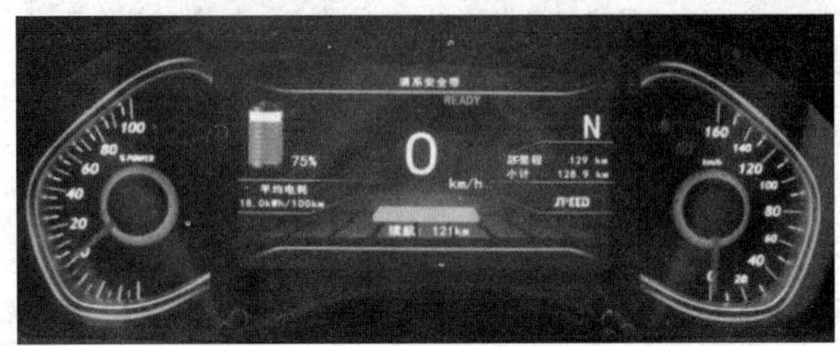

图 2　仪表显示

2. 空调系统初步检查

(1)检查空调系统高低压插接件是否有破损或松动现象，注意：关闭启动开关，断开蓄电池负极并做好绝缘处理，穿戴防护用具。

(2)检查空调管路中制冷剂是否泄漏，检查制冷剂是否缺失。

(3)检查制冷系统的整个系统是否出现了堵塞情况，一般高压管路比较热，如果某处特别热或者进出口温差很大，说明此处有堵塞。

(4)检查空调工作压力是否正常，一般情况下汽车空调运行压力为正常的低压压力，应为 0.15~0.25 MPa，正常的高压压力应为 1.3~1.7 MPa。

(5)检查空调压缩机是否工作。

(6)检查空调系统其他部件是否异常。

经检查，以上空调制冷循环系统正常，则可能是空调电子控制系统故障。

3. 车辆基本功能检查

启动车辆，检查车辆蓄电池、仪表、空调、制动、充电机、挡位、娱乐系统等功能是否异常。

4. 连接故障诊断仪检查

将故障诊断仪连接至车辆，看能否正常进入，读取故障码和数据流进行初步判断。

5. 故障原因分析

根据空调系统控制原理图推断，分析故障范围：

(1)空调控制器电源故障。

(2)空调系统继电器故障。

(3)空调压缩机控制器供电故障。

(4)空调系统通信故障。

(5)空调系统其他故障。

通过故障现象和初步分析，进一步检查，发现空调压缩机不工作，初步断定为空调压缩机或其控制系统的问题，决定对空调压缩机及其控制线路进行诊断，查找故障原因，并修复排除故障。

6. 排故步骤

启动车辆，使用解码仪扫描故障，无故障显示。接下来就要使用检测工具对车辆空调系统的电路进行测试来验证。

测试前工作：检查并将万用表校表。

步骤 1：关闭点火开关，钥匙置于“OFF”状态，断开蓄电池负极，断开空调压缩机低压连接器，分别测量搭铁线、CAN 总线。

(1) 搭铁线检测(见图 3)。用万用表测量低压插接件 4 号脚与车身之间的电阻，其正常电阻阻值应不超过 1 Ω，若电阻无穷大，则故障为搭铁线断路。若搭铁线有故障，压缩机控制器无法控制压缩机工作。

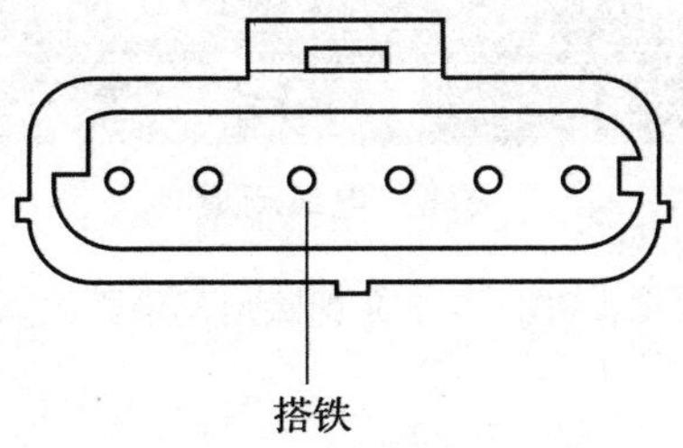

图 3 搭铁线测量

(2) 空调压缩机 CAN 总线电阻的检测(见图 4)。用万用表测量低压连接器 5 号脚与 6 号脚之间的电阻，其电阻值约 60 Ω。若电阻无穷大，则故障为断路，若电阻接近于 0，则可能为 CAN-H 与 CAN-L 短路或与其连接的相关部件有短路现象。用万用表分别测量低压连接器 5 号脚、6 号脚与车身之间的电阻，电阻值应为无穷大，若电阻接近于 0，故障为导线有搭铁现象。

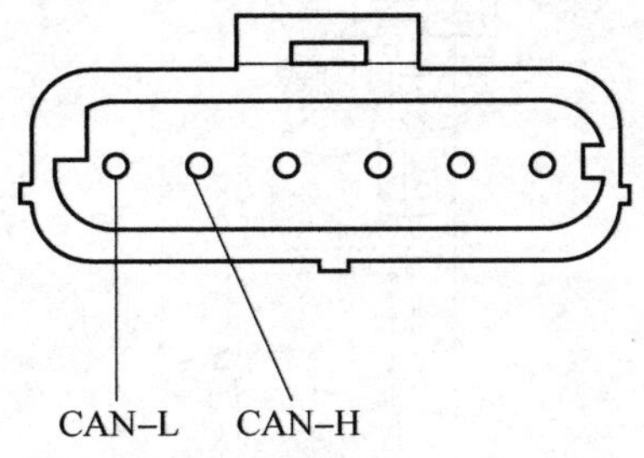

图 4 CAN 总线电阻、短路测量

步骤 2：测量空调压缩机高压互锁信号线路(见图 5)。用万用表测量空调压缩机低压接口 2 号针脚与 3 号针脚之间的电阻阻值，电阻值应小于 1 Ω，如果电阻无穷大，故障为线路断路。

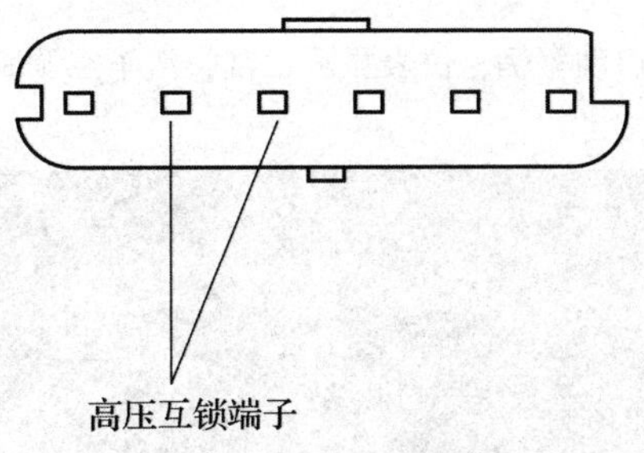

图 5 高压互锁测量

步骤 3：低压电源线测量(见图 6)。打开点火开关，用万用表测量低压连接器 1 号针脚的直流电压，电压值应为 9~14 V，如果测得电压为 0，则检查 FB11/7.5A 保险、空调继电器，若保险及继电器良好，那么检查低压连接器 1 号针脚与 FB11/7.5A 保险之间有否断路。

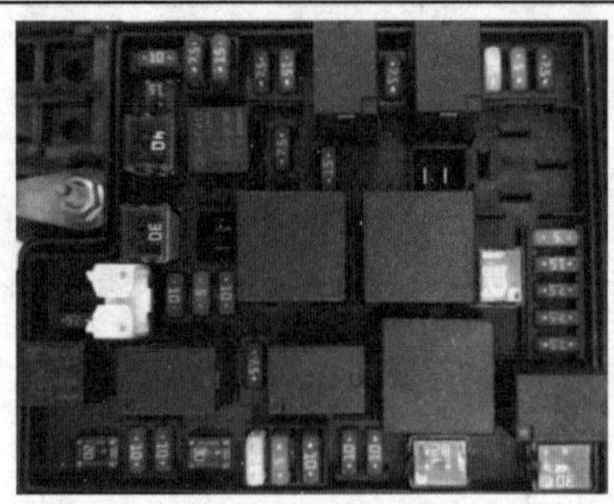

图 6　电源测量

步骤 4：综合以上检验结果发现，FB11/7.5 A 保险熔丝熔断故障导致空调制冷系统无法正常工作(见图 7)。

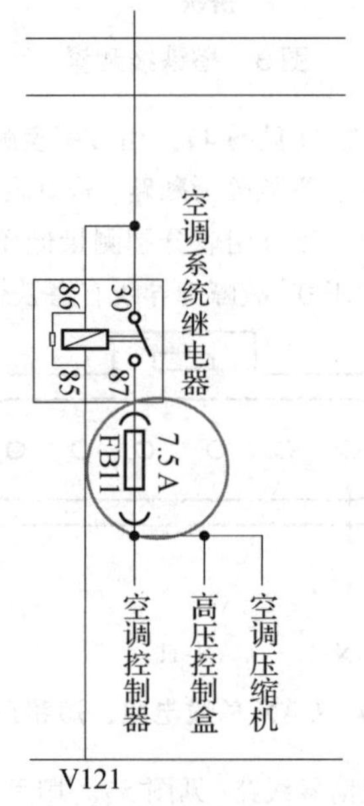

图 7　保险熔丝熔断故障

步骤 5：将故障恢复，重新启动车辆，仪表显示正常，汽车空调制冷系统运行正常，故障排除(见图 8)。

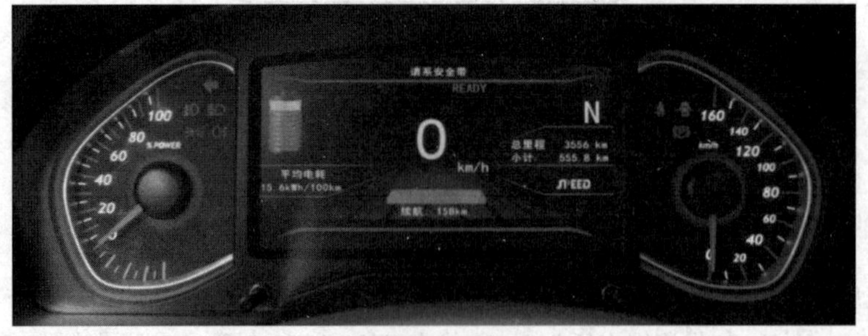

图 8　仪表显示

7. 故障机理分析

空调控制器和压缩机要保证信息传输，正常运转，首先要保证空调控制器、压缩机电源正常，FB11/7.5A 保险正常。若空调控制器供电线路异常，将会造成空调控制器、空调压缩机无法启动工作，从而造成空调制冷系统故障。

8. 任务测评

<table>
<tr><td>考核模块</td><td colspan="4">新能源汽车空调制冷系统故障诊断与检测</td></tr>
<tr><td>班级</td><td></td><td>学号</td><td colspan="2"></td></tr>
<tr><td>团队名称</td><td></td><td>考核日期</td><td colspan="2"></td></tr>
<tr><td>考核评分项</td><td>内容</td><td>评分标准</td><td>配分</td><td>得分</td></tr>
<tr><td rowspan="7">安全准备</td><td>安全隔离带是否拉起</td><td rowspan="7">未完成 1 项扣 1 ~ 3 分，扣分不得超 15 分</td><td rowspan="7">15</td><td rowspan="7"></td></tr>
<tr><td>安全警示牌是否摆放</td></tr>
<tr><td>工装是否穿戴</td></tr>
<tr><td>手套是否佩戴</td></tr>
<tr><td>车挡块是否放好</td></tr>
<tr><td>翼子板布围挡是否铺好</td></tr>
<tr><td>车内三件套是否铺好</td></tr>
<tr><td rowspan="7">车辆仪表及功能检查</td><td>车辆启动是否正确</td><td rowspan="7">未完成 1 项扣 1 ~ 3 分，扣分不得超 15 分</td><td rowspan="7">15</td><td rowspan="7"></td></tr>
<tr><td>仪表指示灯描述</td></tr>
<tr><td>车辆挡位功能检查</td></tr>
<tr><td>空调功能检查</td></tr>
<tr><td>制动功能检查</td></tr>
<tr><td>充电功能检查</td></tr>
<tr><td>其他功能检查</td></tr>
<tr><td rowspan="2">车辆初步检查</td><td>检查低压控制端有无松动、破损</td><td rowspan="2">未完成 1 项扣 2 ~ 5 分，扣分不得超 10 分</td><td rowspan="2">10</td><td rowspan="2"></td></tr>
<tr><td>检查车载充电机指示灯</td></tr>
<tr><td rowspan="5">工具及仪器的使用</td><td>诊断仪使用是否正确</td><td rowspan="5">未完成 1 项扣 3 ~ 5 分，扣分不得超 25 分</td><td rowspan="5">25</td><td rowspan="5"></td></tr>
<tr><td>数据流分析过程</td></tr>
<tr><td>故障码读取过程</td></tr>
<tr><td>示波器是否正确使用</td></tr>
<tr><td>示波器检测波形是否正确</td></tr>
<tr><td rowspan="2">资料、信息查询能力</td><td>维修资料、手册查询</td><td rowspan="2">未完成 1 项扣 1 ~ 3 分，扣分不得超 15 分</td><td rowspan="2">15</td><td rowspan="2"></td></tr>
<tr><td>电路图分析</td></tr>
</table>

续 表

考核评分项	内容	评分标准		配分	得分
数据、判读和分析	原因分析过程	未完成 1 项扣 3～5 分，扣分不得超 20 分		20	
	是否下电操作				
	数据检测是否正确				
	故障点确定				
	故障修复				
互评成绩		成绩		教师签字	

学习成果

通过任务的学习和训练，学生能够正确描述故障现象，正确使用诊断测试工具；能根据车辆空调系统不制冷现象分析故障原因；能根据故障现象进行初步分析并制定诊断流程，按步骤进行故障排除，并完成任务工单的填写。学生分析问题、解决问题的能力得到了提高，职业素养和技能水平也得以提升。

拓展与提升

在北汽 EV 160 整车故障检测实训台给学生设置其他部位造成空调制冷系统的故障，让学生独立或分组完成排故，并填写诊断报告及相应工单，以考核学生掌握水平。

任务二　制动系统故障诊断与检测

学习载体

一辆北汽 EV160 电动汽车在行驶中，踩下制动踏板后，仪表显示制动故障指示灯点亮，为确保车辆行驶安全稳定，请按照正确规范操作流程进行故障排查与修复。

一、制动系统概述

制动系统是汽车安全系统。制动系统是汽车上用以使外界(主要是路面)在汽车某些部分(主要是车轮)施加一定的力，从而对其进行一定程度的强制制动的一系列专门装置，如图 5-9 所示。

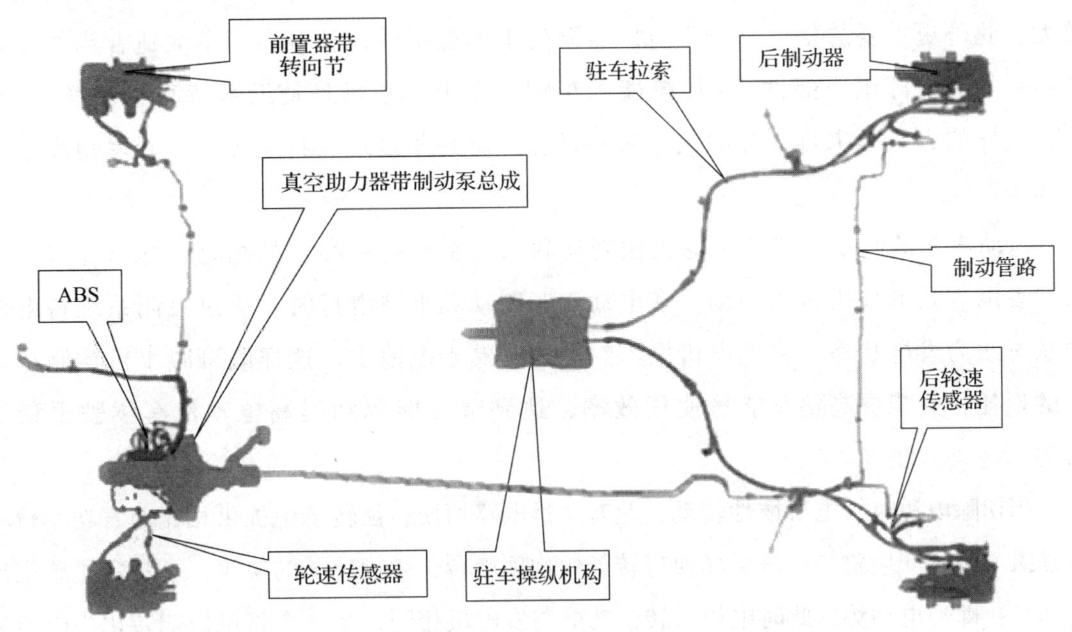

图 5-9　制动系统结构图

(一)制动系统作用

制动系统的作用主要包括以下几点：

(1)使行驶中的汽车按照驾驶员的要求进行强制减速甚至停车。

(2)使已停驶的汽车在各种道路条件下(包括在坡道上)稳定驻车。

(3)使下坡行驶的汽车速度保持稳定。

(二)制动系统分类

制动系统通常可分为行车制动系统、驻车制动系统、应急制动系统及辅助制动系统等。用以使行驶中的汽车降低速度甚至停车的制动系统称为行车制动系统；用以使已停驶的汽车驻留原地不动的制动系统则称为驻车制动系统；在行车制动系统失效的情况下，保证汽车仍能实现减速或停车的制动系统称为应急制动系统；在行车过程中，辅助行车制动系统降低车速或保持车速稳定，但不能将车辆紧急制停的制动系统称为辅助制动系统。

在行车制动方面，目前绝大多数厂商在新能源车中所采用的制动系统，都是在传统能源车辆现有结构基础上进行技术改进而来的，即原有的真空助力器以及相关管路得到保留，管路的另一端连接电子真空助力泵。当传感器监测到助力器真空度不足时，电子真空助力泵开始工作，维持真空环境。不过，这样的电子真空助力泵的噪声较大，此外更重要的是，电子真空助力泵的工作稳定性以及寿命都不太适合当作主要及唯一的真空源供应部件(在传统能源车辆汽车上，它只是辅助维持真空环境)。显然，这样的方案是来自传统的汽车研发理念，而并非是站在新能源车的开发角度来解决问题。

电动汽车的制动方式应考虑机械制动和电气制动两种类型的结合，尽可能多地用回馈发电方式取代机械式制动。在电动汽车制动和下坡滑行时，通过控制系统将电机的状态改为发电状态，将发电机发出的电能存储于电池中。这样既可减小机械制动系统的损耗，又能提高整车能量使用效率，达到节约能源和提高电动汽车续驶里程的目的。

当切除电源时，电机惯性转动，此时通过电路切换，往转子中提供相比而言功率较小的励磁电源，产生磁场。该磁场通过转子的物理旋转，切割定子的绕组，于是定子感应出电动势，即逆电动势，此时电机反转，功能与发电机相同，是一个将机械能转化为电能的装置。所产生的电流通过功率变化器接入蓄电池，即为能量回馈，至此，制动能量回馈过程完成，与此同时，转子受力减速，形成制动力，这个总过程合称再生制动。

(三)制动系统组成

与传统内燃汽车制动系统不同，纯电动汽车的制动系统在传统内燃机汽车制动系统的基础上进行了改造升级，即传统内燃机汽车制动过程中所需要的真空助力主要来自发动机在工作过程中产生的真空，而纯电动汽车没有用来产生真空助力的发动机，因此纯电动汽车是在传统真空助力的基础上增加真空助力系统，以此来产生足够的真空度，从而实现助力制动的目的。图 5-10 为北汽 EV160 制动系统示意图。北汽 EV160 纯电动汽车电动真空助力系统由电动真空泵、电动真空控制器、真空压力传感器、真空助力器、真空罐和制动系统故障灯等组成。

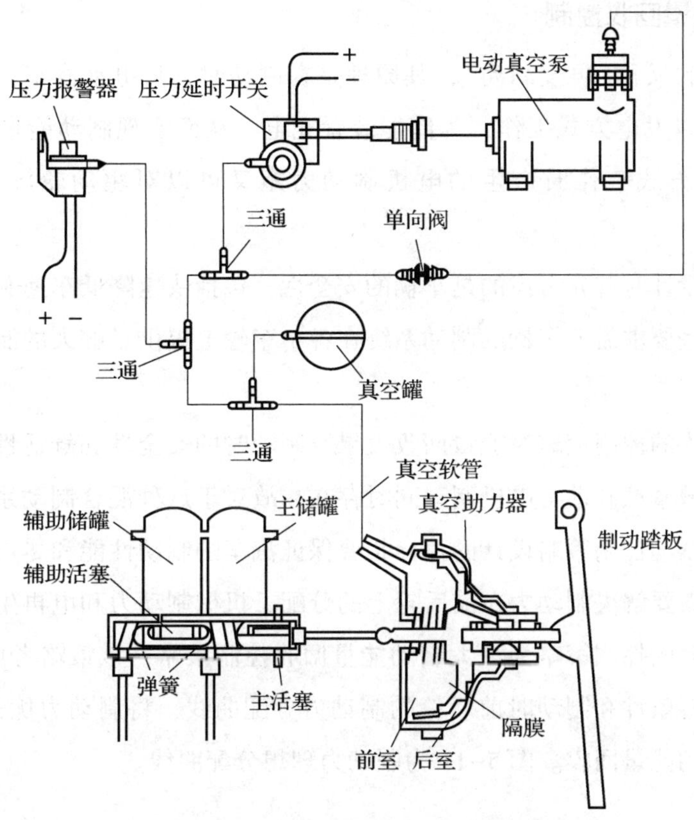

图 5-10 北汽 EV160 制动系统示意图

二、制动能量回收

在进行制动能量回收控制时，需要遵循几个原则：制动能量回收不能干预 ABS 的工作；当 ABS 进行制动力调节时，不应该进行制动能量回收；当 ABS 报警时，不应该进行制动能量回收；当电驱动系统出现故障时，不应该进行制动能量回收。

(一)纯电动汽车制动能量回收系统基本原理

制动能量回收指制动时将汽车的部分动能利用电机的可逆性原理转化为电能，储存于蓄电池等储能装置中，汽车制动时电机控制单元通过控制定子线圈的磁场旋转频率，使得电机同步转速降低，里程得以延长。其基本工作原理为：车轮在惯性作用下通过减速器传递到电机转子的转速将大于电机同步转速，使得转子反向切割磁感线，产生高于定子线圈电动势的反向电动势，此时驱动电机设备进入了能量回收模式，而拖动电机的作用力会反向作用于驱动轴上，形成再生制动力，从而对车轮形成制动。

(二)制动能量回收控制

制动能量回收又称“再生制动”，其原理是在制动时，将电动汽车行驶的惯性能量传递给电机，电机以发电方式工作，为储能装置充电，从而实现制动能量的再生利用。同时，电机以发电方式工作时产生的电机制动力矩又可以对驱动轮施加制动，产生制动力。

制动系统在设计时首先考虑的是车辆的安全性，包括快速降低车速和保持制动过程的方向稳定性。这些要求需要车辆的制动系统在各个车轮上提供足够大的制动力以及合理的制动力分配。

制动能量回收的控制策略对能量回收效果及制动时的安全性和舒适性有重要影响。在电动汽车中，机械摩擦制动与电机制动同时存在，故对于这种混合制动系统，有多种控制策略可以采用。制动控制策略设计的目标是要保证汽车的制动性能和尽可能多地回收制动能量。控制策略需要解决制动力在前后轮上的分配、机械制动力和电再生制动力的分配问题。目前应用较多的控制策略为最大制动能量回收控制策略。该策略考虑车型结构特点，充分利用地面附着条件和制动时前后轮的制动力分配曲线，将制动力优先分配给驱动轮，从而实现最大制动能量回收。图 5-11 为制动力理想分配曲线。

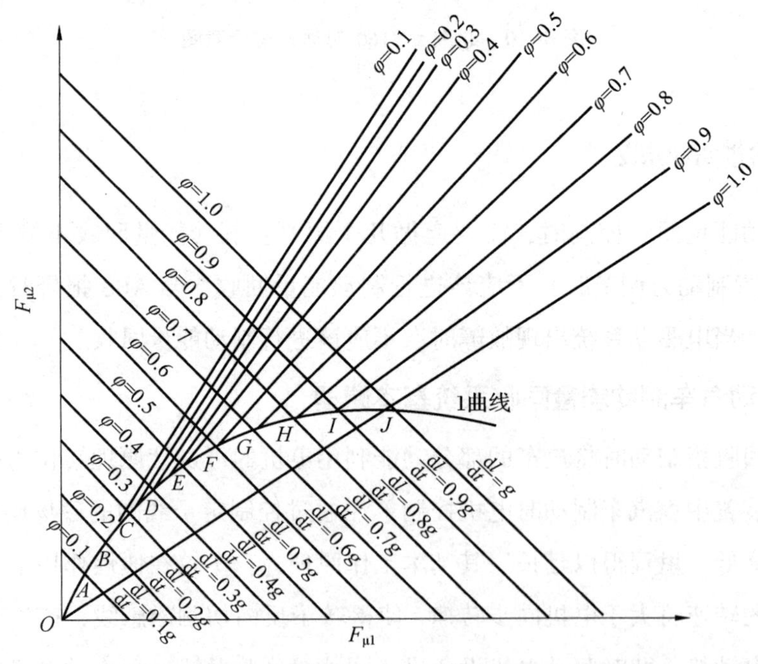

图 5-11　制动力理想分配曲线

三、新能源汽车制动系统类型

以北汽新能源汽车 EV160 为例，其制动系统基本是在传统汽车的基础上进行改造升级，行车制动系统和驻车制动与传统能源车辆基本没有本质的区别。

（一）电机制动馈能控制

电机馈能制动控制策略及方法是各新能源主机厂整车控制系统的核心内容之一，下面对其基本控制思路和方法进行介绍。

图 5–12 所示是北汽新能源 EV160 纯电动汽车的旋钮式换挡手柄，其中，圈中的 E 挡就是电机馈能制动的按键，能根据用户不同需求改善能量回收强度及制动性能，妥善使用能量回收系统，可增加续航 5% ~ 15%。车辆前进挡分 2 种，一种是 D 挡，另一种是 E 挡（经济模式）。E 挡行驶过程中，松开加速踏板时，车辆自动回收能量，回收强度可通过换挡旋钮左上方 E+和 E–进行选择，如图 5–13 所示，在仪表中会进行相应的显示。

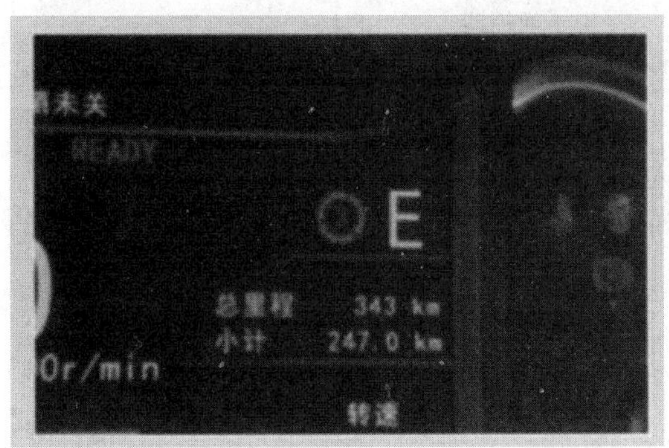

图 5–12　旋钮式换挡手柄及回收模式键

图 5–13　仪表显示的电机制动馈能模式

电机制动馈能控制开关的电路图如图 5–14 所示。根据电路图，可以对开关的信号进行故障分析及判断。

在产生足够制动力矩的同时，通过电机发电模式在制动的同时能回收的能量越多越好。但是，制动力矩的大小受到诸多因素的制约。因此，为保证可靠的制动效能，电动汽车必须保留传统的机械摩擦制动系统，并与馈能制动形成混合制动结构。这种混合制动系统可以按照制动系统工作的方式，分为串联和并联 2 种类型。

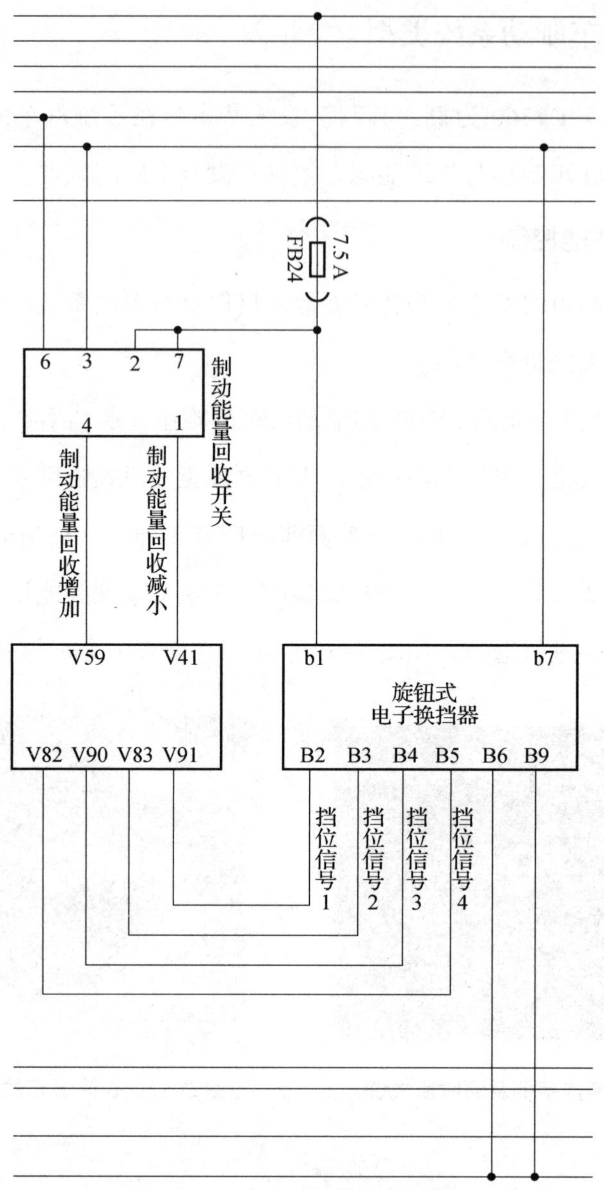

图 5-14 馈能开关的电路原理图

(二)真空助力制动系统

传统汽油机轿车的制动系统真空助力装置的真空源来自于发动机进气歧管，真空度一般可达 0.05~0.07 MPa。对于由传统车型改装成的纯电动车或燃料电池汽车，发动机总成被拆除后，制动系统由于没有真空动力源而丧失真空助力功能，仅由人力所产生的制动力无法满足行车制动的需要，因此需要对制动系统真空助力装置进行改进，而改进的核心问题是产生足够压力的真空源，这就需要为制动系统增加电动真空泵，如图 5-15 所示。

图 5-15　真空泵及真空罐

北汽新能源电动汽车真空助力制动系统控制原理如图 5-16、图 5-17 所示。

(1) 当驾驶员发动车辆时，12 V 电源接通，电子控制系统模块开始自检。

(2) 如果真空罐内的真空度小于设定值，真空压力传感器输出相应电压值至控制器，此时控制器控制电动真空泵开始工作。

(3) 在真空度达到设定值后，真空压力传感器输出相应电压值至控制器，此时控制器控制真空泵停止工作。

(4) 当真空罐内的真空度因制动消耗真空度小于设定值时，电动真空泵再次开始工作，如此循环。

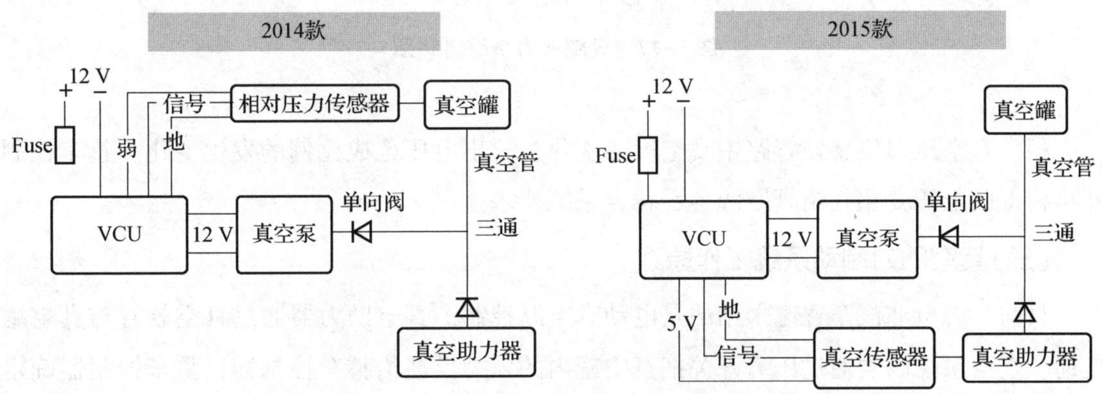

图 5-16　真空助力制动系统控制原理图

目前北汽新能源的电动汽车真空助力制动系统已经发展到第二代，与第一代相比，第二代主要有以下几点改进：一是增加了一个大气压力传感器，集成在控制器内部，使真空度在不同海拔高度都能正常工作；二是将真空度传感器集成到真空助力器的单向阀上，减小了线束长度；三是采用塑料材质的真空罐，减轻了质量。

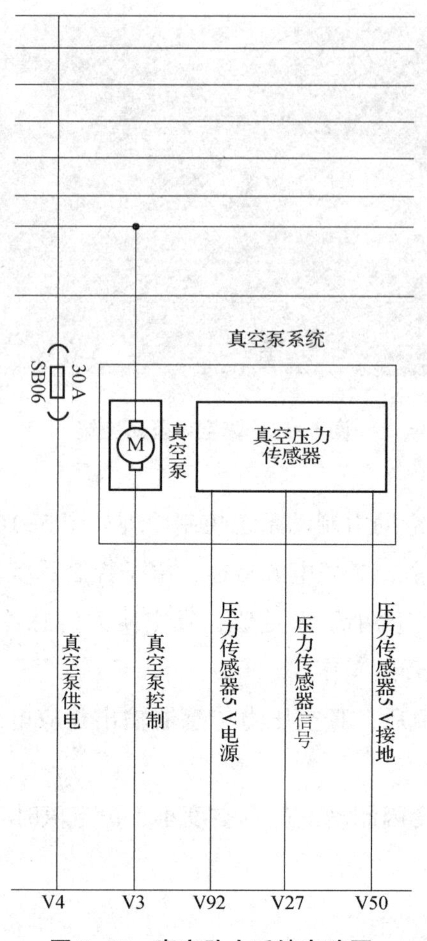

图 5-17　真空助力系统电路图

根据真空压力传感器管路中真空度的变化，输出电压也成比例的发生变化，整车控制器将根据此电压变化判断真空源是否符合系统要求。

(三)真空助力制动系统工作原理

目前，纯电动汽车普遍采用的是电动真空泵控制。真空助力器通过真空软管与真空罐连通，真空泵控制器通过压力开关把真空罐内的压力反馈给整车控制器，整车控制器确定真空泵的开启和停止时间。当驾驶员起动车辆时，12 V 电源接通，整车控制器开始自检，当真空罐内真空度低于 50 kPa 时，真空压力开关处于常开状态时，整车控制器控制真空泵工作，此时电动真空泵开始工作，直至真空罐内真空度达到 75 kPa 时，真空压力开关或传感器处于常闭状态，电子延时模块立即进入延时工作模式，15 s 左右延时停止。此时真空罐内的真空度达到设定值，电机停止工作，当真空罐内的真空度因制动消耗，真空度小于设定值时，真空压力开关或传感器再次处于常开状态，电动真空泵再次开始工作，如此循环。当出

现故障时，如真空罐漏气，真空压力传感器线路、真空泵损坏等，造成真空罐负压无法满足系统需求，真空罐上的真空报警开关将输出报警信号给组合仪表，仪表上的制动系统故障警示灯点亮。图 5-18 所示为电动真空助力制动系统示意图。

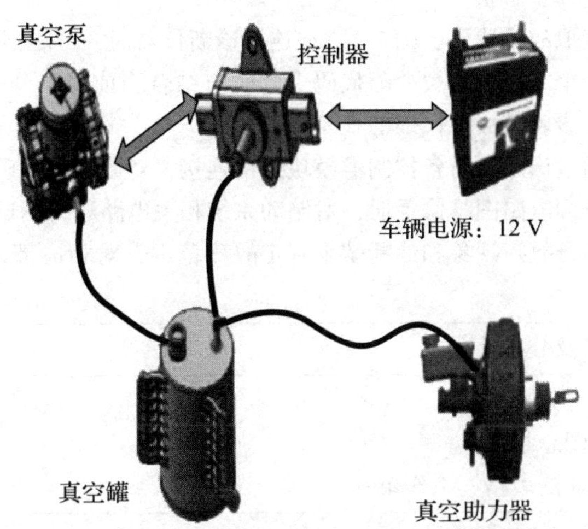

图 5-18　电动真空助力制动系统示意图

任务单

任务二　制动系统故障诊断与检测

任务单	任务二　制动系统故障诊断与检测
任务名称	制动系统故障诊断与检测
任务描述	一辆北汽 EV160 纯电动汽车，正常启动，打开点火开关，READY 指示灯点亮，可以正常行驶，反复踩制动踏板有偏硬的感觉，系统故障灯点亮，提示制动系统故障。
任务分析	汽车真空助力制动系统故障的原因有真空压力传感器故障、真空管道泄漏、真空泵电路故障、真空泵本身故障、真空助力制动系统本身或 VCU 故障等。由于仪表上 READY 指示灯点亮说明高压上电正常，结合试车信息和真空助力系统电路原理图，可以初步判定制动系统故障的原因可能为控制线路故障。 可能存在的故障点： (1)电动真空泵供电故障； (2)压力开关故障； (3)真空泵故障； (4)真空压力传感器故障； (5)其他故障。

<table>
<tr><td rowspan="1">学习任务</td><td colspan="5">检查制动真空泵工作状况，检查连接软管有无漏气现象，检查各气管连接处有无破损或泄漏，制动软管不能扭曲，在最大转向角度时，制动软管不得接触到汽车零件。
为了进一步确认及缩小故障部位，借用诊断仪器读取各控制系统故障代码和数据流，对故障部位做进一步解析。
第一步：读取故障代码（DTC）。在连接诊断仪器后，可能不能读到相关故障代码，也可能能读取到一个或多个相关故障代码，此时应结合当前现象分析故障代码为当前还是历史信息，并进一步验证故障代码的真实性。
第二步：通过诊断仪与各控制器模块通信连接，对读取故障码和数据流进行分析。
第三步：查阅电路图维修手册，对制动系统相关电路进行测试。
第四步：结合故障现象和诊断结果判定故障范围，对相应部件或线路检修或更换，排除故障。</td></tr>
<tr><td>劳动组合</td><td colspan="5">小组成员以及分工情况。</td></tr>
<tr><td>成果展示</td><td colspan="5">(1)过程的视频、图片；
(2)思维导图总结；
(3)记录作业的表格、工作单等。</td></tr>
<tr><td>学习小结</td><td colspan="5"></td></tr>
<tr><td rowspan="6">评价标准</td><td>项目</td><td>自评</td><td>小组互评</td><td>教师评价</td><td>总评</td></tr>
<tr><td>知识目标</td><td></td><td></td><td></td><td rowspan="5"></td></tr>
<tr><td>技能目标</td><td></td><td></td><td></td></tr>
<tr><td>素质目标</td><td></td><td></td><td></td></tr>
<tr><td>素质</td><td></td><td></td><td></td></tr>
<tr><td>创新点</td><td></td><td></td><td></td></tr>
</table>

工　单

<table>
<tr><td>工单</td><td>任务二　制动系统故障诊断与检测</td></tr>
<tr><td>任务实施</td><td>本任务以北汽 EV160 整车故障检测实训台进行任务实施</td></tr>
<tr><td colspan="2">实训目的：
● 掌握制动系统故障诊断思路和方法。
● 能正确规范完成纯电动汽车制动系统故障诊断排查及修复。</td></tr>
<tr><td colspan="2">一、安全准备工作
(1)整车或实训台架进入工位前，将工位清理干净。
(2)做好个人防护。要求使用符合要求的绝缘手套、护目镜、绝缘鞋、工作服等。
(3)做好车辆防护。车内三件套(方向盘套、座椅套、脚垫)。
(4)维修手册、绝缘工具。</td></tr>
</table>

二、设备设施(见图1)

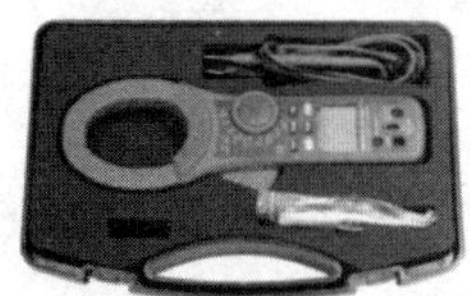

万用表

耐磨手套、绝缘手套

解码仪

北汽 EV160 整车故障检测实训台

图1　设备设施

三、制动系统故障诊断

汽车制动系统故障诊断时，一般按照由外到内、先易后难的诊断原则。需要注意的是，首先判断车辆是否有绝缘故障，没有绝缘故障再进行后续检查。先对制动助力系统表面进行检查，对容易检测的部件检查诊断，再通过故障现象及诊断工具结合电路图分析，确定故障范围，然后进行相关线路检测，逐一排除，最后确定故障点并修复故障试车验证。

1. 故障现象

启动车辆，仪表显示正常，READY 灯点亮，系统故障灯点亮，仪表上方提示制动系统故障，连续踩制动踏板发现阻力变大并有顶脚的感觉，挂挡后车辆能正常行驶(见图2)。

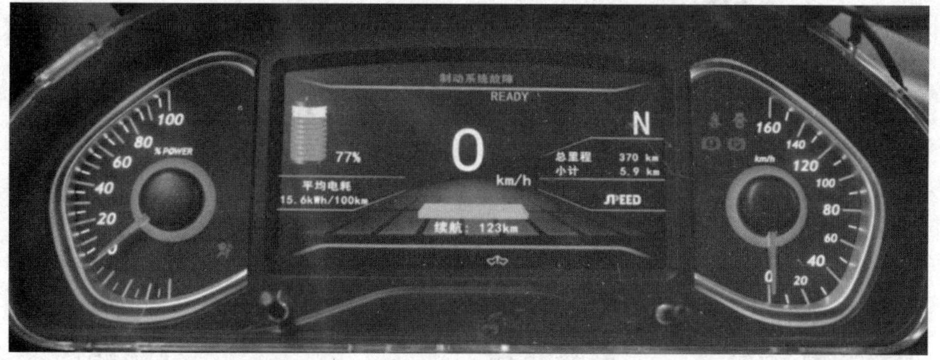

图2　仪表显示

2. 车辆基本功能检查

启动车辆，检查车辆蓄电池、仪表、空调、制动、充电机、挡位、娱乐系统等功能是否异常。反复踩踏制动踏板至真空泵连续运转几次，观察真空泵是否正常启动，有无异响，当真空度到达设定值时，电机应停止工作。

3. 车辆初步检查

(1)举升车辆，检查制动盘和制动摩擦片等是否符合行驶要求，检查制动系统低压插接件及传感器等相关线束是否有破损或松动现象。注意：检查前关闭启动开关，断开蓄电池负极并做好绝缘处理，穿戴防护用具。

(2)检查真空罐、真空泵等相关管路和连接插头是否有损坏、泄露。

(3)经以上检查以及故障现象初步分析，制动系统故障可能原因是：真空泵线路故障、真空系统漏气、压力开关不能正常开启和断开、真空泵的机壳带电、真空泵自身故障等。

4. 连接故障诊断仪

将故障诊断仪连接至车辆，看能否正常进入，读取故障码和数据流进行初步判断。

5. 故障原因分析

根据制动助力系统控制原理图和故障诊断仪诊断结果推断，分析故障范围：

(1) 真空泵线路故障；

(2) 真空系统漏气；

(3) 压力开关不能正常开启和断开；

(4) 真空泵的机壳带电；

(5) 真空泵自身故障等。

通过故障现象和初步分析，进一步检查发现真空泵不工作，初步断定为真空助力制动系统的问题，决定对助力制动系统控制线路进行诊断，查找故障原因，并修复、排除故障。

6. 排故步骤

启动车辆，使用解码仪扫描故障，读取故障码和系统的数据流。根据读取结果判断系统可能出现的故障原因(见图 3)。

北汽新能源>>车辆选择 >> EV160 >> 快速测试

名称	[illegible]
整车控制器(VCU)	2 DTC
驱动电机系统(MCU)	OK
动力电池系统(BMS PPST)	OK
组合仪表(ICM)	OK
车载充电机(CHG)	N/A
动力电池系统(BMS BESK)	OK
远程监控系统(RMS)	N/A
电动助力转向系统(EPS)	OK
中控信息娱乐系统(EHU)	N/A
车身电控模块(BCM)	3 DTC

提示

请完成车辆信息的选择直到[下一步]按钮可用。

(a)

北汽新能源>>车辆选择 >> EV160 >> 快速测试 >> 故障码 >> 读取故障码

故障码	描述	状态
C004701	真空度传感器故障	当前的 & 历史的
C00217A	制动助力系统泄漏	当前的 & 历史的

提示

(b)

图 3　故障扫描

接下来就要使用检测工具对车辆真空助力制动系统的电路进行测试来验证。检查电源、接地、控制模块、传感器以及真空泵等电路工作是否正常。

测试前工作：检查并将万用表校表。

步骤 1：检查真空泵供电电源(见图 4)。关闭点火开关，钥匙置于“OFF”状态，断开蓄电池负极，根据电路图检查驾驶舱内熔丝盒的 SB06/30 A 熔丝是否熔断，它接通的是真空泵主电源。

图 4　检查真空泵供电电源

步骤 2：测量 VCU 与真空泵系统线路。用万用表测量整车控制器与真空压力传感器连接的 92 号、50 号和 27 号信号端子，判断真空压力传感器的电源信号(5 V)、真空压力传感器信号及接地信号的通断情况。

步骤 3：测量真空泵电源及接地线路。测量电动真空泵的接线端子，判断真空泵电源及接地是否正常 。需要特别注意的是，真空泵电机的电源电压为 14 V 左右，而不是传统燃油车的 12 V。

步骤 4：综合以上检验结果发现，SB11/30 A 保险熔丝熔断故障导致制动系统无法正常工作(见图 5)。

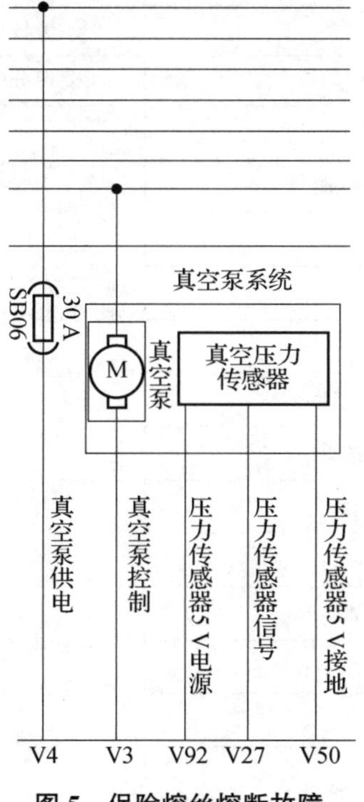

图 5　保险熔丝熔断故障

步骤 5：将故障修复，重新启动车辆，仪表显示正常，车辆仪表制动系统故障和系统故障指示灯消失，READY 灯点亮，制动系统功能正常，挂挡可以正常行驶，故障排除(见图 6)。

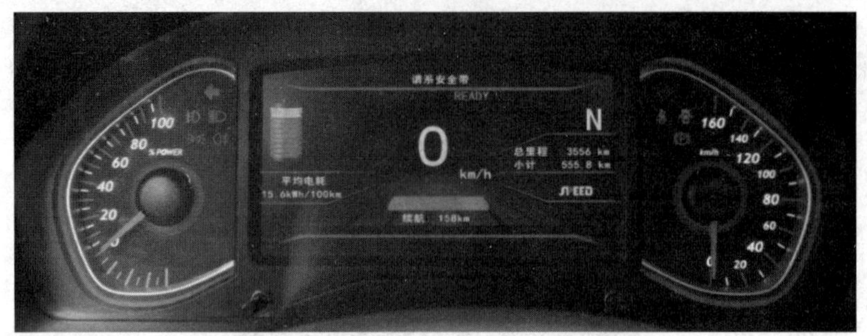

图 6　仪表显示

7. 故障机理分析

电动真空泵的控制是通过压力传感器信号进行的，当整车控制器接收到压力传感器信号，判断出真空罐内的压力低于正常工作限值时，整车控制器 V3 引脚输出电源控制电动真空泵工作，以维持真空罐的真空度，保证真空助力系统的正常工作。整车控制器 V3 引脚输出电源正常，首先要保证 SB11/30 A 保险正常以及真空压力传感器相关线路正常，否则会造成真空泵停止工作，从而造成助力制动系统故障。

8. 任务测评

考核模块	新能源汽车制动系统故障诊断与检测			
班级		学号		
团队名称		考核日期		
考核评分项	内容	评分标准	配分	得分
安全准备	安全隔离带是否拉起	未完成 1 项扣 1 ~ 3 分，扣分不得超 15 分	15	
	安全警示牌是否摆放			
	工装是否穿戴			
	手套是否佩戴			
	车挡块是否放好			
	翼子板布围挡是否铺好			
	车内三件套是否铺好			
车辆仪表及功能检查	车辆启动是否正确	未完成 1 项扣 1 ~ 3 分，扣分不得超 15 分	15	
	仪表指示灯描述			
	车辆挡位功能检查			
	空调功能检查			
	制动功能检查			
	充电功能检查			
	其他功能检查			

续　表

考核评分项	内容	评分标准		配分	得分
车辆初步检查	检查低压控制端有无松动、破损	未完成 1 项扣 2～5 分，扣分不得超 10 分		10	
	检查车载充电机指示灯				
工具及仪器的使用	诊断仪使用是否正确	未完成 1 项扣 3～5 分，扣分不得超 25 分		25	
	数据流分析过程				
	故障码读取过程				
	示波器是否正确使用				
	示波器检测波形是否正确				
资料、信息查询能力	维修资料、手册查询	未完成 1 项扣 1～3 分，扣分不得超 15 分		15	
	电路图分析				
数据、判读和分析	原因分析过程	未完成 1 项扣 3～5 分，扣分不得超 20 分		20	
	是否下电操作				
	数据检测是否正确				
	故障点确定				
	故障修复				
互评成绩		成绩		教师签字	

学习成果

通过任务的学习和训练，学生能够正确描述故障现象，正确使用诊断测试工具；能根据车辆制动系统的故障现象分析故障原因，并进行初步分析制定诊断流程，按步骤进行故障排除，并完成任务工单的填写。学生分析问题、解决问题的能力得到了提高，职业素养和技能水平也得以提升。

拓展与提升

在北汽 EV160 整车故障检测实训台给学生设置其他部位造成制动系统的故障，让学生独立或分组完成排故，并填写诊断报告及相应工单，以考核学生掌握水平。

任务三　高压不上电故障诊断与检测

学习载体

一辆北汽 EV160 电动汽车，行驶了 8 000 km，用户反应启动车辆后仪表显示多个故障指示灯点亮，READY 指示灯没有点亮，挂挡后车辆无法行驶。为确保车辆正常行驶，请按照正确规范操作流程进行故障排查与修复。

相关知识

一、高压系统概述

(一)高压系统组成

北汽 EV160 高压系统组成，如图 5-19 所示。

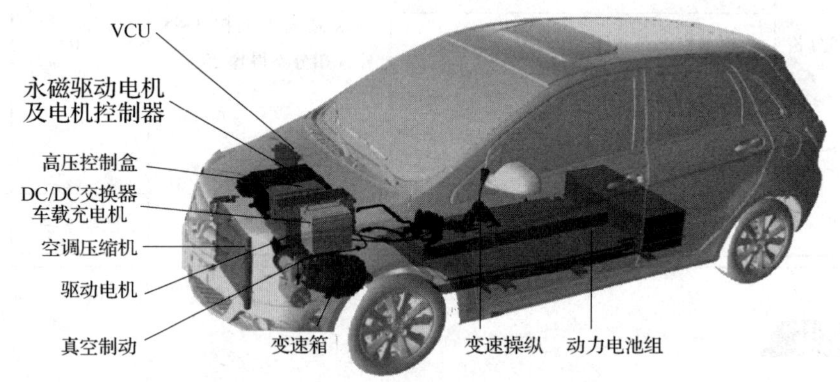

图 5-19　北汽 EV160 主要高压部件图

1. 动力电池组

动力电池的作用是接收和储存由车载充电机、发电机、制动能量回收装置或外置充电装置提供的高压直流电，并且为电动汽车提供高压直流电。北汽 EV160 的动力电池共 9 个模组，由 100 节磷酸铁锂单体电池串联而成，总电压为 320 V，质量为 285 kg。图 5-20 所示为电池包实体图，表 5-1 为电池包部分信息。

表 5-1　EV160 电池包信息

车型号	EV160
动力电池包电压	320 V
动力电池包容量	80 A · h
动力电池包电量	25. 6 kW · h

图 5-20　北汽 EV160 电池包

2. 高压控制盒

高压控制盒完成动力电池电源的输出及分配，实现对支路用电器的保护及切断。北汽 EV160 高压控制盒内部由 4 个熔断器、PTC 控制板和快充继电器组成。4 个熔断器分别保护 PTC 电路、电动空调压缩机电路、DC/DC 电路和车载充电机电路，如图 5-21 所示。

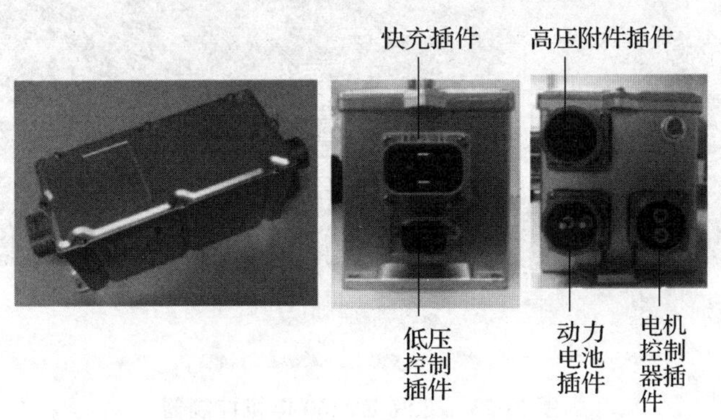

图 5-21　北汽 EV160 高压控制盒

3. 永磁驱动电机及电机控制器

图 5-22 所示为北汽新能源 EV160 搭载北汽自主研发的高性能轻量化永磁驱动电机，

最大功率 53 kW，在 0~50 km/h 加速时间仅为 5.3 s，最高车速为 125 km/h。通过电机的正转来实现整车加速、减速；通过电机的反转来实现倒车。

图 5-22　北汽 EV160 永磁驱动电机

图 5-23 所示为电机控制器，其作用是将动力电池提供的直流电转化为交流电，然后输出给电机。电机控制器是电机系统的控制中心，它对所有的输入信号进行处理，并将电机控制系统运行状态的信息发送给整车控制器。电机控制器内含功能诊断电路。当诊断出异常时，它将会激活故障代码，发送给整车控制器。通过有效的控制策略，控制动力总成以最佳方式协调工作。

图 5-23　北汽 EV160 电机控制器

4. DC/DC 交换器

DC/DC 交换器将动力电池的高压直流电转换为整车低压 12 V 直流电，给整车低压用电系统供电及铅酸电池充电，如图 5-24 所示。

图 5-24　北汽新能源 EV160 DC/DC

5. 空调压缩机

北汽 EV160 纯电动汽车的空调压缩机由高压电驱动，压缩机控制器安装在压缩机上，VCU 控制。空调压缩机是在空调制冷剂回路中起压缩驱动制冷剂的作用，如图 5-25 所示。

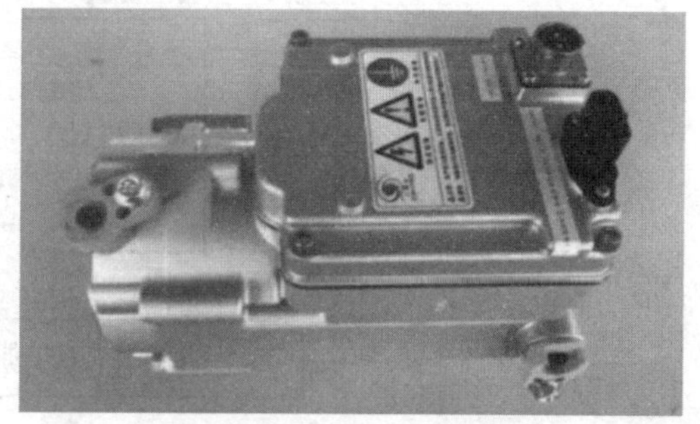
图 5-25　空调压缩机

6. 车载充电机

车载充电机如图 5-26 所示。其主要功能是将 220 V AC 转换为 320V DC 高压直流电给动力电池进行充电，实现电池电量的补给，同时提供过压、欠压、过流、欠流等多种保护措施，当充电系统出现异常时会切断供电。

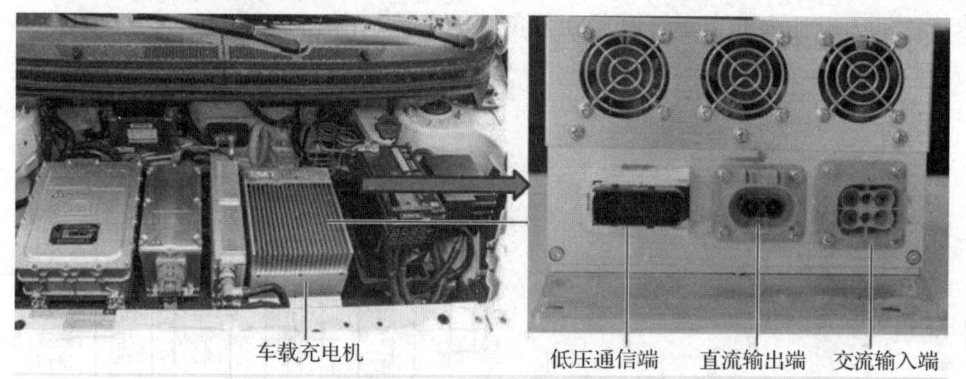

图 5-26　车载充电机

7. 充电口

充电口分为交流慢充口和直流快充口，主要功能是为电动汽车充电使用的，均是高压接口。

(二)北汽 EV160 高压系统控制原理

纯电动汽车是指以车载电源为动力，利用电机驱动车轮行驶，符合道路交通、安全法规各项要求的车辆。由于纯电动汽车结构简单、维修方便及使用成本低，并且在使用过程中无污染，噪声小等优点，其应用前景被广泛看好。相对于传统的燃油车而言，纯电动汽车采用了大容量、高电压的动力电池及高压电机驱动系统，并采用了大量的高压附件设备，如：充电设备、电动压缩机、PTC 电加热器、高压控制盒及 DC/DC 转换器等。常见的纯电动汽车的高压控制流程如图 5-27 所示。

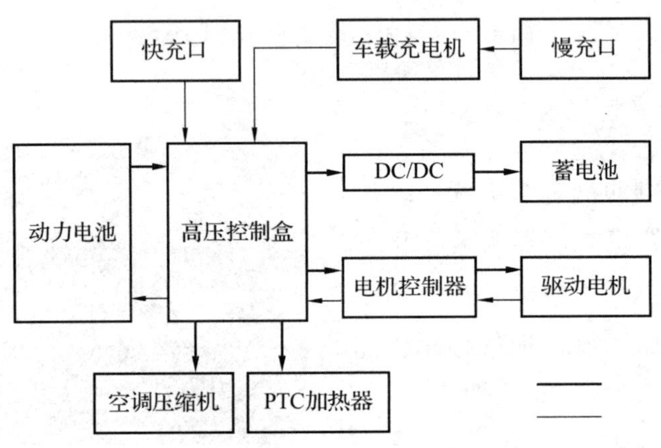

图 5-27　北汽 EV160 高压系统控制流程图

北汽 EV160 高压系统供电，由动力电池 PACK 内的主正继电器和主负继电器控制，由图 5-28 高压系统控制简图可以看出，在两个继电器都吸合的情况下，动力电池的电能对外输出，而动力电池内的主正继电器和主负继电器控制由 BMS 控制。

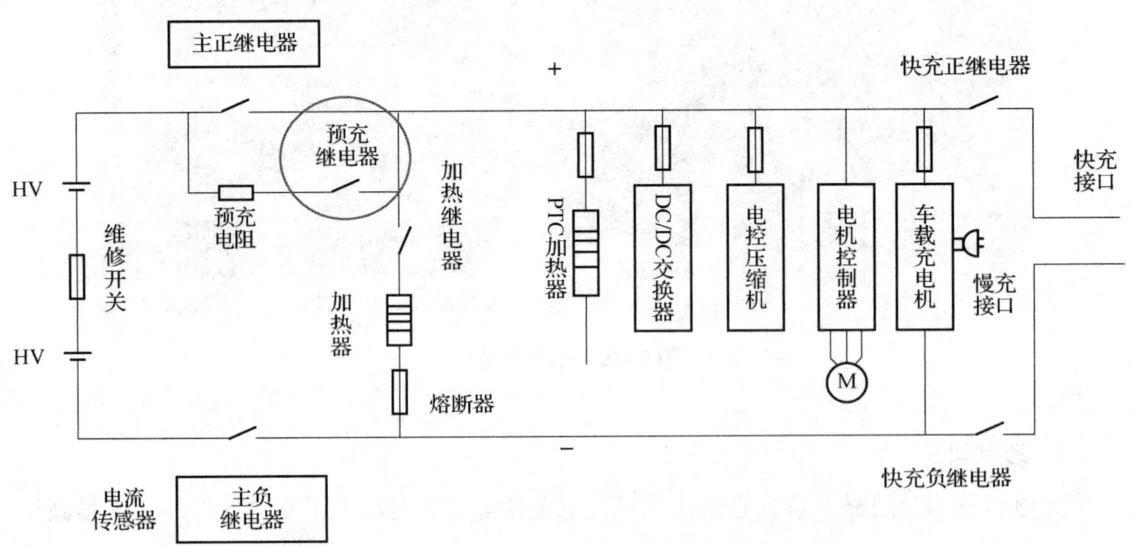

图 5-28　高压系统控制简图

北汽 EV160 动力电池高压负极接触器由整车控制器控制，如图 5-29 所示。动力电池高压正极接触器是由电池管理系统 BMS 控制闭合的，图 5-30 为 BMS 电路原理图。VCU 与 BMS 及其他新能源系统控制单元通过 CAN 总线通信，当 VCU 判定满足高压上电条件时，VCU 与 BMS 控制高压正负极接触器闭合，高压上电；当 VCU 判定系统不满足上电条件时，VCU 与 BMS 控制高压正负极接触器断开，高压断电。

上电流程：打开点火开关，BMS 被唤醒，此时高压系统处于初始化模式，BMS 进行自检。如果没有故障将反馈 READY 到 VCU，检测主负继电器和主正继电器是否完好，BMS 自检后等待 VCU 发出上电指令，高压系统在接收到 VCU 上高压电指令后，闭合主负、预充继电器进行预充，预充完成后闭合主正继电器，延时 100 ms 后断开预充继电器，READY 灯点亮，高压上电完成。

下电流程：关闭点火开关后，BMS 等待 VCU 下电指令，若 15 s 未收到 VCU 下电指令，BMS 会强制下电；当 BMS 收到 VCU 下电指令时，若母线电流小于 20 A，则先后断开主负继电器和主正继电器，然后判断母线电压，若母线电压下降到断电前电压的 10%，BMS 将下电指令反馈给 VCU，同时 BMS 发送下电完成指令后，仪表指示灯熄灭，下电完成。

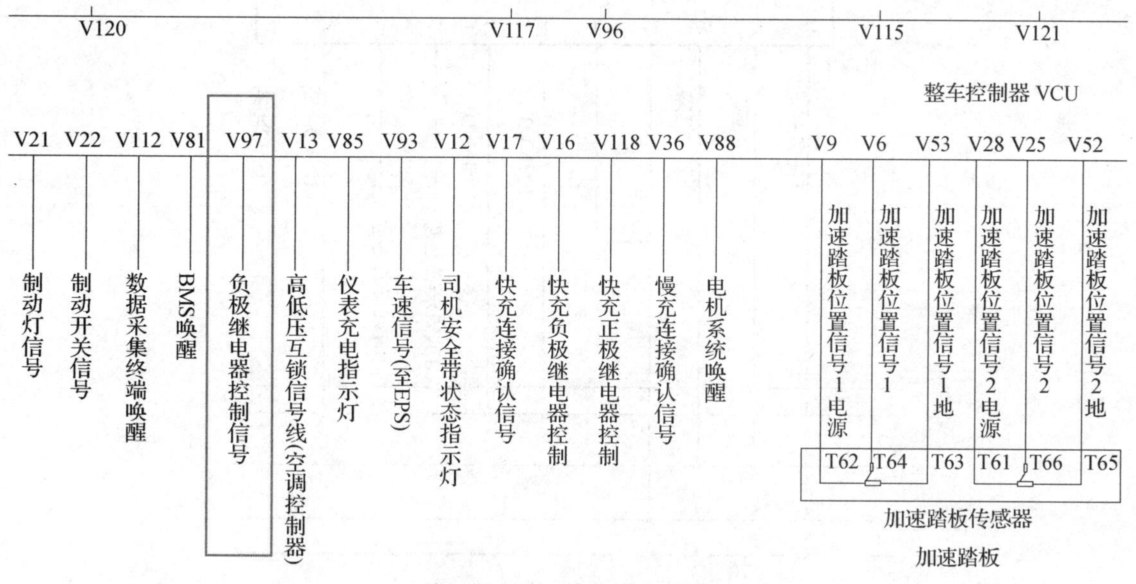

图 5-29　VCU 控制负极接触器

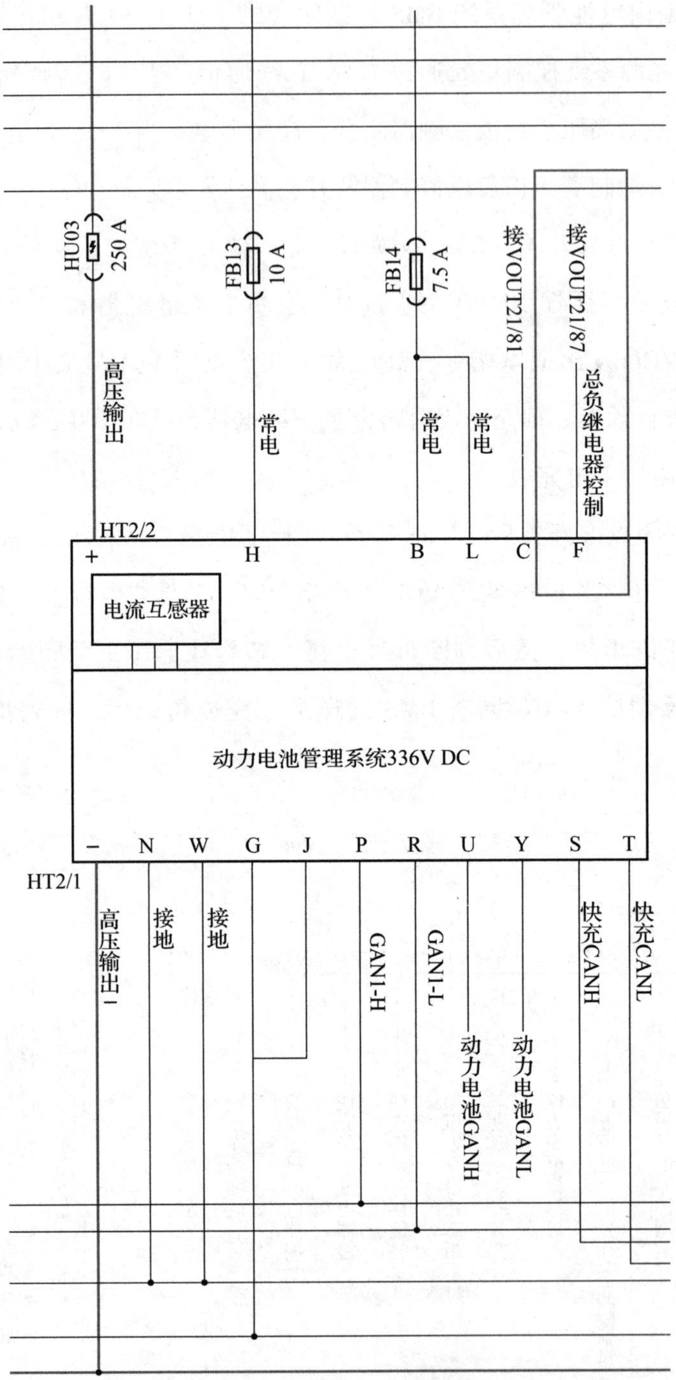

图 5-30　BMS 电路原理图

任务三　高压不上电故障诊断与检测

<table>
<tr><td>任务单</td><td colspan="5">任务三　高压不上电故障诊断与检测</td></tr>
<tr><td>任务名称</td><td colspan="5">高压不上电故障诊断与检测</td></tr>
<tr><td>任务描述</td><td colspan="5">一辆北汽 EV160 纯电动汽车，正常启动，打开点火开关，不显示 READY 指示灯，仪表显示多个故障灯，挂挡后车辆无法正常行驶。</td></tr>
<tr><td>任务分析</td><td colspan="5">仪表上 READY 指示灯没有点亮，说明高压上电失败，结合试车信息和图 5-3 BMS 电路原理图，初步推断导致高压不上电的可能原因主要有绝缘故障、通信故障、主正接触器故障、主负接触器故障、接触器控制线路故障、BMS 系统故障、VCU 故障、动力电池相关故障等。</td></tr>
<tr><td>学习任务</td><td colspan="5">(1)先试车验证，根据故障现象，初步判断事故原因。
(2)对车辆基本功能进行检查。
(3)对车辆状况进行检查。
(4)为了进一步确认及缩小故障部位，借用诊断仪器读取各控制系统故障代码和数据流，对故障部位做进一步解析。
第一步：读取故障代码(DTC)。在连接诊断仪器后，可能不能读到相关故障代码，也可能能读取到一个或多个相关故障代码，此时应结合当前现象分析故障代码为当前还是历史信息，并进一步验证故障代码的真实性。
第二步：通过诊断仪与各控制器模块通信连接，对读取故障码和数据流进行分析。
第三步：查阅电路图维修手册，对高压系统相关电路进行测试。
第四步：结合故障现象和诊断结果判定故障范围，对相应部件或线路检修或更换，排除故障。</td></tr>
<tr><td>劳动组合</td><td colspan="5">小组成员以及分工情况。</td></tr>
<tr><td>成果展示</td><td colspan="5">(1)过程的视频、图片；
(2)思维导图总结；
(3)记录作业的表格、工作单等。</td></tr>
<tr><td>学习小结</td><td colspan="5"></td></tr>
<tr><td rowspan="6">评价标准</td><td>项目</td><td>自评</td><td>小组互评</td><td>教师评价</td><td>总评</td></tr>
<tr><td>知识目标</td><td></td><td></td><td></td><td rowspan="5"></td></tr>
<tr><td>技能目标</td><td></td><td></td><td></td></tr>
<tr><td>素质目标</td><td></td><td></td><td></td></tr>
<tr><td>素质</td><td></td><td></td><td></td></tr>
<tr><td>创新点</td><td></td><td></td><td></td></tr>
</table>

工 单

工单	任务三　高压系统故障诊断与检测
任务实施	本任务以北汽 EV160 整车故障检测实训台进行任务实施

实训目的：

- 掌握高压系统故障诊断思路和方法。
- 能正确规范完成纯电动汽车高压系统故障诊断排查及修复。

一、安全准备工作

(1)整车或实训台架进入工位前，将工位清理干净。

(2)做好个人防护。要求使用符合要求的绝缘手套、护目镜、绝缘鞋、工作服等。

(3)做好车辆防护。车内三件套(方向盘套、座椅套、脚垫)。

(4)维修手册、绝缘工具。

二、设备设施(见图 1)

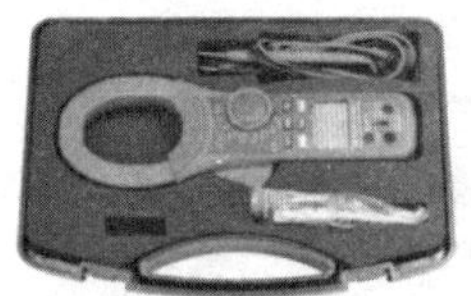

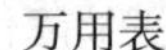

万用表

耐磨手套、绝缘手套

解码仪

北汽 EV160 整车故障检测实训台

图 1　设备设施

三、高压不上电系统故障诊断

汽车故障诊断一般按照由外到内、先易后难的诊断原则，需要注意的是，首先判断车辆是否有绝缘故障，没有绝缘故障再进行后续检查。先对制动助力系统表面进行检查，对容易检测的部件检查诊断；再通过故障现象及诊断工具结合电路图分析，确定故障范围；然后进行相关线路检测逐一排除；最后确定故障点并修复故障试车验证。

1. 故障现象

启动车辆，仪表显示动力电池断开故障指示灯、动力电池系统故障指示灯、系统故障指示灯，仪表上方提示动力蓄电池故障，READY 灯没有点亮，挂挡后车辆能无法行驶(见图 2)。初步分析车辆高压系统没有上电。

图 2　仪表

2. 车辆基本功能检查

启动车辆，检查车辆蓄电池、仪表、空调、制动、充电机、挡位、娱乐系统等功能是否异常。反复踩踏制动踏板可以听到真空泵工作声音，空调不制冷，风机运行正常，娱乐系统正常，关闭点火开关对车辆充电发现故障指示灯依然存在，并且仪表多了一个充电连接指示灯，车辆无充电电流、电压等信息，无法正常充电，以上可以判断制动系统、VCU 正常。

3. 车辆初步检查

关闭点火开关，断开蓄电池负极，打开前机舱盖，穿戴好安全防护用品，检查各高、低压线束及插接件有无松动、破损、进水、受潮等现象。若无，进一步检测。

4. 连接故障诊断仪

将故障诊断仪连接至车辆，看能否正常进入，读取故障码和数据流进行初步判断。

5. 故障原因分析

根据维修手册和电路图以及故障诊断仪诊断结果推断，分析故障范围：

(1)主正继电器控制线路或自身故障；

(2)主负继电器控制线路或自身故障；

(3)BMS 系统故障；

(4)其他故障等。

通过故障现象和初步分析，进一步检查，判断可能是 VCU 至 BMS 总负继电器控制线路或 BMS 系统的问题，决定对该系统控制线路进行诊断，查找故障原因，并修复、排除故障。

6. 排故步骤

启动车辆，使用解码仪扫描故障，读取故障码和系统的数据流(见图 3)。根据读取结果判断系统可能出现的故障原因。读取后发现各系统无故障码，均显示 OK 状态，说明通信系统正常，可以排除 VCU、MCU、BMS 等故障，可能是控制线路的故障。

北汽新能源

北汽新能源>>车辆选择 >> EV160 >> 快速测试

名称	当前值
整车控制器(VCU)	OK
驱动电机系统(MCU)	OK
动力电池系统(BMS PPST)	OK
组合仪表(ICM)	OK
车载充电机(CHG)	N/A
动力电池系统(BMS BESK)	OK
远程监控系统(RMS)	N/A
电动助力转向系统(EPS)	OK
中控信息娱乐系统(EHU)	N/A
车身电控模块(BCM)	3 DTC

提示

请完成车辆信息的选择直到[下一步]按钮可用。

清除故障码 浏览故障码 退出 上一页 下一页

图 3 故障码读取

接下来根据BMS电路图可知，VCU的97号针脚控制总负极电器的闭合，使用检测工具对VCU到BMS总负极电器的控制电路进行测试来验证。

测试前工作：检查并将万用表校表。

步骤1：检测动力电池低压控制插头电源。关闭点火开关，举升车辆，拔下动力电池低压控制插头，通过维修手册找到F端为低压电源端(见图4)，启动点火开关，检测F端与搭铁之间电压，显示为0 V，正常为12 V左右。

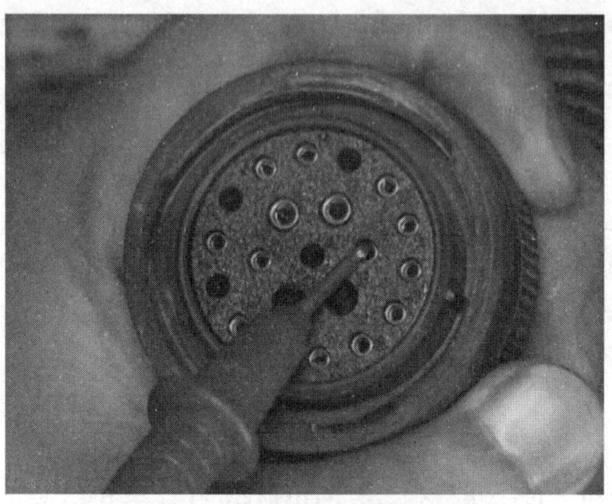

图4　动力电池低压控制端

步骤2：测量VCU与BMS总负极电器控制线路。根据BMS电路图，找到对应检测端子，用万用表测量整车控制器(VCU)97号端子与动力电池低压F端子的阻值情况(见图5)，测量结果为无穷大，说明VCU的97号端子到BMS的负极继电器信号线路断路。

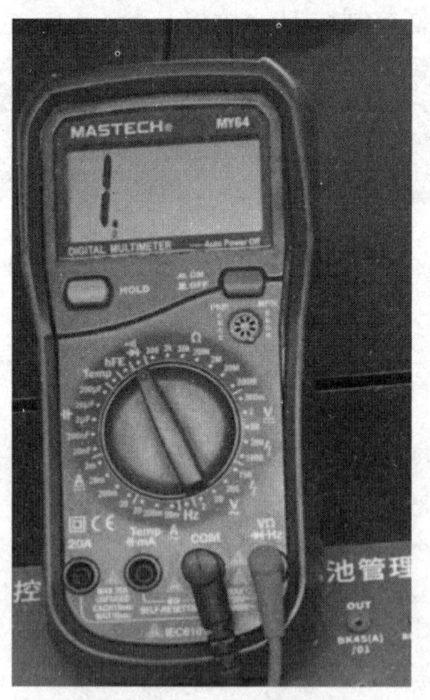

图5　万用表测量阻值

步骤3：综合以上检验结果发现VCU至BMS总负极电器控制线路故障导致的高压不上电，车辆无法正常运行。

步骤4：将故障恢复，重新启动车辆，仪表显示正常，READY灯点亮，无故障灯，挂挡可以正常行驶，故障排除(见图6)。

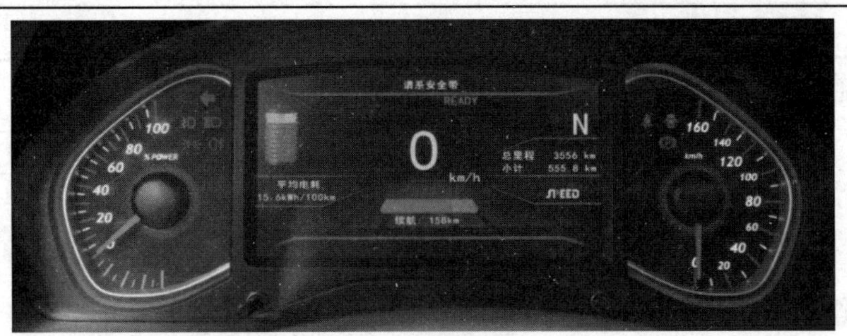

图 6　仪表显示正常

7. 故障机理分析

北汽 EV160 纯电动汽车高压系统供电由动力电池包内的总正继电器和总负极继电器控制，而动力电池总正极继电器由电池管理系统(BMS)控制，总负极继电器由 VCU 控制，当 VCU 至 BMS 的总负极电器控制线路发生断路，总负极电器无法闭合导致高压不上电，空调压缩机不工作，车辆不显示 READY，无法正常行驶。

8. 任务测评

考核模块	高压不上电故障诊断与检测			
班级		学号		
团队名称		考核日期		
考核评分项	内容	评分标准	配分	得分
安全准备	安全隔离带是否拉起	未完成 1 项扣 1～3 分，扣分不得超 15 分	15	
	安全警示牌是否摆放			
	工装是否穿戴			
	手套是否佩戴			
	车挡块是否放好			
	翼子板布围挡是否铺好			
	车内三件套是否铺好			
车辆仪表及功能检查	车辆启动是否正确	未完成 1 项扣 1～3 分，扣分不得超 15 分	15	
	仪表指示灯描述			
	车辆挡位功能检查			
	空调功能检查			
	制动功能检查			
	充电功能检查			
	其他功能检查			
车辆初步检查	检查低压控制端有无松动、破损	未完成 1 项扣 2～5 分，扣分不得超 10 分	10	
	检查车载充电机指示灯			

续 表

考核评分项	内容	评分标准		配分	得分
工具及仪器的使用	诊断仪使用是否正确	未完成 1 项扣 3～5 分，扣分不得超 25 分		25	
	数据流分析过程				
	故障码读取过程				
	示波器是否正确使用				
	示波器检测波形是否正确				
资料、信息查询能力	维修资料、手册查询	未完成 1 项扣 1～3 分，扣分不得超 15 分		15	
	电路图分析				
数据、判读和分析	原因分析过程	未完成 1 项扣 3～5 分，扣分不得超 20 分		20	
	是否下电操作				
	数据检测是否正确				
	故障点确定				
	故障修复				
互评成绩		成绩		教师签字	

学习成果

通过任务的学习和训练，学生能够正确描述故障现象，正确使用诊断测试工具，能根据车辆高压不上电现象分析故障原因，并能进行初步分析制定诊断流程，按步骤进行故障排除，并完成任务工单的填写。学生分析问题、解决问题的能力得到了提高，职业素养和技能水平也得以提升。

拓展与提升

在北汽 EV 160 整车故障检测实训台给学生设置其他原因引起高压不上电的故障，让学生独立或分组完成排故，并填写诊断报告及相应工单，以考核学生掌握水平。

课后习题

一、填空题

1. 提高车内环境舒适性，将车室内________、________、流速、洁净度、噪声和余压等控制在舒适的标准范围，不仅有利于保护司乘人员的身心健康，还有利于提高其工作效率和生活质量。

2. 压缩机吸入________的低温低压的制冷剂气体，把它压缩成高温高压的气体排出压缩机。

3. 高温高压的过热制冷剂气体进入________，由于压力及温度的降低，制冷剂气体冷减成液体，并释放出大量的热量。

4. 温度和压力较高的制冷剂液体通过膨胀装置后体积变大，压力和温度急剧下降，以________排出膨胀装置。

5. 雾状制剂液体进入蒸发器，由于此时制冷剂沸点远低于蒸发器内温度，故制冷液体蒸发成气体，在蒸发过程中大量吸收周围的热量，而后________的制冷剂蒸气又进入压缩机。上述过程周而复始地进行，从而达到降低蒸发器周围空气温度的目的。

6. 制动能量回收不能干预ABS的工作；当ABS进行制动力调节时，不应该进行制动能量回收；当ABS报警时，不应该进行________；当电驱动系统出现故障时，不应该进行制动能量回收。

7. 制动能量回收指制动时将汽车的部分动能利用电机的可逆性原理转化为电能，________等储能装置中，汽车制动时电机控制单元通过控制定子线圈的磁场旋转频率，使得电机同步转速降低，里程得以延长。

8. 车轮在惯性作用下通过减速器传递到电机转子的转速将大于电机同步转速，使得转子反向切割磁感线，产生高于定子线圈电动势的反向电动势，此时驱动电机设备进入了________模式，而拖动电机的作用力会反向作用于驱动轴上，形成再生制动力对车轮形成制动。

9. 当驾驶员启动车辆时，________电源接通，整车控制器开始自检，当真空罐内真空度低于50 kPa时，真空压力开关处于常开状态时，整车控制器控制真空泵工作，此时电动真空泵开始工作，直至真空罐内真空度达到75 kPa时，真空压力开关或传感器处于常闭状态。电子延时模块立即进入延时工作模式，15 s左右延时停止。

10. 当出现故障时，如真空罐漏气、真空压力传感器线路、真空泵损坏等，造成真空罐负压无法满足系统需求，真空罐上的真空报警开关将输出报警信号给组合仪表，仪表上的________警示灯点亮。

二、选择题

1. 进行空调制冷剂压力测试时，如环境温度下降，会导致(　　)。

A. 高压端压力上升，而低压端下降　　B. 高、低压端压力都下降

C. 高、低压端压力都上升

2. 给空调系统充加制冷剂时，下列正确的预防措施是(　　)。

A. 当在高压侧充加制冷剂时，不要运行空调压缩机

B. 从低压侧充加制冷剂时，不要运行空调压缩机

C. 在高压侧充加制冷剂时，确保歧管仪表高压侧的阀门打开和空调压缩机运转

3. 下列关于汽车空调的说法，正确的是(　　)。

A. 车辆的空调采暖是使用蒸发器作为热交换器以加热空气

B. 车辆的空调制冷是使用暖风水箱作为热交换器以冷却空气

C. 长期使用的车辆，应定期地检查制冷剂量

4. 空调系统工作时，若蒸发器内制冷剂不足，离开蒸发器的制冷剂会是(　　)。

A. 高于正常压力，温度较低　　B. 低于正常压力，温度较高

C. 高于正常压力，温度较高

5. 汽车空调新型环保制冷剂是(　　)。

A. R12　　B. R134a　　C. R22　　D. R431a

6. 在 ABS 工作期间，进油阀打开而出油阀关闭属于(　　)。

A. 压力波动阶段　　B. 压力保持段　　C. 压力增加段

7. 在行驶中如果不踩刹车踏板而四轮都有制动的倾向，最可能的故障部位是(　　)。

A. 制动鼓　　B. 制动片　　C. 制动泵

8. 关于制动液液面下降原因，叙述错误的是(　　)。

A. 制动蹄片磨损　　B. 制动分泵活塞卡住

C. 制动液具有吸湿性，长时间不盖制动液加注口盖，导致制动液大量挥发

9. 连续踏几次制动踏板，始终到底且无力，是因为(　　)。

A. 制动主缸皮碗破损、顶翻或皮圈破损

B. 制动蹄摩擦片与制动鼓间隙过大

C. 制动系统内深入空气或制动液气化

10. 连续踏几次制动踏板，始终到底且无力，是因为(　　)。

A. 制动主缸皮碗破损、顶翻或皮圈破损

B. 制动蹄摩擦片与制动鼓间隙过大

C. 制动系统内深入空气或制动液气化

11. 汽车不制动时，液压制动系统中制动主缸与制动轮缸的油压关系是(　　)。

A. 主缸高于轮缸　B. 主缸与轮缸相等　C. 主缸低于轮缸

12. 北汽新能源纯电动汽车高压直流母线采用(　　)导线。

A. 高压绝缘电缆　　B. 带有屏蔽层的高压电缆

C. 单芯高压电缆　　D. 多芯红色高压电缆

13. 北汽 EV160 动力电池管理系统的英文缩写是(　　)。

A. ECU　　B. MCU　　C. BMS　　D. OBD

14. 北汽新能源纯电动汽车，根据动力电池(　　)来控制充电电流的调节和电池加热。

A. 充电时长需求　　B. 电量　　C. 温度　　D. 电量、温度

15. 北汽新能源纯电动汽车的线束中，(　　)不是高压线束。

A. 连接高压控制盒到电机控制器之间的线缆

B. 连接快充口到高压控制盒之间的线束

C. 连接慢充口到车载充电机之间的线束

D. 连接 DC/DC 到铅酸蓄电池之间的线束

16. 高压连接系统导体与导体之间、导体与外壳之间、导体与屏蔽层之间的绝缘电阻应不小于(　　)。

A. 1 MΩ　　B. 10 MΩ　　C. 100 MΩ　　D. 1 GΩ

17. 电动汽车内部与动力电池直流母线相连或由动力电池电源驱动的高压驱动零部件系统，主要包括动力电池系统和高压配电系统、电机及控制器系统、电动压缩机、DC/DC 变换器、车载充电机和 PTC 加热器。下面选项中属于高压用电器的设备有(　　)。

A. 车载充电机、DC/DC 变换器　　B. 高压配电系统、电机及控制器系统

C. 车载充电机、PTC 加热器　　D. 电机及控制器系统、电动压缩机

18. 电动汽车高压系统继电器绝缘电阻应大于(　　)。

A. 1 MΩ　　B. 10 MΩ　　C. 100 MΩ　　D. 1 GΩ

19. 电动汽车的高压系统主要包括(　　)、电机控制器、DC/DC 变换器、PTC 加热器以及空调压缩机等部件。

A. 动力电池　　B. 高压控制盒　　C. 充电机　　D. 快充慢充线束

20. 电动汽车驱动电机系统面临的工况相对复杂：需要能够频繁启停、加减速，低速/爬坡时要求高转矩，高速行驶时要求低转矩，具有大变速范围；减速制动时，电机作为(　　) 运行。

A. 发电机　　B. 启动机　　C. 步进电机　　D. 同步电机

21. 电动汽车高压分配单元中不包含的部件有(　　)。

A. PTC 熔断器　　B. 负极接触器　　C. 电流传感器　　D. 正极接触器

22. 电动汽车仪表上的 READY 灯点亮时相当于传统燃油车电源处于(　　)挡位。

A. ST　　B. ACC　　C. ON　　D. OFF

23. 电动汽车内部 B 级电压以上与动力电池直流母线相连或由动力电池电源驱动的高压驱动零部件系统，称为(　　)，主要包括但不限于：动力电池系统和/或高压配电系统、电机及其控制系统、DC/DC 变换器和车载充电机等。

A. 高压系统　　B. 电动动力系统　　C. 电机驱动系统　　D. 整车控制系统

24. 当驱动电机控制器被切断电源，不切入专门的放电回路后，控制器支撑电容自然放电的过程，称为(　　)。

A. 被动放电　　B. 主动放电　　C. 电池放电　　D. DC/DC 放电

25. 与交流电网连接，为动力电池提供直流电能的设备是(　　)。

A. 车载充电机　　B. 充电柜　　C. 充电站　　D. 非车载充电机

三、简答题

1. 简述汽车空调系统的作用。
2. 简述新能源汽车空调系统工作原理。
3. 简述制动系统的主要作用。
4. 简述北汽新能源电动汽车电动真空助力制动系统控制原理。
5. 简述北汽 EV160 高压系统控制原理。

参 考 文 献

[1]弋国鹏，魏建平. 电动汽车控制系统及检修[M]. 北京：机械工业出版社，2020.

[2]宋广辉，陈东. 新能源汽车维护与故障诊断[M]. 北京：机械工业出版社，2018.

[3]楚宜民. 新能源汽车整车控制系统检修[M]. 北京：航空工业出版社，2021.

[4]王建里，赵建明. 新能源汽车电机及控制系统检修[M]. 北京：北京出版社，2020.

[5]张凯. 动力电池管理及维护技术[M]. 3 版. 北京：清华大学出版社，2024.

[6]陶阳. 汽车空调结构与检修[M]. 北京：化学工业出版社，2018.

[7]孙旭，陈社会. 新能源汽车概论[M]. 2 版. 北京：机械工业出版社，2023.